20 世纪中国图书馆学文库·57

图书馆学引论

金恩晖 主编

圕 国家圖書館出版社

本书据学苑出版社 1989 年 1 月第 1 版排印

本书编著者

（依姓氏笔划为序）

勾学海　田德毅　孟广均

辛希孟　况能富　金恩晖

杨沛超　杨威理　董明刚

贺玲勇　梁林德

目　次

第一章　图书馆学及其学科体系

第一节　学习和研究图书馆学的意义

我们都是图书馆工作者。无论是从事图书馆的领导工作、实际工作，还是教学、研究工作，都应当把认真学习、深入钻研图书馆学作为终生的任务，为什么呢？

一、图书馆学是一门科学，所以我们要学习和研究图书馆学

任何客观存在的现象都可以成为科学研究的对象。而图书馆和图书馆活动是一种既重要又复杂的社会现象，已有了数以千年的历史。对其进行研究，也就逐步形成了一门科学——图书馆学。现在，大大小小的图书馆学学术团体遍布世界各地，图书馆学专业高等和中等教育蓬勃发展，专业刊物成百上千，图书馆学的研究越来越活跃，越来越受到广大社会、特别是科学界的重视。图书馆学作为一门科学，已经毫无疑义地能够自立于科学之林了。这门科学内容丰富，发展变化又很迅速，值得我们终生去学习和研究。通过认真学习和不断钻研，我们才能真正掌握图书馆学的有关理论、方法和技术，才能够促进图书馆学的更快提高和发展。这不仅是做好当前工作的需要，更是为了适应时代的发展，使我们自己、也使图书馆学，不落伍于时代的潮流。

二、为了干好图书馆工作,就要学习和研究图书馆学

图书馆工作是一项为两个文明建设、为广大读者服务的重要的、科学性质的工作。不掌握图书馆学的理论、方法和技术,就干不好这项工作。而干好本职工作,是我们每一个人的愿望和责任。那么,用什么标准来衡量呢?满足于按号取书、借借还还就行吗?否!图书馆员不仅是读者的参谋和助手,还应当成为读者的良师益友;他应当通过自己的劳动对读者的思想、学习、研究和工作能起到启示、帮助和推动作用。当今时代,读者对我们的期望和要求越来越高了——我们必须尽快地、不断地提高图书馆工作的水平。在这种情况下,刚参加图书馆工作的同志,有了一流图书馆工作经验的同志,都要学习和研究图书馆学。很明显,光凭干好工作的热情和愿望,单纯依靠狭隘的实际经验,不了解图书馆学的理论,就不能把握图书馆的本质特点和图书馆活动的内在规律,也不能很好地掌握图书馆学的科学方法和技术,他就无法按照读者的期望和要求去干好图书馆工作,他也就不能成为一个新时期的称职的图书馆员了。

三、为了促进图书馆事业的发展,必须学习和研究图书馆学

发展图书馆事业,是社会主义精神文明建设中的重要任务,是关系到改革和四化建设的一件大事,我国图书馆事业还比较落后,极不适应当前形势的要求。造成这种状况的原因是多方面的,对图书馆不予重视这种落后的社会意识,就是不利于图书馆事业发展一大阻力。按照辩证唯物主义观点,落后的社会意识来源于落后的社会存在,而社会意识对社会存在又具有能动的反作用,因此,要尽快改变我国图书馆事业的落后面貌,就要在坚持改革和搞好经济的同时,在全社会大力宣传图书馆和图书馆活动。这本身就是社会主义精神文明建设中的一项重要内容。在这方面,我们

图书馆工作者负有义不容辞的责任。教育者要先受教育。要宣传得好,真能获得广大社会的支持,就要干好图书馆工作,我们必须学习和研究图书馆学。

四、为了充分开发利用情报资源,更要学习和研究图书馆学

在当今时代,开发利用"第二资源"——情报(信息)的能力,已成为衡量一个国家发展程度的重要标尺,也是衡量一个人水平高低和发展程度的重要标尺。对此,赵紫阳在《关于新的技术革命的讲话》中,作了深刻的阐述。他说:"信息在经济建设中,在未来社会的发展中显得越来越重要。信息系统,是我国最薄弱的一个环节。之所以形成这样,根本问题是我们对信息的重要性没有认识到,对信息,认为有没有,早一点、晚一点,没有多大关系。信息准确灵通,传递时间缩短,工作效率和生产效率就会大大提高,经济决策才能建筑在可靠基础之上。信息系统的发展,会把许多产业带动起来,社会进步的速度会加快很多。把信息系统搞好了,四化的战略目标是能够提前实现的","要把信息当作一个大问题抓起来"。

图书,是一种重要的社会信息资源;对图书的科学收藏和有效利用,就是充分开发利用信息(情报)资源的重要方面;图书馆系统,也就成为国家信息系统中的一个重要的分系统。对一个人来讲,开发利用情报(信息)的能力,实际是指他的自学和独立研究的能力,也就是他网罗和驾驭知识的能力。这种能力的重要表现,便是他能善于利用图书馆。因为图书馆是人类知识的宝库。因此,培养和提高广大群众利用图书馆的能力,就成为提高全民族科学文化水平的重要内容,是促进国家发展的一个有力措施。为此,就要向广大群众普及图书馆学知识。这是一项十分光荣而艰巨的任务。我们要完成这项任务,更要认真学习和研究图书馆学。

第二节　图书馆学体系溯源

学习和研究图书馆学,就必须了解这门科学都包括哪些基本内容,这些内容之间有着什么样的关系和联系,也就是说,必须了解图书馆学这门科学的体系。所谓体系,是若干有关事物互相联系、互相制约而构成的一个整体。图书馆学体系则是指构成本门科学各分支学科内容以及这些分支学科内容之间互相联系、互相制约而形成的整体。本书《图书馆学引论》为中国图书馆学自学系列丛书之一,中国图书馆学自学系列丛书究竟应该开设哪些课程作为图书馆学专业的必备课程? 这就溶进了全体编著者对于图书馆学学科体系问题的思考。丛书向读者提供的知识其覆盖面与掘进层,她的体系结构的广度与深度,正反映着当代图书馆学所达到的实际水平,甚或可以说,这是当前我国图书馆学所涉足的主要领域的一个缩影。

在我们设计中国图书馆学自学系列丛书的各门教材时,就是以图书馆学体系的实际状况为依据的,也就是说,我们始终本着立足当代我国图书馆、图书馆工作、图书馆事业的实际,统摄古今中外图书馆学及其相关学科主要理论的指导思想,尽量将至今为止在本专业学科领域可以立得住并能够指导工作实践的基本观点、基本内容、基本方法与技术,能够向学员和读者做一通俗的介绍和阐述。

从历史上看,人们已经并且正在对图书馆学科的体系问题做出过许多极为有益的探讨。

早在 1911 年,美国图书馆学家,曾任纽约公共图书馆学校校长的普拉莫提出图书馆学基本知识内容大体包括管理、技术、目录学及批判(即书刊选择与评价)等四个方面,并围绕这四个方面各开出了五、六门课程。1931 年,德国图书馆学家柯其纳将图书馆学区分为历史哲学的研究和管理方法与技术的研究两大体系,又在历史哲学的研究中下分图书及其历史、书史两部分,且各开设一些有关课程;管理方法与技术的研究中下分组织与业务、技术问题两部分,且各开设一些有关课程。1935 年,我国图书馆学家李景新大体上接受了柯其纳的观点,并将图书馆学的体系内容加以充实,划分为历史的和系统的两大范畴,前者包括图书学,图书馆及图书馆学的历史研究;后者包括图书馆学的理论与实际,下以所谓行政论、经营论、形式论为纲,分别列出具体类目达 41 个之多。之后,刘国钧教授将图书馆学分为图书、人员、设备、管理方法等几个要素,每要素下均设立分支,涉及十多个领域。我国台湾省图书馆学者王振鹄先生曾参酌刘国钧教授的观点,将这一体系列表说明如下,并认为这一体系是"偏重于实际的观点"①。

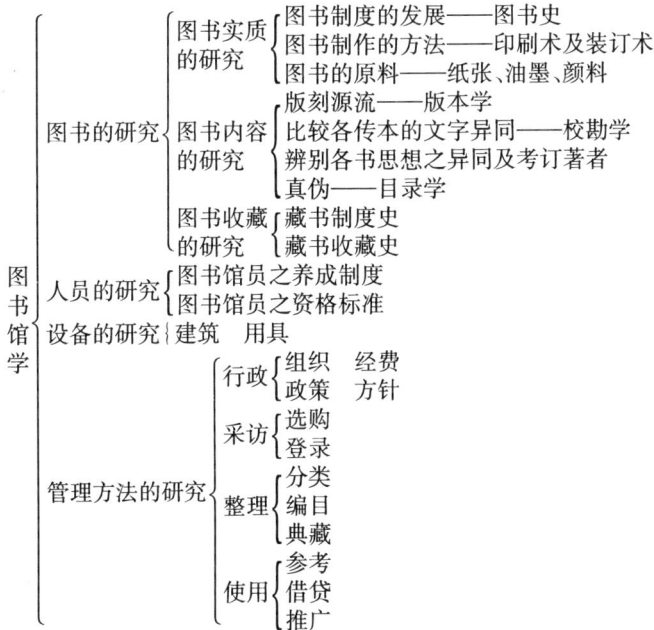

图书馆学
- 图书的研究
  - 图书实质的研究
    - 图书制度的发展——图书史
    - 图书制作的方法——印刷术及装订术
    - 图书的原料——纸张、油墨、颜料
  - 图书内容的研究
    - 版刻源流——版本学
    - 比较各传本的文字异同——校勘学
    - 辨别各书思想之异同及考订著者真伪——目录学
  - 图书收藏的研究
    - 藏书制度史
    - 藏书收藏史
- 人员的研究
  - 图书馆员之养成制度
  - 图书馆员之资格标准
- 设备的研究
  - 建筑　用具
- 管理方法的研究
  - 行政
    - 组织　经费
    - 政策　方针
  - 采访
    - 选购
    - 登录
  - 整理
    - 分类
    - 编目
    - 典藏
  - 使用
    - 参考
    - 借贷
    - 推广

---

① 王振鹄著:《图书馆学论丛》,第 21 页,1984 年台湾学生书局。

我国除李、刘两家关于图书馆学体系的观点外，还有 1922 年杨昭悊所列图书馆学结构表和 1936 年俞爽迷所列之表，这两表未超过李、刘两家的水平，在此不赘。总的来讲，我们认为，刘国钧教授的观点应被视为我国解放前关于图书馆学体系的代表性的观点，对图书馆学专业教育的实践，其影响比较大。新中国成立以后"十七年"间，关于图书馆学体系问题的探讨进展不大，"文革"期间更连同图书馆学教育与研究本身陷于停顿。直到党的十一届三中全会以后，随着四化建设的起步，图书馆的发展，学术的繁荣，我国图书馆学界才开始对这一问题重新进行了广泛而又严肃的思考和探索。

在这方面用力较多、影响较大的，首推北京大学图书馆学系主任周文骏教授。1979 年 8 月，周文骏教授应邀去承德参加河北省图书馆学会成立大会和第一次科学讨论会，在他所作《关于图书馆学研究的几个问题》的学术报告中，首次提出："现在图书馆学研究对象认识不一致，对内容和范围的看法也有区别。这里只能根据图书馆学的部分有关专著、论文和教材的内容加以归纳"为四个方面，即：基本理论、事业建设、工作过程机械化、自动化等①。1983 年 6 月，周文骏教授进一步发展了自己的观点，他将图书馆学研究的内容、范围理论，提到了图书馆学的内部结构和外部联系的高度来认识，他在发表于《图书馆学研究》1983 年第 3 期上的题为《概论图书馆学》一文中说："我现在有这样一种看法：图书馆学是由一组学科组成的一个统一体系，可以称之为图书馆科学，它的结构可以用理论图书馆学、专门图书馆学和应用图书馆学三部分来表述"，同时他对与图书馆学有外部联系的相关科学、与图书馆学结合而产生新课题的科学，或图书馆学只是利用了其中个别理论与技术方法的那些科学也作了探讨。

---

① 河北省图书馆学会《第一次科学讨论会论文选编》，1983 年 3 月。

自此以后,我国图书馆学教材、专著或理论文章在论及有关图书馆学体系方面的问题时,或基本上,或大部分采用了周说。如:1981年北京大学图书馆学系、武汉大学图书馆学系合编的《图书馆学基础》中关于图书馆学的内容划分为:基本理论、事业建设、业务工作的内容和方法、科学管理和事业史等方面的研究,这与周文骏教授1979年所归纳的四个方面大体吻合;1985年吴慰慈、邵巍编著的《图书馆学概论》中关于图书馆学的体系结构描述为:普通图书馆学、专门图书馆学、比较图书馆学、应用图书馆学四个方面,也基本上是以周文骏教授1983年的观点为依据,唯增添了比较图书馆学,并将理论图书馆学更名为普通图书馆学。1985年黄宗忠编著的《图书馆学导论》中将图书馆学的体系结构归纳为:理论图书馆学、技术图书馆学、应用图书馆学三个方面,其内容与周说也基本类似;1986年南开大学图书馆学系等编的《理论图书馆学教程》中认为图书馆学体系结构由理论图书馆学与应用图书馆学两大部分构成,也沿袭了周说,唯将周说中专门图书馆学列入理论图书馆学中的一项内容。这都是图书馆学专著中的观点;图书馆学论文中的观点也与此类似。如1982年陈传夫发表在《图书馆学研究》上的《略论图书馆学体系的进化》一文,1984年钱亚新、张厚生发表在《四川图书馆学报》上的《论图书馆学研究的体系》一文,或将图书馆学体系分为抽象图书馆学、应用图书馆学、图书馆技术与方法三方面,或分为普通图书馆学与专门图书馆学两方面,也都与周说大体相袭。

第三节 中国图书馆学自学系列丛书的学科体系

当前,我国进入了一个振兴中华、建设具有中国特色的社会主义的新时期。图书馆界也在反思、探索、拓展中开创了活跃、开放、进取的繁荣局面。图书馆学研究的开拓、创造意识不断增强，因循保守的风气不断改变，目前我们面临着建设以马列主义、毛泽东思想为指导的现代化的具有中国特色的图书馆学学科体系的艰巨任务。中国图书馆学自学系列丛书正是在这一时代的大背景下产生的。因之，她的学科体系，也不能不烙印着这一时期我国图书馆学界对建设自身学科的观点，具体地讲，她的学科体系基本上是以周文骏教授的观点来框架的，即：既有理论图书馆学、应用图书馆学这类属于图书馆学本体学科的内容，同时也有情报学、目录学等相关学科的内容；在图书馆学本体学科方面，既有理论方面的内容，也有实践方面的内容；在兼顾图书馆学体系自身完整性、系统性的前提下结合当前我国图书馆事业、图书馆工作实际情况，不是从设想的概念出发，而是从实际出发，来设置各门专业课程。比如，从概念出发，所谓专门图书馆学就被人们罗列出许多分支学科，诸如公共的、学校的(又分为大学的、中学的、中专的)、科学技术的、儿童的、民族的、部队的、工会的等等图书馆学，我们认为，对于一部用于自学的教材分得如此之细实无必要，就统一在《图书馆事业建设》一书中加以介绍，实际上直至今日，我们也未看到按上述专门的图书馆分支学科所撰写的各类有关著作问世；在充分考虑周文骏教授关于图书馆学体系意见的同时，也充分考虑其关于图书馆学研究内容方面的意见，既不是将体系与内容等同起来，也不是将两者对立起来，而是以图书馆学现有的实际内容为基础，同时兼顾建设和发展图书馆学学科体系的需要，来设置图书馆学的课程。在这样做的时候，我们还认真地汲取了国外图书馆学教育界的有关意见和做法。

比如，我们参考了日本的做法。日本图书馆协会图书馆教育分会主持编定的《图书馆学教学大纲》于1975年公布其所设十门课程，就不是从抽象的概念出发，而是从图书馆学的实际内容出发的；又如，七十年代美国哥伦比亚大学图书馆服务学校所开设的六

8

十门专业课程,也不是从抽象的概念出发,而是从图书馆历史与功能、图书资料、读者服务、技术服务及图书馆组织管理五个实际方面出发的。

我们在充分地参考国内外图书馆学教育体系、内容的基础上,结合我国图书馆界的实际情况,确定了中国图书馆学自学系列丛书的体系结构,并由此而设置了十二门课程。具体地讲,包括以下八个方面。

一、图书馆学基本理论知识方面:

《图书馆学引论》即本书;

二、图书馆事业方面:

《图书馆事业建设》;

三、图书馆管理方面:

《图书馆科学管理》;

四、图书馆文献资源方面:

《图书馆藏书建设》;

五、图书馆技术方面:

《图书分类学》、《图书馆目录》;

六、图书馆读者服务方面:

《图书馆读者工作》、《社会科学文献检索》、

《自然科学文献检索》;

七、图书馆发展趋势方面:

《图书馆现代化》;

八、图书馆学的相关学科方面:

《情报学概论》、《目录学》。

我们认为,从以上理论、事业、管理、文献、技术、读者、发展趋势与相关学科等八个方面来介绍当前我国图书馆学的基本内容,大体上可以满足有志于学习图书馆学专业的读者函授自学的需要,同时也大体上与周文骏教授所提出的图书馆学体系的建设观

点相一致。就是说,系列丛书中理论、事业、管理方面的内容大体上属于理论图书馆学的范畴;文献、技术、读者方面的内容大体上属于应用图书馆学的范畴;发展趋势方面的内容属于现代化方面,即发展图书馆学的内容;情报学、目录学方面的内容则属于图书馆学相关学科的范畴。

第四节　中外图书馆学体系之比较

中国图书馆学自学系列丛书根据当代图书馆学体系的科学观点,为广大读者所设置的上述四大部类、八个方面、十二门课程,究竟是否能够大体上满足他们对图书专业的学习所要掌握的最基础专业知识需要呢? 我们认为,是可以做这种肯定回答的。这里,不妨将日本、美国七十年代图书馆专业的主要课程设置拿来与本丛书所设置的课程做一比较研究。为了说明问题,特制《中外图书馆学专业课程设置比较表》,表中一律用简称:"中国"系指中国图书馆学自学系列丛书,即本教材;"日本"系指由日本图书馆协会图书馆学教育分会主持编成的、供四年制大学图书馆学专业使用的《图书馆学教学大纲》(原名《图书馆学教授要目》),该编委会(连同十个学科分会)中的成员,集日本图书馆学教育各方面知名学者共 48 人,经 1973、1974 年两度审定,多次修改,于 1975 年公布;"美国"系指七十年代初美国图书馆学校所开核心课程的统计,根据 1972 年 8 月美国图书馆协会所发表的资料,经协会教育委员会审查合格的美国图书馆学校共 51 所,均属图书馆学研究生阶段的专业课程,修满规定学分,可授予硕士学位,故该课程的设计是续接大学四年(一般为非图书馆学专业)之后的第五年开始接受图书馆学专业教育的。

中外图书馆学专业课程设置比较表

学科体系\课程所含内容\学校名称	中国	日本	美国
理论图书馆学 基本理论	图书馆学引论	图书馆学概论	图书馆学概论、研究方法
理论图书馆学 事业建设	图书馆事业建设	图书馆史	图书与图书馆史
理论图书馆学 行政管理	图书馆科学管理	图书馆管理	行政管理系统分析
应用图书馆学 图书·文献	图书馆藏书建设	图书馆资料论、连续出版物	选择与采访
应用图书馆学 应用技术	图书分类学、图书馆目录	图书馆资料组织	分类与编目
应用图书馆学 读者服务	图书馆读者工作、社会科学文献检索、自然科学文献检索	图书馆服务工作、参考工作、读书指导、情报检索	传播与图书馆
发展图书馆学（图书馆现代化） 总论图书馆现代化	图书馆现代化技术		问题与趋势
发展图书馆学（图书馆现代化） 现代技术应用			
相关科学 情报学	情报学导论		情报科学
相关科学 目录学	目录学	参考与目录学	
相关科学 其他			

　　从比较表可以看出:中国图书馆学自学系列丛书所设置的图书馆学专业课程与七十年代日本、美国图书馆学专业的大学教育,乃至研究生教育所需开设的专业课程也是基本一致的,此其一。

从具体课程设置来看,无论国内,还是国外,图书馆学专业的重点课程仍属应用图书馆学方面的内容,即:关于图书、文献和藏书方面的知识,关于图书分类、编目方面的知识,关于读者工作、参考咨询(包括社会科学与自然科学、应用技术、工具书、检索)方面的知识等等,此其二。理论图书馆学方面还比较薄弱,多数已开设了图书馆学概论、基础方面的课程,日、美两国加上了图书馆史、图书馆管理、系统分析方面的内容,本丛书关于图书馆事业史(中西方)的内容纳入了本书《图书馆学引论》中,分别设有专章论述,丛书还设置了《图书馆科学管理》一书,有关系统分析等内容纳入图书馆管理及其它有关著作,此其三。在我国,发展图书馆学,即图书馆技术现代化方面的内容还刚刚被提到日程之上,系列丛书中开设了《图书馆现代化技术》,而关于计算机应用技术则没有专著,这大体上与日、美七十年代的状况相似,八十年代以来计算机技术在美、日图书馆界广泛普及,这就使其图书馆学教育及其学科体系发生了重大变化,我国图书馆计算机技术还刚刚起步,故在教材建设上仍以反映手工操作的图书馆技术为主,这也正是我国图书馆技术与日、美图书馆技术水平的差距在图书馆学课程设置上的反映,此其四。传统图书馆学专业课程中重要的一门专业课——目录学,基本上从图书馆学中分化出来作为一门相关科学课程,有的仍单独设置(如日本),有的已撤销(如美国),不再作为重要的必修课了,其内容被纳入其他专业技术课(如图书馆目录)中去了,而一门新兴的学科——情报学已从图书馆学中分化出来,开始设置了有关情报学方面的课程,此其五。

基于上述比较研究,我们可以得出结论说,本丛书所设置的四大部类、八个方面、十二门课程的结构、内容是基本上符合我国八十年代图书馆学基本理论和专业技术发展水平的实际状况的。

本书题为《图书馆学引论》,不同于时下一些流行的图书馆学著作之处是,本书注重关于图书馆学基本理论问题的阐述,而对图书馆事业和图书馆工作方面的问题,诸如图书馆事业建设、图书馆管理、图书馆读者工作、图书文献的分类、编目及检索和利用等内容皆另见专著;本书将理论方面的内容与介绍图书馆工作实际方面的内容区别开来。

本书按内容分四个方面:一是绪论部分,即第一章,介绍了图书馆学及其学科体系;二是图书馆部分,即第二至五章,第二章介绍图书馆的基本知识,包括图书馆的概念、性质、社会职能和作用,第三章介绍文字的产生和书籍的起源,这是图书馆产生的先决条件,第四章和第五章分别对国内外图书馆事业发展的历史作了概述;三是图书馆学的基本理论部分,包括第六至第十二章,第六、七两章,分别对图书馆学的概念与研究对象、内容与结构、性质与特点,对图书馆学的相关科学与研究方法作了叙述,第八至十二章仍分中外分别介绍图书馆学发展的历史与现状以及中外图书馆学发展的趋势。我们认为,自绪论之后,先介绍图书馆的知识,再介绍图书馆学的知识,是展开图书馆学理论的合乎逻辑的方法,而无论是介绍图书馆的知识,还是介绍图书馆学的知识,皆采取先介绍其基本概念、基本范畴和基本原理,后追述其发展的历史,在追述历史时,又将中外区别开来,便于比较,这是解剖图书馆学的合乎科学的方法。

我们希望通过本书的学习,读者能掌握关于图书馆学的基本理论知识,这不仅有利于增强学习图书馆学理论的兴趣,而且也有利于深入地学习其它十一门专业课程,以便不断增加新知识,提高为四化建设服务的本领。

第二章 图书馆及其性质、社会职能和作用

图书馆学研究图书馆,首先要研究图书馆的性质与职能,进而弄清它的社会作用和地位。这个问题,是图书馆学中的基本理论课题,不能不涉及到广泛的内容。

怎样研究? 按照马克思主义的观点,研究任何社会现象,都要把它放到一定的社会环境中,进行历史的、辩证的考察。这就要求我们,在研究图书馆时,要坚持历史唯物主义的观点和方法。

第一节 图书馆的性质

一、图书馆概念

什么是图书馆? 人们作出过许多不同的解释。

英语"图书馆"(Library),是从"书"(Liber)一词引申而来的,源于表示公共和私人藏书的希腊语 bibliotheke 和拉丁语 bibraium。到 15 世纪,Library 一词才表示一个藏有图书的建筑物,即藏书之所。

在我国清代后期之前,并没有"图书馆"这一用语,只有某斋、室、堂、院、渠、阁一类的称谓,通称为"藏书楼",与 Library 最初的含义是一样的。大约到维新变法运动期间,才从外国引进了"图

书馆"这个新名词。孙家鼐在《官书局开设缘由》一文中提到:"泰西教育人才之道计有三事:曰学校,曰新闻报馆,曰图书馆。"于是,"图书馆"一词在我国也慢慢流行开来了。

到了现在,图书馆概念又增加了新含义。

1943 年版《美国图书馆协会图书馆学名词字典》对"图书馆"的解释是:"一间,一组房屋或一栋建筑,其中储集图书及类似资料,加以组织管理,以供阅览、参考及研究需要者"(A. L. A. Glossary of Library Terms. p. 80.)。

1960 年我国有人认为:"图书馆是通过收集、整理、保管、流通和宣传图书资料,为一定的阶级利益和一定的政治路线服务的一个文化教育机关。"(黄宗忠等:《关于图书馆学的对象和任务》,见《武汉大学人文科学学报》1960 年第 2 期)

1972 年第 14 版《不列颠百科全书》中说:"图书馆乃一方便利用而加以整理的有关书写、印刷或其它图书资料(包括影片、幻灯片、唱片及录音带等)之集藏。"(Encyclopaedia Britannica. V. 13. p. 1031)

1976 年苏联有人又这样解释:"图书馆是进行思想教育和交流科学情报的机构。图书馆负责组织图书的公共使用,并负有下列使命:以帮助读者全面选择书籍的办法,积极、目标明确地宣传图书和指导阅读;通过介绍书目情报的方法,推动共产主义教育,促进人民提高文化知识和专业知识,有利于动员人民群众完成政治、经济和科学文化方面的各项任务。"(O. C. 丘巴梁《普通图书馆学》,书目文献出版社,1983 年,第 49 页)

我们认为,对图书馆定义,应当力求概括图书馆区别于其它事物的本质属性,以反映所有图书馆的共同特征。我们的解释是:

图书馆是这样一种社会组织,帮助读者利用藏书的科学、教育、文化性质的服务机构。

这一解释包含了三层含义:图书馆是一种社会组织,图书馆是一种科学、教育、文化事业,图书馆是帮助读者利用藏书的服务机构。这个解释,是对图书馆区别于其它事物的本质属性和所有图书馆共性的概括表述。

下面,分别加以说明。

二、图书馆是一种社会组织

作为一种社会组织的图书馆,它的本质属性表现在以下五个方面:

1. 图书馆是社会机体中的"活"组织,随着社会而发展

图书馆这一社会现象,是社会文明发展到一定阶段的产物。如果从古代巴比伦的尼普尔城的一座庙藏有泥版文书算起,它已有了近5000年的历史;若从我国殷墟甲骨文的收藏算起,也至少有了3500多年的历史。图书馆之所以产生,是由于最上层奴隶主阶级保存和交流思想的需要——当记录思想的工具泥版文书、甲骨卜辞等逐渐增多时,就需要收集起来加以保存,以便日常活动和进行统治是重要的。正因为如此,最早图书馆实际上只是皇家的档案室。

在封建社会,由于整个社会发展缓慢,图书馆事业只在一些发展较早的国家和地区首先得到了有限的发展。封建时代的图书馆仅供帝王、大臣、公卿、一部分传教士、僧侣和上层知识分子享用,因为只有他们才需要处理国务,或从事学术研究及传教等活动。而绝大多数人几乎都是文盲,活动范围狭小,既没有利用图书馆的需要,也无法利用图书馆。

在资本主义社会,图书馆事业得到了迅速发展。究其原因,仍在于社会发展的需要。资产阶级上升为统治阶级,就要冲破封建宗教思想对人们的束缚,向社会广泛传播新思想;产业革命的完成,又需要源源不断地补充大批具有识字能力、能掌握新的生产技能的劳动力。普及教育便成为资本主义社会存在和发展的必要条

件。于是,图书馆也成为一种社会教育机构,在资本主义国家逐渐普及了。

第二次世界大战以后,经济、社会与科学技术等各方面的发展,愈来愈离不开情报。人们阅读书刊文献,不仅要从中吸收知识、受到教育,还要从中直接获取情报。于是,现代图书馆又成为情报系统中的重要的分系统,一身而数任了。

社会的发展,推动着图书馆由低级向高级、从简单到复杂地向前发展。这种发展没有终止,因为图书馆是社会机体中的"活"组织。

2. 图书馆受社会的经济、政治、科学、文化等因素的影响制约

图书馆不可能独立于社会而存在,也无法超越社会而发展。图书馆事业的发展水平,图书馆活动的状况,是由一定社会的各种因素所提供的条件决定的。

纵观世界各国图书馆的历史,凡是经济繁荣的时代,图书馆事业就欣欣向荣;反之,则凋敝。原因在于,在总的历史发展中,物质决定精神。社会的经济发展水平体现了社会的物质文明水平,它为图书馆的发展提供了可能的物质条件,又决定和影响着社会对图书的需求及其满足程度;而社会对图书的需求,又是推动图书馆发展的根本动力。因此,一定社会的生产力水平和一个国家的经济状况,也就决定和影响着图书馆的发展速度和工作水平。

图书馆也受政治因素的影响。政治是经济的集中表现。图书馆在政局稳定的形势下,才能生存和发展;因为能够稳定政局的统治者,一般较能顺应历史发展的潮流,就要发展经济和科学、教育、文化事业,也就重视图书馆。政治的影响,又表现为各个阶级都要利用图书馆为本阶级的根本利益和长远利益服务。国家的统治阶级,凭借经济上的支配权和国家政权,对图书馆就有更大的控制能力;图书馆也就要贯彻执行国家制订的方针、政策和任务、路线。但是,统治阶级虽然影响甚至控制图书馆,因而图书馆也能按照统

治阶级的意图影响读者的阅读,却无法控制人的思想。即使流通一种书籍,不同阶级的读者仍然有不同的利用目的,也常常会从中得到不同的结论。革命导师马克思、恩格斯、列宁利用资产阶级国家图书馆的活动便是最好的证明。因此,我们既要重视政治因素对图书馆的影响,又要承认这种影响力的限度。这并非"折衷主义",恰恰是坚持了马克思主义唯物辩证法的观点。

作为科学、教育、文化机关的图书馆,不能不受到科学和文化因素的更大程度的影响。科学、教育、文化发达的国家,图书馆事业也发达;而在一个文盲和科盲充斥的社会里,图书馆事业便不可能发展。不仅如此,图书馆活动又是人类信息活动的一部分,人类经历了五次信息革命。每次革命都带来了载体形式的变化,因之,也就影响各国图书馆事业的发展:①语言的产生,人类借助于语言、眼神、手势等传递信息;②文字的创造,人类用文字记录和传递信息,于是有了文献,图书馆乃能产生;③手工和机械印刷术的发明,使文献能够大量生产,书刊、报纸成为传播信息的重要工具,近代图书馆得以发展;④电信的发明,电报、电话、广播、电影、电视等大众传播信息工具广泛应用,使图书馆成为大量收集和提供缩微资料、声像资料的现代图书馆;⑤电脑的发明及其与现代化通讯技术相结合,标志着"信息社会"的到来,新的信息革命对图书馆以巨大的冲击,图书馆将经历更大的变革。正因为如此,用辩证唯物主义的观点看问题,图书馆的发展水平,就成为衡量一个时代、一个国家科学、技术、文化、教育发展水平的重要标志。

3. 图书馆是人类精神生活的重要活动领域,影响社会生活的各个方面

人类的社会生活,主要有物质生活、政治生活和精神生活。物质生活指人类直接从事物质财富的生产、交换和消费的活动。政治生活是人类行使与调节社会权力的活动,在阶级社会则指处理阶级内部、阶级之间、民族及国家之间关系的活动。而精神生活是

18

人类从事的创造、交流和吸取精神财富的生活,包括对自然界、社会和人类自身的认识,以及对这些认识的交流和吸收的全部活动过程。人类的物质生活决定精神生活,政治生活也影响精神生活;而人类的精神生活又为人类的物质生活和政治生活提供精神产品。

图书馆并不直接从事物质产品的生产、交换和消费活动,也不是行使和调节社会权力的机构,而是帮助人们利用藏书即文献的场所。文献是人类的精神产品,而读者阅读图书馆的藏书就是在与文献的作者进行精神交流,并吸取其中的思想和知识,许多读者由此又创造出新的精神财富。因此,图书馆是人类精神生活的重要活动领域,它属于精神文明的范畴。图书馆活动丰富了人类的精神生活,又促进人类物质生活的丰富和政治生活的进步。图书馆对人类社会生活的各个方面都有影响。

三、图书馆是一种科学、教育、文化事业

1. 图书馆是一种科学事业

科学事业,是从事或参预创造知识的事业。联合国教科文组织统计办公室科学技术统计处编制的《科学技术统计工作手册》对科学技术活动阐述如下:

"科学技术活动可以阐明为:与科学技术的产生、推广和其它创造性的或日常性的应用有密切关系的所有系统的活动。这包括科学技术的各个领域:自然科学、工程技术、医药、农业科学及社会科学和人文科学。"该手册把科学技术活动分为:

"A. 研究与发展;

B. 教育与培训;

C. 科学技术情报和文献;

D. 总目的的数据收集;

E. 其它科技服务。"

上述解释告诉我们：图书馆是从事 C 类活动的，与 D 类活动也密切相关。因此，图书馆是科学事业的一部分。

让我们从两个方面来加以说明：

①从科学发展的普遍规律来看，科学事业主体是从事科学研究。科学研究的根本任务是探索未知，即对新知识的探求。科学的生命在于创造。要有所发现、有所发明、有所创造、有所前进，科学研究才有意义。但是，探索未知的前提是掌握已知。只有在掌握过去和现在已有知识的基础之上，研究者艰苦探索，才能创造出新的成果。掌握过去的知识是继承前人的成果，了解现在的知识是借鉴今人的成果。继承和借鉴是科学研究的一般特点和普遍要求。

科学研究的最终目的是为了向人类提供认识世界、改造世界的理论和思想武器，以及新技术和新方法等等。也就是说，科学家创造科研成果不是为了自我欣赏，而是为了传播，传播的范围越广泛，年代越久远，科研成果的价值就越高，科学家的贡献就越大。科研成果的传播，是科学研究活动正常运行的必要条件。这是科学研究的又一特点。

科研成果的传播，科学知识的继承和借鉴，就是科学交流。经过科学交流，人类积累的知识乃能世代流传。历代的科研成果推动着科学不停地向前发展。利用已知、创造新知，再利用、再创造，这就是科学研究延续的过程，也就是社会的科学交流过程。科学研究离不开科学交流，科学交流以科学研究为动力；二者互为条件，互相依赖，互相促进，不可分割。取消科学交流，等于扼杀科学，这是科学发展的普遍规律。

利用文献获取知识、传播科研成果，被称为科学交流的"正式过程"。在这个过程中，古代图书馆也曾作出过一定贡献，但主要是由科学家个人来完成的。近代以来，这个任务就逐渐从科学家的肩上卸下来，而图书馆则承担了越来越大的责任；到现代，已成为图书馆的主要使命之一。这是科学劳动分工的结果,是科学发展的必然要求。正因为如此,图书馆工作便成为科学研究活动中不可缺少的重要环节,图书馆则是科学事业的有机组成部分。

②从图书馆劳动的性质来看,图书馆工作以知识的载体为劳动资料,对文献作收集和整理、分析和加工、组织和存贮、宣传和推荐、检索和提供,这就是以知识为对象,从事知识的积累、组织、加工和传播工作。这是一种复杂的科学思维劳动。对这个职业劳动者的绝对要求,是要有相当的知识储备;他的知识越丰富,知识水平越高,就越能熟练地从事创造性劳动。那种把图书馆劳动看作简单和机械劳动的看法,早已是落后于时代潮流的陈腐观点。不容辩驳的结论是:图书馆劳动是科学劳动,图书馆员是科学工作者。随着科学技术和社会的加快发展,图书馆工作越来越复杂化,对图书馆员的要求也越来越高了。

2. 图书馆是一种教育事业

教育有广义和狭义之分。所谓广义教育,是指按照一定的目的和要求,用一定的思想、经验或知识,对人施以影响的一切活动;狭义教育,则指向一定的对象系统灌输和传授思想、科学知识或技能的一种有计划的活动。狭义教育事业一般专指学校;广义教育事业则包括社会上一切具有教育职能的工作机构。而图书馆既是广义教育事业中的重要领域,又是学校中的一个举足轻重的部门。

学校图书馆全面参与并积极影响对学生德、智、体各方面的教育活动。学校图书馆是一支重要的教学和科研力量。一个有水平的图书馆员所起的作用,远远超过一个一般化的教员。图书馆是学校活动的"窗口",从图书馆的工作水平和师生利用图书馆的状况,就可以判明这个学校学术空气是否活跃,教学质量高低以及政治思想工作等多方面的情况。学校图书馆的水平,反映出一个学校的水平。高水平的学校,必有高水平的图书馆。高水平的教师,也会积极引导学生充分利用图书馆。图书馆便成为学校活动的

"中心",被称为"学校的心脏"。那些没有图书馆或图书馆办得不好的学校,便是不健全的学校。学校图书馆与学校的关系,就是这样不可分离。

按照广义教育的含义,各种类型的图书馆都是教育事业。公共图书馆、厂矿和农村图书室,是重要的社会教育机构。而科学图书馆,也是对科研人员进行"再教育"的机构。随着知识更新的速度加快,科研人员的知识老化加速,他便要不断地自学;要自学,就要利用图书馆。从这个意义上讲,图书馆是社会每一个成员终身进修的"社会大学",是在广泛的意义上进行终身教育的场所。因此,列宁认为:图书馆是"各种机关和企业的国民教育中心"(《列宁全集》第 19 卷第 72 页)。不讲科学图书馆的教育性质,显然是片面的。

3. 图书馆是一种文化事业

广义的文化,指人类创造的一切物质财富和精神财富的总和;狭义文化则指社会的意识形态,以及与之相适应的制度和组织机构。一切图书馆既是广义文化性质的事业,又是狭义文化性质的事业。图书馆是人类精神财富的宝库,它也是社会物质文明发展的产物,是与一定的社会物质文明相适应、相联系的,它就是一种广义文化性质的事业。图书馆又都隶属于一定的社会,在阶级社会里则是直接或间接地隶属和服从于国家的,它也就是一种狭义文化性质的事业。作为意识形态文化事业的图书馆,要向读者传播哲学、社会科学知识,进行政治方面的宣传,还要对读者进行道德方面的教育和影响。由于当代科学已经打破科学之间的传统界限,由于一切图书馆要服从于一定的社会或国家的利益和需要,也都要向读者进行爱护图书、遵守借阅规则等属于道德规范方面的宣传和教育,自然科学和技术研究图书馆也就应当算作是一种意识形态的文化事业了。在阶级社会里,作为意识形态文化机构的图书馆是有一定阶级性的。随着阶级之间差别的逐渐消失和阶级的逐渐消亡,作为文化事业的图书馆,也就逐渐成为一种全民性质的事业了。

四、图书馆是帮助读者利用藏书的服务机构

图书馆之所以是图书馆,就在于它是帮助读者利用藏书的服务机构。这是图书馆区别于其它社会组织、区别于其它科学、教育、文化事业的本质标志。

1. 帮助读者利用藏书,是一切图书馆的共性

图书馆是帮助人们利用藏书,充分发挥文献作用的最主要的机构。分散的文献一旦变成图书馆的藏书,就能长远地、反复地、有效地被许多人所利用,从而释放出其中蕴含的思想、知识和情报,又转化成新的、巨大的物质财富和精神财富。藏书不被利用,图书馆的作用无从发挥。因此,列宁有关衡量公共图书馆骄傲与光荣标准的著名论述,是适用于一切时代、一切国家的所有图书馆的。帮助读者利用藏书的状况,既是衡量具体图书馆工作水平的最主要标志,也是衡量社会的或国家的图书馆事业发展水平的最主要标志。具体来说,有下列两点:

①利用图书馆的读者状况。凡是利用图书馆的人,都可以称作图书馆的读者。图书馆由仅供极少的人利用,到有较多的人利用,又发展为供广大群众利用,这便是划分图书馆不同发展阶段的最主要的依据之一。随着社会的继续发展,科学文化的飞速进步,利用图书馆的人将越来越多,图书馆的"读者"就将几乎包括全人类。

②藏书被利用状况。藏书价值的发挥在于利用。藏书越能及时、方便有效地供人利用,利用率和利用频率越高,它的价值就越大,图书馆对社会的各项事业就越加重要。

图书馆"帮助"读者,也就是围绕着更多地吸引读者和最大限度地发挥藏书的作用这两个方面做工作。于是,图书馆的水平和

每个图书馆员的水平,便直接、具体、生动、明显地表现出来。

2. 图书馆是服务性与科学性的统一体

图书馆是为社会、国家、为读者服务的。图书馆的一切活动,围绕着"服务"而展开;图书馆的其它属性,因"服务"而显现。由此,图书馆的作用才能发挥出来。古今中外,概莫能外。因此,图书馆的"服务性"是其基本属性。

图书馆区别于其它科学、教育、文化机构之所在,就在于它是服务机构。例如,科学图书馆,说它是"学术性机构"、"科学性机构"或"研究性机构",都是对的,但它毕竟与直接从事科学技术研究的机构有所区别。科学图书馆并不从事知识的生产,而是利用自己的知识进行服务,它是从属于科研的,是为科研服务的,这就是它与其它科研机构的不同点。

图书馆又有别于其它的服务机构。它是教育、文化性质的服务机构,是从事复杂的科学劳动的服务机构。因此,图书馆被称为"科学性"的服务机构。

轻视图书馆的人,只承认图书馆的服务性,否认图书馆的科学性。为了与这种落后认识针锋相对,有人又过分强调图书馆的"科学性"或"学术性",以冲淡图书馆的"服务性"。其实,真理必须实事求是。图书馆是"服务性"与"科学性"融而为一的统一体:科学性在服务性中体现出来,服务性中渗透着科学性;不服务无所谓科学性,非科学性的服务也就丧失了图书馆的特性。任何将图书馆的服务性与科学性割裂开来的观点,都是不符合唯物辩证法的。

以上,我们根据对图书馆的定义,从三个方面论述了图书馆的性质。这三个方面仍然是互相联系、互为依存、不可分割的;它们从不同角度,共同规定了图书馆这一复杂的社会事物的本质属性。因此,不应当以形而上学的观点和方法孤立地、片面地或表面地看待图书馆的性质问题。

第二节 图书馆的社会职能

所谓图书馆的社会职能,是指作为社会组织的图书馆所应负的社会职责或应该发挥的社会作用。

图书馆是一种复杂的社会组织,它是一种多职能的机构。图书馆的多种社会职能,根源于它劳动的资料是文献。

图书馆的主要社会职能有:

一、传播知识的社会职能

人类获取知识的途径不外乎直接经验和间接经验两种,主要的又是通过间接经验获得的。人类将各种知识记录在一定的物质载体上,便成为文献。文献是人类传播知识的重要工具。

一定的物质载体是文献的外壳,一定的知识内容是其内核。文献的价值不在其外壳,而在其内核。当知识转化为文献后,就能为他人吸收,文献就起到了传播知识的作用。正如黑格尔所分析的:当知识"一旦转变为物的外在性","其结果新所有人取得了这种物之后可因而把其中所展示的思想和所包含的技术上的发明变成他自己的东西,而且这种可能性有时(如关于书籍)构成这种取得的唯一目的和价值"(《法哲学原理》第76页,商务1979年版)。这说明,阅读文献是人类获取知识的重要途径。

而图书馆则能充分发挥文献传播知识的社会作用。主要表现是:

1.图书馆收集了从古至今各国所有学科的文献,是汇集人类知识的海洋。它的知识蕴藏量是任何其它社会组织和个人无法比拟的。这样,图书馆就能向人们传播一切知识。

2.图书馆把社会上分散存在的文献收集起来,组织成妥加保

25

管的藏书体系,供人们长期共同利用,它就能长远而广泛地发挥文献传播知识的作用。这样的藏书体系是一个条理化的知识系统,为人们学习研究带来了莫大的好处:任何学习者都能从中获取有用的知识或有目的地系统学习,任何研究者都能根据研究的课题找到相关的知识或系统地进行研究。

3.图书馆通过书目工作和检索服务,能帮助读者方便地获得急需的知识。

4.图书馆通过参考咨询工作和阅读指导,能帮助读者鉴别、理解、消化和吸收知识。

因此,图书馆不仅能供给人们各种知识营养,还能帮助人们成为知识王国的主人、驾驭知识的能手。只有图书馆才是利用文献传播知识的最有效的社会组织。

二、交流情报的社会职能

什么是情报? 我们认为,情报是人与人之间交流的含有特定知识内容的信息,这种信息是人们处理问题时需要的,在行动中能启发智慧的。

这一解释首先划清了情报与信息之间的界限。所谓信息,是客观事物发出的有一定含义的信号。几乎一切物体都在发出信息,因此信息广泛存在于自然界和人类社会。但是,只有能为人感知,又能用于人与人之间交流的信息才是情报。因此,情报一定是信息,信息并不都是情报。

这一解释也划清了情报与知识之间的界限。情报的内容是知识,因此,知识是情报的本质属性之一。但这种知识有别于一般的知识,是对人处理问题有帮助的特定知识。情报又是一种动态的知识,它凭借运动而存在,凭借运动而发挥作用。运动就是定时、定向的传递,即传递给需要处理问题者。因此,情报必定是知识,但知识又广于情报。

情报必须依附于一定的信息载体和物质载体而显现、而传递。信息载体指文字、符号、声波、光波或电波；物质载体有纸张、感光材料、磁性材料、电话线路、空气等。各种形式的文献都用一定的信息载体将知识贮存在一定的物质载体上。这些知识内容较为丰富、较为真实、较具有科学性，因而文献是科学情报的主要来源。文献借助于文字、声波或光波等将情报的含义简明地陈述出来，用一定的物质载体固定下来，能够克服空间和时间等等限制，既便于识别和利用又便于保存和传递，因此文献是情报存在的一种理想的物质形态，是最为可靠、人类易于理解和接受的交流情报的工具。只要需要者在处理问题时利用文献，他就能从中获得增添智慧、启发行动的情报。

图书馆是人们利用文献的重要场所，它也就肩负着交流情报的社会职能。图书馆从古至今都是科学情报的传递站。无数读者从图书馆利用文献而获得了情报，由此而增添了智慧，促进了行动，于是创造出无数人间的奇迹来。这是不容置辩的铁的事实。只不过传统的图书馆一般是在消极、被动、不自觉的状态下，发挥着交流情报的功能。

人类首先认识并开发利用了"第一资源"物质和能量，继而才认识了"第二资源"信息和情报。现代社会和科学技术的加速发展，使"第二资源"的蕴藏量无限增加，人类的联系日益密切，交流无比频繁，对信息的需求愈来愈广泛而迫切，加速开发和有效利用"第二资源"就成为维持人类社会活动和促进社会发展的必要条件。这就要求进一步加深科学劳动的内部分工。在现代科学技术的促进下，专门交流情报职能的情报机构便从图书馆中分化出来，成为与图书馆并驾齐驱的独立事业。专职情报机构率先运用电子计算机等先进技术装备，极大地提高了情报交流的水平，加快了情报传递的速度，它们不仅能提供一次情报和二次情报，还能产生和提供事实、数据，综述、述评等三次情报，即所谓"纯情报"和"浓缩情报",因而威望大增。这对传统图书馆提出了严峻的挑战。

但是,情报机构与图书馆之间毕竟有着不可分割的血缘关系。它们都以文献为主要劳动资料,情报工作的许多原理和方法源于图书馆工作,二者体现了继承与发展、传统与现代化的关系。图书馆又有着深厚的基础。只要图书馆积极主动地为读者中的情报用户服务,更有针对性地利用文献为他们及时、准确地提供情报——特别是科学技术的最新成果以及经济、社会和科学发展动向与进展的最新信息,只要图书馆向现代化方向迈进,它也就成为社会情报系统中的当之无愧的重要成员。现代图书馆与情报机构之间并无本质的不同,它们互相分工共同承担着为经济、社会和科学的发展提供充分的情报保障的重任。

三、宣传意识形态的社会职能

意识形态指哲学、政治、法律、艺术、道德、宗教等观念。它属于上层建筑的范畴,在阶级社会,意识形态具有阶级性。

宣传意识形态,是作为文化机关的图书馆从产生以来就具有的一种社会职能,未来的图书馆也不例外。这种职能有时表现得明显,有时则较隐晦;有的图书馆发挥得充分,有的只占次要位置。否认图书馆的这一社会职能,既不符合图书馆的历史,也不符合我国图书馆的实际。按照列宁的观点,社会主义国家的图书馆都要在无产阶级政党的领导下,为实现党的路线和发展国家的总目标服务;要宣传马列主义,宣传以共产主义理想为目标的社会主义精神文明,积极引导广大读者用马克思主义思想观点正确对待一切意识形态,而不允许反动腐朽的剥削阶级意识形态在图书馆自由泛滥。这一切都应当在图书馆的各项工作和日常活动中体现出来,都应当根据读者的不同情况,有区别地、自然地、生动活泼地进行,而不应当采取形式主义的、教条式的态度和方法。

图书馆宣传意识形态的主要方法是宣传推荐图书和阅读指

导。

四、保存文化的社会职能

知识是人类对社会物质文明和精神文明的概括和总结,因此,保存知识也就是保存文化。

图书馆一直担负着收集和保护文献的任务,它也就作为人类保存文化的主要机构存在着、发展着,只有图书馆能最完整地保存一切文化典籍。古代图书馆为人类保存文化的贡献,厥功甚伟。

那么,现代各类型的图书馆是否都具有这一社会职能,或者只有国家图书馆才能担负这一职能呢?

毫无疑问,国家图书馆在这一方面承担着重要的责任,对此,每一个国家都作出了明文规定。但是,常识告诉我们:现在的以及未来的任何图书馆都要收集和保管文献。收集和保管,是提供利用的前提;不进行收集和保管,也就无法供人利用。因此,每个图书馆都要对收集的文献妥加保管。文献是人类保存文化的重要工具,保管文献,也就是对文化的保存,保存文化是图书馆的普遍职能,永远如此。

但是,这并不意味着要求所有的图书馆都"收集一切文献和永远保存",这曾是传统图书馆藏书建设理论的要求。与此相反,现代图书馆的藏书建设理论以系统科学为指导,把一个国家不同类型的各级图书馆都看作是国家统一的图书馆系统中有机组成部分,并要将所有图书馆的藏书组建成一个国家统一的文献资源系统。这一理论从耗费最省、功能最高、效益最佳的原则出发,要求对不同图书馆的文献收集和保管统筹规划、合理分工、分别安排。但是,绝大多数图书馆只收集应当收集的部分文献,并且只作短期保存;同时,用联合建立储存图书馆或保存书库的办法,负责为各馆长期保存文献;只有极少数中心图书馆和国家图书馆,才承担中心书库和国家总书库的职能,要为一个地区、一个系统或整个国家长远地保存文献。这就是说,保存的办法改变了,但所有图书馆仍然分别具有短期地、长期地、永远地保存文化的社会职能;而整个国家的图书馆系统,则完整地保存着一个国家的全部文化遗产。

第三节　图书馆的社会作用

图书馆的性质是决定图书馆地位的依据,图书馆应负的职能是图书馆确立社会地位的条件,而图书馆作用的发挥,又是图书馆赢得应有地位的保证。图书馆的地位能否为社会公认,依赖图书馆作用的发挥。

诚然,图书馆发挥作用需要社会提供必要的条件,但是,图书馆自身的努力,又是争取社会支持和领导重视的关键。我们研究图书馆的性质、职能、作用和地位,不仅是为了向社会广泛宣传图书馆,以改变社会对图书馆的落后认识,而且首先是为了提高我们自身的认识。图书馆员的努力,图书馆工作的好坏,对图书馆社会地位的确具有十分重要的意义。不认识这一点,就会看轻自己的责任,采取消极态度;结果,反而会助长社会对图书馆的落后认识。不仅要用语言,而且要用行动作宣传,用工作成绩争得图书馆条件的逐步改善,推动图书馆事业更快地发展,为两个文明建设作出更大贡献,这是我们应取的唯一正确态度。

图书馆是文明社会中不可缺少的一部分,图书馆事业是科学、教育、文化事业的一部分,图书馆工作是科学、教育、文化性质的工作,图书馆员是科学、教育、文化工作者。图书馆从属于社会、服务于社会,又推动着社会前进;图书馆服务于科学、教育、文化事业,它从属于整个科学、教育、文化事业,又推动着科学、教育、文化事业的发展,与其它科学、教育、文化事业之间的关系等同;图书馆员与其它科学、教育、文化工作者只有分工之别,而无高低之分。这样的社会地位是图书馆应有的，不是自封的，是图书馆本质属性和社会职能的必然反映。

图书馆在其发展的历史的长河中，发挥了促进人类文明进步的巨大作用，对社会的发展作出了不可磨灭的贡献，赢得了社会广泛的爱戴和信任，被誉为"文化中心"、"社会大学"、"教育心脏"、"科学之家"、"人才发祥地"、"知识宝库"、"情报的喷泉"。这是社会对图书馆实事求是的、公正的、客观的评价，是对图书馆发挥作用的赞许，是对图书馆应得地位的公认。

关于图书馆的地位，有关国际组织和各国图书馆界，已通过立法、决议或章程条例的形式肯定下来，有案可查；这些，也已载入我国宪法、党的全国代表大会报告、政府工作报告等文献史册。我国公共、高校和科学院三大类型图书馆的主管部门，都颁布了正式条例或章程草案，对图书馆的性质、职能、作用和地位作出了明确规定。这些文件，是对图书馆及其与社会关系的科学总结，或具有权威性，或具有公认性，是我们宣传图书馆的科学依据，是改变社会对图书馆认识落后的有力武器，也是鼓舞我们搞好图书馆工作的强大动力。

随着社会的发展、新技术革命的到来，图书馆的社会作用将越来越显得重要。早在六十年代初期，当新技术革命的前锋电子计算机闯进图书馆大门时，美国图书馆界的有识之士立即感受到了巨大的冲击，在图书馆学杂志上展开了有关"未来图书馆"的讨论；而不屑一顾的某些图书馆学家却斥之为资产阶级的"惶惶不安"，是资产阶级的"虚无主义思想"。

然而，新的技术革命是不可阻挡的历史发展的必然潮流。现在，任何人都不能无视这个革命的影响。同样，新技术革命的浪潮已经波及我国，这对我国图书馆界"既是一个机会，又是一个挑战"。

假如我们对此漠然处之，仍然把图书馆当作老、弱、病、残者的

"休养所",满足于落后的手工操作,安于"借借还还"的低工作水平,那么,我国图书馆不仅将更加落后于世界先进水平,而且,图书馆的社会地位必将显著降低,大部分图书馆就将逐渐被淘汰。

当务之急,主要是寻求恰当的对策。其中,首先就要作好思想准备、人才准备、工作准备和制订加快实现我国图书馆现代化的可行计划。

1. 思想准备。要大力宣传新技术革命的到来及其伟大意义,宣传这个革命对图书馆的深刻影响和我国图书馆面临的严峻挑战,扭转对新技术革命的无知状态和消极态度,动员广大图书馆员振奋精神,树立迎接挑战的紧迫感和责任感,共同应战。

2. 人才准备。一要在图书馆界广泛普及新的科技知识,加强信息教育,大力扫"科盲"和"电脑盲",提高广大图书馆员的科技素质;二要加强人才培养,特别要大力培养既懂传统图书馆业务、又掌握运用信息技术的新型人才;三要抓紧图书馆人员结构的改革,尽快实现图书馆人员高、中、低级合理搭配、各种人才齐备的合理结构。

3. 工作准备。一抓图书馆传统方法的改革,使工作流程合理化、实际操作省力化、处理加工标准化、业务管理科学化;二抓尽快提高图书馆的服务水平,使所有图书馆都能全面承担四大职能,充分发挥作用。当前,要重点加强图书馆的情报职能,为科技发展提供最新情报,为振兴经济传递最新信息;还要重视发挥图书馆的宣传职能,为各行各业的改革大造舆论。

4. 制订加快实现我国图书馆现代化的可行计划。这个计划应当是积极而稳妥的。积极是指在认真研究和吸取国外图书馆实现现代化方面的经验和教训的基础上,寻求不需要按部就班、可以跨越一些阶段、符合我国国情的图书馆现代化的路子。例如,国外实现图书馆工作电脑化,一般经历了单机分散试验、协商联机和组织起来形成网络这三个阶段,我国就应注意发挥社会主义制度的优越性,及早由国家干预,组织图书馆、情报和档案三大系统协作,以统一规划和建设国家信息网络系统。稳妥,是指要从我国经济发展条件出发,统筹规划,作出合乎实际的安排,不可操之过急、大轰大嗡。要首先推广应用我国图书馆急需的、已具备条件的、能产生明显效益的小型技术设备;对大型的尖端技术设备,则应区别情况,有重点、分步骤地推广。

总之,挑战是确实存在的,机会是极为难得的,前景又是十分迷人的。未来的十几年,既是我们图书馆员经受考验的困难时刻,又是我们大显身手的金玉良机。为了争取图书馆的美好未来,我们要勇敢地迎接新技术革命的挑战。

第三章　中国古代图书馆的孕育和萌芽

关于图书馆学的研究内容,刘国钧教授早在 1959 年就曾发表《什么是图书馆学》一文指出:"研究图书馆在人类历史的作用,研究它的发展过程,分析它的要素,掌握它们的规律,从而使它能更好地为人们生活服务是图书馆学的第一个课题。这就是说要研究整个图书馆事业——它的历史,它的作用,理论基础,建设原则,总结各类型图书馆的经验等等。"①按照刘国钧的意见,图书馆学的研究内容,除了对图书馆这一社会机构的性质、职能和作用等问题加以分析外,还必须对图书馆进行历史的考察。也就是说,图书馆学应当包括图书馆事业史和图书馆建设原理这两个重要的组成部分。早在三十年代,我国有的图书馆学者在论述图书馆学的研究范围时,也曾提出图书馆学的研究范围应该包括两个方面,一是"历史的图书馆学",二是"系统的图书馆学"②。我们认为,这些见解都是有道理的。这种从历史发展的线索中和从对现状的理论分析中研究图书馆学的方法,也就是把纵横两个方面结合起来解剖图书馆的研究方法,是一种科学的、实事求是的研究图书馆学的

---

① 刘国钧:《什么是图书馆学》,见《中国科学院图书馆通讯》1959 年第 1 期。

② 李景新:《图书馆学能成一独立的科学吗?》,见《武昌文华图书馆学校季刊》第 7 卷第 2 期。

方法。因之,本书即用以下几章来介绍中外图书馆从孕育到产生、发展的知识。本章和下一章先介绍有关中国图书馆事业史方面的知识,这是图书馆学的重要研究课题,它是从历史发展的角度,研究中国图书馆事业。

中国图书馆事业史的研究对象包括:中国图书馆事业是怎样孕育、产生和发展的;中国各类型图书馆是怎样产生和发展的;在中国社会发展的各个历史时期,各类型图书馆的藏书情况和工作组织、技术方法及管理利用情况等;中国的图书馆事业在中国社会发展的各个历史阶段中,与政治、经济、科学、文化、教育及工业、农业生产发展的关系;它在整个社会生活中的地位、影响和历史作用;中国图书馆事业与档案、校勘、出版、印刷事业的关系等。在研究上述种种历史现象之前,首先必须弄清楚图书馆究竟是怎样孕育和产生的?

图书馆的产生,离不开图书的出现;图书出现的前提条件是文字的产生和记载文字的物质形式;古代虽然没有现在这种形式的图书,但用一定的方式将以文字来表达的某种知识记录在某种载体上,并且通过专门的人员将这些具有文字形态的知识载体集中起来,在一定范围利用,这就是最早形态的图书馆。中国古代图书馆的孕育,就包括文字的产生,图书的起源,最早图书的保存、管理和利用等方面的内容。

第一节　中国文字的产生

一、口头语言交流思想

在我国史前时期,文字还没有产生以前,人类是以口头传说来表达和传播思想的。

35

起初，人类交往的社会工具，还只依赖于语言。语言的形成几乎与人类祖先过渡到人工制造和使用劳动工具的阶段同时。工具的制造和使用将原始人的活动更紧密地联系在一起。他们需要更好地彼此观察和协助他人的活动，更多地交换思想，更经常地交流经验。他们在共同劳动中增强了发出和收听声音的能力。语言器官的生理结构发达起来，影响了心理状态的变化，增强了声音以及呼唤形成的印象之间的条件反射，并且在大脑中固定下来，成为记忆中的财富。这样，语言既作为人们不可缺少的思维工具而产生，又作为人们相互交往的传播思想的手段而发展。当时的人类就这样将自己的经验和知识，用简单凝练、便于记忆的语言固定下来，编成诗歌、谚语、故事、口诀、格言等，散播开来，传播下去。这是远古时代人类传播知识和接受间接经验的主要方法。

　　我国古代书籍里记载着不少有关远古的神话和传说，如《韩非子·五蠹篇》有所谓"构木为巢，以避群害"的有巢氏时代，有所谓"钻燧取火，以化腥臊"的燧人氏时代，《易·系辞传》有所谓"作结绳而为网罟，以佃以渔"的伏羲氏时代，有所谓"斲木为耜，揉木为耒"，"日中为市"的神农氏时代等等。这些均可以看作是通过口头传说保留下来的关于我国氏族公社时期的历史知识。这些传说大体上反映了我国古代人类生活先为渔猎、次为牧畜、后为农业的三个时代。这是同古代人类生活的进化过程相吻合的。东汉许慎在《说文解字》卷三上中关于古代的"古"字解释说："古，故也。从十口，识前言者也。"清代段玉裁又对此意作了发挥，他说："识前言者，口也；至于十口，则展转因袭，是为自古在昔。"这两段话，从一个侧面反映出我国古代学者对于远古时代未发明文字以前，人类依靠口传"识前言"，"展转因袭"地传播知识的客观认识和分析。

　　然而，依靠口头语言交流思想、传播知识的局限性毕竟是很大的。在空间上，声音只限于很窄的范围，至多不过是几十米以远的距离。一旦超出这个范围，别人就听不到了。在时间上，声音只能被当时、当地、当事人所听到，人们凭以后的回忆来复述这些思想，难免要有所增减，使原有的知识越来越不可靠、零碎不全。这显然不能满足人类相互交往、生产劳动和社会生活进一步发展的需要。于是，人类就寻找更为有效的能比口语传播更为长远的交际手段，即借助于一定形式的物体来传播知识、交流经验。

二、结绳、契刻的出现

我国古代又经历了结绳、契刻和图画三种方式表达和传播思想的阶段。

结绳是利用各式各样的绳结来表达思想、传播知识。这种方法曾在原始氏族社会中被广泛运用。《说文·叙》说："神农氏结绳而治。"庄子《胠箧篇》说："昔者容成氏、大庭氏、伯皇氏、中央氏、栗陆氏、骊畜氏、轩辕氏、赫胥氏、尊卢氏、祝融氏、伏羲氏、神农氏，当是时也，民结绳而用之。"这些根据传说所作的记载说明，结绳作为一种记号，早已是我国古代文字的先驱。结绳表达和传播思想的办法，是把绳子打成大大小小、各式各样的结子，使人们看见结子而明瞭打结子的人的意思。《周易·正义》引郑玄的注说："事大，大结其绳；事小，小结其绳。"此外，还可以通过结子的多少、位置上下以及涂上不同的颜色，来了解打结人所要表达的思想。不过，这都是后人根据古代传说以及对现代某些文化落后的民族仍然采用结绳的方法进行考察后所作的推测。实际上，对于古代人以结绳记事表达和传播思想的方法都无从作详细的考究了。

在结绳以后，又出现了契刻。契刻是在木板上刻出许多形式不同的记号，每种记号代表一种事或一种意义。《说文·刀部》中说："券，契也；券别之书，以刀判其旁，故曰契券。"即刻木为约，有时刻些条痕来记数目，作为交易的证物，古代称它为契。《释名》

中说:"契,刻也。刻识其数也。"《北魏书·帝纪叙》中说的更为明确:"不为文字,刻木,记契而已。"关于我国古代将符号刻在木版上的时代,现在也不可能作准确的考证。但大体上是在结绳记事之后,则是可以肯定的。我国古籍中有很多关于契刻的记载。如《易·系辞下》说:"上古结绳而治,后世圣人易之以书契";孔安国《尚书·序》中说:"古人伏羲代之王天下也,始画八卦、造书契,以代结绳之政,由是文籍生焉。"这都是说契刻产生在结绳之后。

据范文澜推测,至少应在远古畜牧业的时代,即伏羲(与太皞向来当作同一个人的名号)时,我国已是作八卦、造书契的时代。他说:"如果八卦确是一种记事符号的话,按照传说,当是出于太皞或太皞族。八卦是'—'(阳性)'- -'(阴性)两种线形凑成☰(乾)☷(坤)☵(坎)☲(离)☳(震)☶(艮)☴(巽)☱(兑)八个卦形。每一个卦形代表当作同一属性的若干事物。如乾为天、父、玉、金,坤为地、母、布、釜,这种记事方法,比结绳进了一步。后来黄帝族发明象形文字,借它作卜筮的符号,失去了原来作为记事符号的意义"(见范文澜著《中国通史》第一册第14页)。

应当说明的是:对于木刻为契的"契",我国学术界历来有两种解释。一种解释是指结绳记事之后,文字发明之前,刻在木板上的记号,已如上述。另一种解释则是指文字发明之后,刻木为契,就是将文字刻在木头制作的书籍上,即所谓的书契或文簿。如许慎《说文·序》中说:"黄帝之史仓颉,见鸟兽蹄迒之迹,知分理之,可相别异也,初造书契。"《尚书序·传》中说:"书者文字,契者刻木而书其侧。"刘熙《释名》解释:"书者,言书其时事也。"《说文》说:"书,著也。"对将文字刻在书契上说的更加明确的是《帝王世纪》,其中谈到,"仓颉造字,然后书契始作。"《说文》则解释为"畜依类象形谓之文,形声相益谓之字,著于竹帛谓之书。"

我们认为,前一种解释当然是对的,文字发明确曾有过一个以符号刻木为契的阶段。但是,后一种解释也是有道理的,反映了我们的祖先在文字发明之后以文字刻在木板上的事实,这是在两个历史时代,同样运用刻木的办法传播知识。但在形式上不同,前者用符号,后者用文字;在性质上不同,前者具体,后者抽象;在内容上不同,在思维能力方面、表达思想的复杂性方面后者比前者更进一步。我们对"刻木为契",不能只知其一,片面理解,也不应将两者混为一谈。

结绳和刻木为契固然比口头传说进了一步,但它们毕竟只是一定事件的符号,而不是语言的符号。它们只是赋予了物体以一定的意义,借助于物体本身表达特定具体的内容,而无法表达抽象的思想。因此,它们只能是文字的前身,还不是文字的本身。随着社会生产力的发展,人类相互交往的增多,思维能力和语言能力的提高,就为人类不只是把物体本身,而把对物体的摹象作为表达思想、传播知识的手段造成了条件。由图画发展形成的象形文字的出现,才是文字发明的开端。

三、从图画到象形文字

图画是文字的最初形式。古代人类由于生产劳动的需要,常常把自己要记载或报道的事物画在洞穴石壁上,或画在古代器具上。起初,图画只表示具体事物的形象,比如画面上的一只鹿、一条狗、一头牛就简单地表示生活中的鹿、狗、牛,形象逼真而又具体。远古时代的人往往以连续绘画起来的图形来表示某些事物、某些事情,表达某种思想。这就是图画文字或称为绘画文字时期。当人们习惯了图画文字以后,就不再详尽地描绘出一个图形的细节,只是把被描绘的事物的某些部分或最突出的特点作粗线条的勾划,乃至使图画渐渐地演变成可以表示某种较复杂、较抽象的概念,这种简单化了的图案只具有同原来所摹画的事物相似的特点,而不再是对原物的原样描绘。这样,图画就变成了文字,这就是所谓象形文字。象形文字出现以后,使图画作为艺术的一个部分,文字作为语言的一个部分各自朝着不同的方向发展。

　　根据大量资料证明,我国最初创造的部分文字是借助于原始图画发展起来的象形文字。在商代的甲骨、金文中保存下来的汉字中,无论是动物、植物、自然界的其他物体,还是人们生产、生活中使用的器具等,凡有具体形象的物体,都是按其形体,简绘出与其相应的图形,以代表该物的名称。如动物中的马、虎、象、犬、豕、鸟、鱼、龟等,就是根据该物的形体,简绘出相应的图形。这就是我国现存最早的文字——象形文字。象形文字作为一种固定的物质标志,大大地发展了人类抽象的思维活动能力,它不仅能表示具体事物,而且能表示事物之间的联系。

　　这里应当指出,关于我国文字的起源,我国学术界对于其中的某些问题还存在着分歧意见。一种意见认为,由结绳、契刻到图画,直至象形文字的出现,才真正完成了文字的发明。另一种意见认为,象形文字固然是我国文字发展的重要渊源之一,但是,早于象形文字出现的契刻,更是原始文字的渊源。郭沫若认为,早在六千年以前,即我国母系氏族公社时期的仰韶文化(公元前4115—前2065年)以及父系氏族公社时期的龙山文化(公元前1725年)时,我国就有了文字。他认为从仰韶文化的彩陶上和龙山文化的黑陶上发现了那些简单的刻划符号,和殷、周时代的青铜器上的一些表示族徽的刻划文字极相类似。而这种刻划符号,却不是象形文字,而是同传说中产生在图画文字之前刻木为契以指事的符号属于同一系统。据此,他认为:"中国文字的起源应当归纳为指事与象形两个系统,指事系统应当发生于象形系统之前。"仰韶文化和龙山文化中的"彩陶和黑陶上的刻划符号就是汉字的原始阶段",这个刻划系统是结绳、契木的演进,"因为任何民族的幼年时期要走上象形的道路,即描画客观物象而要能象,那还需要有一段发展的过程。随意刻划却是比较容易的。"因此,他下结论说:"指事先于象形也就是随意刻划先于图画。"仰韶文化中的"彩陶上那些刻划记号,可以肯定地说就是中国文字的起源,或者中国原始文字的孑遗"。最近,陕西省考古研究所郑洪春、穆鸿亭在西安市召开的国际性考古学学术会议上指出,中国最早的汉字出现于龙山时代晚期,即黄帝时代及夏代初期。他们展示了长安门花园村客省庄二期文化遗址出土的刻划兽骨和骨器的拓片和幻灯片。经过人工刻划的兽骨和骨器质地十分坚硬,表面莹润光亮,原始文字行笔先后顺序和重叠关系清楚可辨,其形态结构与殷墟甲骨文极相似(参见《人民日报·海外版》1988 年 11 月 11 日)。这便进一步证实了郭沫若的说法。

关于我国文字是单一地由象形文字发展而来,还是由刻划与象形双轨地发展而来,学术界目前尚未定论。但是,可以肯定的是,我国的文字最初必然是以记录某些简单事物开始出现,后来经过比较长时间的发展,逐渐形成代表语言的社会交际工具。其次,我国的文字是人类社会发展的产物,是我们祖先的集体创造。它是作为人们交流思想、传播和积累知识的手段,经过许许多多人长期的辛勤努力,共同创造才产生的,绝不可能是由某一个人发明的。在我国战国时期以后的一些古书籍里常记载有所谓仓颉造字之说。如《韩非子·五蠹篇》说:"古者仓颉之作书也,自环者谓之厶,背厶谓之公。"《吕氏春秋·君守篇》说:"仓颉造书。"也有说文字是由沮诵和仓颉两个人制造的。如《世本·作篇》说:"沮诵、仓颉作书。"许慎在《说文解字·序》里说:"黄帝之史仓颉,见鸟兽蹄迒之迹,知分理之,可相别异也,初造书契。"这些说法都缺乏确凿的根据。但是古代学者的推测,却可以使我们知道我国文字的形成至少已有了四、五千年以上的历史,这同考古发掘出来的材料是大致吻合的。

第二节 中国图书的起源

从口语流传,经过结绳记事、刻木为契到创造出因物象形的文字,我们的祖先经历了漫长的历史发展过程。如果说,仰韶文化、龙山文化中的简单的刻划符号,有可能分别反映了我国母系氏族公社时期和父系氏族公社时期汉字的原始状况,那么,当原始公社制过渡到奴隶社会时,我国的文字就逐渐形成了自己的体系。有了文字才有图书产生的可能;文字的出现为图书的起源提供了必要的、基本的前提。图书的产生和发展是人类社会文明的一个显著标志。

人类社会发展的历史表明,图书的起源同阶级的出现、国家的产生、奴隶占有制社会的建立有着密切的关系。马克思、恩格斯在《共产党宣言》中说:"到目前为止的一切社会的历史都是阶级斗争的历史。"(《马克思恩格斯全集》第 1 卷第 250 页)1888 年,恩格斯在为《共产党宣言》的英文版上这段话加注时指出:"确切地说,这是指有文字记载的历史。"(同上书第 251 页)恩格斯后来还曾说过:"……由于文字的发明及其应用于文献记录而过渡到文明时代。"(《马克思恩格斯选集》第 4 卷第 21 页)这说明,我们探讨图书的起源至少可以从奴隶制社会的出现开始。

我国是世界文明古国之一。我国奴隶社会究竟起源于何时?历史学界尚无定论。有一种观点认为,在我国父系氏族社会走向崩溃的时候,夏氏族建立了国家(约公元前 2033 年—前 1562 年),这时我国即已从无阶级的原始社会进入了有阶级的奴隶社会。范文澜曾根据山东济南附近龙山镇城子崖古文化遗物,"推想当时可能有一种叫做巫的人,脱离生产劳动,从事祭祀与文化事务。"他认为,"文字的发明是人类社会由野蛮时代转移到文明时代的一个重要标志,城子崖遗址发见了文字,虽然还不能肯定它是夏朝文字,按照殷墟文字已经达到的程度,上推夏朝已有原始的文字,似乎也是有理由的。"[1]有的历史学家进而推断说,我国从黄帝到夏朝建立为奴隶制的形成时期,或者说,夏以前为部落奴隶制王国时期,到公元前21世纪,夏禹建立了统一的奴隶制王朝,夏朝是一个初具规模的统一奴隶制国家,也是中国最早的一个统一的奴隶制国家。并且认为,从卜骨、陶器上的刻划符号等方面看,这时应该有了成型的文字和专业文化的人,估计夏朝的文字很快就会破土而出的[2]。如果这一推论可以成立,这样一种估计能够为考古发掘材料所证明而成为确切的史实,那么,在我国夏朝统一的奴隶制国家统治下,就应该有了最初的具有图书作用的物质形态了。

谈起图书,人们习惯上是指印刷术发明以后以纸张为基本材料,经过制版而成的出版物。其实这种理解并不全面,这种理解即使用于现代图书的一般形态也是狭义的。广义而言,图书是书籍、期刊、画册、图片等出版物的简称。在古代,还没有出现期刊、画册、图片等出版物,相当长的历史阶段内,纸张和印刷术还都没有发明;但是,作为可以储藏文字的载体图书,却早已产生了。古代图书作为广义的图书形式,是用文字、图画或其它符号,在一定材料上记录知识、表达思想并制成卷册的著作物。在我国上古时代,书籍最初同书契、档案不分,随后成为传播知识和积累文化的重要手段,逐渐形成独立的形态,而这还是印刷术发明、甚至纸张发明很久、很久以前的事。

中国古代图书馆从孕育到萌芽,是从中国文字的产生、记载文字的图书雏形的出现,以及这些知识记载物开始被收藏、管理和利用的时期。

---

①　范文澜:《中国通史》第一册第35—37页。

②　参见田昌五《夏文化探索》,《文物》1981年第5期。

一、关于夏代（或其以前）出现具有图书作用的物质形态之推测

如果追本溯源，我们将夏代（或其以前）作为奴隶社会的开始，也作为我国古代图书孕育的起点，那么，就需要探讨一下，那一时期我国的文字所记载的内容可能是什么？这些内容可能记载在何种物质形态上？对于这些问题，我们至今还缺乏足够的实物证据，现在只能依据古代遗留下来的传说、文献资料中的记载来勾勒出一个简单的轮廓。

据传说，我国最早的文字记载物不止于夏代，而可能上溯到传说中的三皇五帝时代。《左传》中曾记载，左史倚相"能读《三坟》、《五典》、《八索》、《九丘》"（《昭公十二年》）。据孔安国《尚书·序》的解释，"伏羲、神农、黄帝三书谓之《三坟》"，"少昊、颛顼、高辛、唐虞之书谓之《五典》"，"八卦之说谓之《八索》"，"九州之志谓之《九丘》"。意思是说，《三坟》应是传说中三皇时期的文献记录，《五典》应是传说中五帝时期的文献记录，《八索》、《九丘》则为古代的占卜、地志方面的文献记录。到春秋时期，一些学者根据往古文献记录加工而保留了一批关于虞夏时期社会状况的资料，其中很重要的一部著作是《尚书》。《尚书》又称《书经》，王充《论衡·正说篇》解释说："《尚书》者，以为上古帝王之书。"刘熙《释名》说："'尚'，上也。以尧为上始，而书其事也。"可见，"尚书"的意思就是"上古的图书"，尽管这部"上古的图书"其中有不少篇章系后人所伪造，我们不可尽信，但毕竟还有若干篇章为我们保留了原始图书的内容。如《尚书》中的《虞夏书》（原只称为《夏书》）中的《尧典》、《皋陶谟》、《禹贡》三篇，就有关于尧、舜、禹的记载。《尚书·尧典第一》中有"昔在帝尧……将逊于位，让于虞舜，作《尧典》"，《尚书·甘誓第二》中有"启与有扈战于甘之野，作《甘誓》"之句，说明《尧典》、《甘誓》等可能是夏朝图书的篇名，而这

些最早的图书内容正记载了当时我国社会政治斗争、军事斗争和自然方面的许多知识。《国语》、《左传》、《墨子》等书曾屡引《夏书》，《礼记·礼运篇》称孔子说："我欲观夏道，是故之杞，而不足征也，吾得《夏时》焉。"郑康成注说："得夏四时之书，其存者《小正》。"《夏小正》一直流传至今，它是反映夏末殷初夏民生产情况的记录。《竹书纪年》屡记夏事，如记夏桀 10 年（约公元前 1580年）"夜中星陨如雨"，这是世界上关于流星雨的最早记录；又记夏帝发 7 年（约公元前 1590 年）"泰山振"，这是世界上关于地震的最早记录。从《尚书·甘誓》中，我们还可以了解到夏初即应有了阶级对立，出现了军队，产生了国家权力机构等。

有关夏代及其以前出现具有图书作用的文字载体的可能性已如上述，那么，当时这些知识究竟附着在何种物质形态之上呢？初步推测，最原始的图书形态，或许是竹木简册。据文献记载，周灭殷后，周公对殷贵族发表过一通训话，这段话在《尚书·多士》中，周公说："惟尔知：惟殷先人，有册有典，殷革夏命。"周公数说了夏桀的一些罪行，说正因为如此，殷才革了夏桀的命，而那是你们殷人的典册里记载着的史实。既然周灭殷时，曾从殷史官的官府里得到了殷王朝遗留下来的图书（典册），而这些图书内又记载了夏桀的罪行以及"殷革夏命"的必然性，依此类推，夏朝就有可能保留了记载着有关夏朝的文献，授殷人、周人以柄。但是，很可能因为典册易于腐烂，不便长期保存，这种很古的文献记录就至今未能发掘出来。

据我国考古学家董作宾考证，我国夏代及其以前除了可能有典册外，还可能有青铜器铭文和甲骨文等。尽管考古发掘中还没有夏代青铜器铭文、甲骨文的实物，但董作宾根据对出土的殷代实物的分析、研究后得出结论说，殷代的铭文，是甲骨文以前的原始图画文字，是殷代尚在使用着的"古字"，而殷代的甲骨文则是远远高于图画文字的符号文字，其六书造字法，许多象形、写意的文字,说明它们已演进到用线条书写以达意发展到相当成熟的阶段,故殷代的甲骨文"足以代表当时普遍应用着的一般文字,我们现在叫作殷代今文"。按着文字的发展规律,从图画文字到符号文字应当是一个漫长的历史过程,古埃及的图画文字至少使用了3000年。"我们中国人用图画文字,总不会创造了之后,马上就改为符号,算它行用过1000年就不能说多"。因之,董作宾得出结论说:"殷墟的初年是公元前1384年,加上1500年当为公元前2881年,大约距今为4800多年。"(引见台湾学海出版社《中国图书版本学论文选辑》第28页)我们认为,据此来推测我国夏代(或其以前)可能出现具有图书作用的、记录文字的物质形态,是合理的。

二、中国现存最早的图书形态

夏代(或其以前)虽然可能已出现具有图书作用的文字载体,但毕竟时至今日,这类载体的实物还没有"破土而出",我国现存最早的图书形态,有实物可资证明者,当为殷(约公元前1562—前1066年)和西周(公元前1066—前771年)时代的甲骨文、青铜器铭文,以及其后的竹木简牍等。

甲骨文　甲骨文是刻在龟甲或兽骨上的文字简称,又称殷文字、卜辞等。最早发现于1899年(清光绪25年),发现地点在今河南省安阳县小屯村。相传商第20代王盘庚为了调和统治集团内部的矛盾以及缓和奴隶主阶级与奴隶阶级之间的矛盾,强迫贵族和民众渡河迁殷(即今安阳县小屯村),历史上便从此称为殷朝,或殷商,简称殷。从盘庚到殷末代帝辛(纣),凡8代、12王、273年(公元前1395—前1123年)更不迁都。故殷都就成了商朝后期政治、经济、文化的中心。殷人迷信,每事必卜,请命于上天。占卜的方法是,用金属将龟的腹甲、背甲、牛的肩胛骨等材料钻出许多圆窝,并在圆窝旁边凿成梭形的凹槽。通过一定的宗教仪式,先把要卜问的事情向上天或祖先交代清楚,然后用炽燃的圆木炭棒,在圆形的窝中央或梭形的凹槽的侧旁烫灼,这时甲骨正面的相应部位就会出现裂纹,占卜者就根据裂纹判断事情的吉凶;同时,占卜者常常将占卜的原委(日期、原因、结果)乃至后来验证的情况,用锋利的玉石或刀子刻写在甲骨之上,并在字迹上涂以朱色或墨色,最后将用过的甲骨妥善地保存起来,这些保存起来的甲骨文,包括祷天地、祭祖先、问事鬼神、占卜风雨、农祀丰欠、战争胜负、疾病情况。另外也有记载有关社会的经济生活、政治制度、帝王世系等方面的材料。因此,我们可以把甲骨卜辞看做是我国古代原始的图书形式之一。从发现殷墟到现在,前后共出土甲骨15万片以上,包括4,672个不同的字,这些文字已有1,723个字被认识了。已发现的甲骨,大部分是反映殷商后期几个王朝的状况,即大约是从武丁到纣(公元前1254—前1123年)时的状况。这是关于我国殷代现存的最早的文字记载。

1977年,中国科学院考古研究所陕西周原考古队,在对原西周宫室遗址(今陕西省岐山县凤雏村)的发掘中,一次就出土甲骨17,000多件,就已清理出的部分甲骨文字的内容看,这批甲骨文是西周早期王室的重要档案。

青铜器铭文及其它 出现于商朝后期的青铜器,是古代记载文字的又一种形式。青铜器是铜锡合金的器皿。由于当时奴隶主对这些器具的重视,所以就在青铜器上面铸出或刻出自己的名字。有的人把需要长期保存的文件,如帝王的策命辞等也铸在上面,这就为后代保存了许多关于历史事件的知识。这种文字叫作"铭文",后人称之为"金文"。青铜器上的文字,从一、二个字,到四、五个字,至西周中叶到战国末年,文字已发展到二、三百字。

西周末年,太史籀作了一篇记述周天子功德的颂文,被刻在十个鼓形的石头上,有数百字。这些文字都是周朝大篆,这种刻在石鼓上的文字,叫作"镌文",后人称之为"石鼓文"。石鼓文也起了图书的作用。

竹木简牍及其它　我们可以将甲骨文、青铜器铭文和石鼓文等视为孕育时期的原始的图书形式,但它们毕竟还不是图书本身。古代最早的正式图书则是将文字写在竹简、木板、缣帛之上,称作"简书"、"方书"、"帛书"。这是以竹、木和绢为主要载体而书写或刻写文字于其上的图书。在纸发明以前的图书,我国使用最普遍的载体,是写在竹或木上的简册。竹简是一种用竹制成狭长形的片条。单指一根为简,如将文字书写或刻写在四方的木板之上,单指一方则为版;将众简或诸版用绳按文字的次序编连起来,连简的称作策(同册),连版的称作牍。缣帛,是我国古代用蚕丝织成的绢绸,亦常用来书写文字。如马王堆汉墓出土的帛书即是。它不像简牍那样笨重,使用起来比较方便,但价钱昂贵,一般人是用不起的。《礼祀·中庸》中记有:"文武之政,布在方策。"就是说,周朝的一切政策都写在方策上颁布了。《墨子·明鬼篇》中也说:"故书之竹帛,传遗后世子孙。"我国春秋、战国时代的简牍近年已有发现,西周的简牍和帛书虽然没有遗传后世,但据文献记载可知,当时的竹简、木牍、缣帛已经并用。我们可以说,从殷周时代直到东汉和帝元兴元年(公元前 1380—105 年)蔡伦发明造纸时止,在这漫长的历史时期里,我国古代的图书形式,主要是简书和帛书。

第三节　中国古代图书馆的萌芽

　　图书馆是搜集、整理、收藏和利用图书资料以供读者查阅的机构,或者概括些说,它是储藏一定文字载体的知识为人类社会服务的一种事业。构成这一机构、这种事业的物质基础是:图书、贮存图书的地方和设备以及管理图书的人员。我国古代图书的起源已如上述,藏书的场所和图书管理人员的情况怎样? 应该说,自从有了最初形态的图书之时，就可以说，一定会有储存这些文字载体的地方及管理它们的人员，而上述诸因素结合在一起也就有了萌芽时期的图书馆。

按此逻辑推理，如果夏代（或其以前）为奴隶制社会，且已有了最初的具有图书作用的物质形态，那么，也就应该有了最初形态的图书馆了。古代考古现在无证，但古代文献却不乏这方面的记载。《国语·晋语》称："有夏商之嗣典，……樊仲之宫守焉。"《尚书·五子之歌》记述夏代太康执政时的话说："明明我祖，万帮之君，有典有则。"《尚书·尧典》说："……命汝纳言，夙夜出纳联命，惟允。"按郑注"纳言"曰："如今尚书，管王喉舌也。"杨筠如《尚书·核诂》谓："纳言，官名。"这就是说，古文献记载中的传说，夏代即可能有为帝王保存文献，并随时备用以供查阅、充当喉舌之史官。到了殷、周时代，随着奴隶主阶级的统治地位的巩固，奴隶主阶级对于文书、档案的需要越来越强烈，于是就加强了对有关文献的管理。殷、西周及春秋、战国时代各国都设有史官之职。史官的主要任务是掌握记录当时统治大事、统治者的言论行为的图书，为奴隶主出谋划策以巩固其阶级的统治，周代有后人所谓大史、小史、内史、外史和御史"五史"之设，大史之职掌握国家的重要法典，小史为大史的辅佐，并掌握皇族的谱系，内史掌握人事行政管理，外史以四方为对象，要收存"四方之志"，"掌三皇五帝之书"，御史造作诏文并予收藏，"五史"的所藏就应该是兼理最早的档案、文献的工作。虽然，"五史"并不是专设的图书馆机构，但他们确是负责搜集某一方面的资料，保存在一定的地方，以供使用的单位，这也就是萌芽时期的图书馆形态。《史通》中记有："子夏求周史记，得百二十国宝书。"这些史料都足以证明周朝储藏的图书是相当丰富的。西周还设立了保存档案书籍的库房，叫作"天府"、"盟府"、"周室"等名，用来保存周朝廷和诸侯国比较重要的文书和文件，此外还把有用的档案和书籍制成副本。除设立库房储存图书外,还设置史官管理图书。王国维在《观堂集林·释史》中说:"史为掌书之官,自古为要职。"到西周末期,各诸侯列国,也开始设有史官,根据史书记载,周朝诸侯国藏书的地方叫做"公府"、"闾府"、"州府"。说明周朝末期除了中央官藏图书之外,又出现了地方官藏图书。而地方保存和收藏图书资料的地方,也可以看作是我国古代图书馆的萌芽。

我国古代图书分类也萌芽于西周。《周礼》一书所记的虽然是西周的官制,但也记述了典籍分类的事例。其中《天官冢宰》所说的治典、教典、礼典、政典、刑典、事典六典为六官分别掌管,足以证明西周时期,典籍已有简略的分类,又从董作宾的《新获卜辞》中发现在甲骨文的板片上,有册次或编次的文字,这说明在先秦图书馆中,已经有了编排典籍的方法。这种方法就是排列馆藏和索取图书的方法,可以说是我国古代产生图书目录的萌芽。至于西周藏书库房的阁藏设置,先是多以藏书,这方面的资料,《史记·鲁周公世家》有所记载。后来发展为以箧(小箱)藏书,这在《韩非子·六反》中有所记载。西周时期,为了保护图书不受潮腐或虫害,还发明了曝书之法。就是把库内所藏的图书,经常拿到外面晾一定时间,以去湿除虫。这一史实在《穆天子传》里已有记载。以上,说明我国的图书馆事业,在世界上产生得颇早,历史也颇为悠久。

春秋战国时期,是我国奴隶社会向封建社会过渡的时代。在这社会大变动的时期,新兴的地主阶级需要打破旧的社会制度,建立新的社会制度来统治人民,不同出身的知识分子(当时称为"士")也纷纷要求参加政治,极力创造新的学说和新的办法来适应统治阶级的利益。他们四处游说,聚徒讲学,宣传自己的主张,互相展开激烈的争论,形成了诸子百家争鸣的局面。

这个时期以竹、帛为材料的书籍有了大量的发展。春秋之时,私人著述已经出现,孔子不做官,在家除教书外,还专门整理典籍,并且写了《春秋》一书。这就打破了春秋以前只有史官才能著书的传统。由于官、私著述的同时传播，使"天下之良书，不可尽计数"（《墨子·非命》）。到战国时著书立说更是"不可胜纪"（《史记·十二诸侯年表》）。这种局面的形成，不仅说明生产有了巨大的进步和发展，而且也标志着人们知识领域的极大开阔。在官藏图书不断增加的同时，私人藏书也多了起来。如惠施有五车书（《庄子·天下篇》）。墨子南游也"载书甚多"。苏秦游说六国，"负书担橐"，游说失败后，又在家"夜发书，陈箧数十"（《战国策·秦策》）。

在战国时期，各诸侯国的地方藏书府已普遍建立，当时以鲁国藏书最为著名。同时典籍阅览的范围也扩大了。墨子为了著书，搜集了不少图书资料，自称"吾见百国春秋史"（毕沅辑《墨子佚文》），就是一个很说明问题的事例。

春秋战国时期还出现了整理先古典籍的事迹。春秋初期，宋国大夫正考父校《商颂》；战国初年，孔子删定"六经"，都是很说明问题的事例。这种整理图书的活动，对秦汉乃至以后各代都产生深远的影响。

还应当指出，战国时的图书阅览和书评活动，较之春秋时期更为活跃，最突出的是韩非。他在《韩非子·安危》中，对当时多数文人学者在引经据典时的牵强附会等现象给予了大胆的揭露和评论，这种在治学上认真求实的精神，确实是非常可贵的。春秋战国时期的私人著述私人藏书和书评活动的出现，以及各类图书的流通传播，为我国古代萌芽时期的图书馆事业向封建社会图书馆事业的过渡，奠定了基础。

第四节　中国历史上对图书、图书馆的称谓

我们在前几节介绍了中国文字产生、图书起源和中国古代图书馆萌芽方面的知识,这对掌握中国图书馆事业发展的规律、从历史的角度充实图书馆学理论,无疑是有重要意义的。但是还应当说明,中国图书馆从孕育、萌芽到奠定、发展、繁荣的全过程,在中国古代文化典籍中其记载是十分零散和复杂的。即以对图书、图书馆的称谓而言,在长达数千年的历史中,古代文献中就没有称作"图书馆"的,而对于"图书"这一称谓,古代文献还有大量的其它称谓来代替。为了科学地理解中国古代图书馆事业发展的源流,任何学习图书馆学、研究中国图书馆事业发展历史的人,都必须善于从浩如烟海的历史文献中筛选出真正属于图书、图书馆事业方面的资料,因之我们在此设置专节来介绍一下中国历史上对图书、图书馆的称谓。

考查西方各国关于"图书馆"一词的源流,英文 library 是从拉丁文 liber 来的,有书籍的意思。德文是 Bibliothek,法文是 bibliotheque,都是从希腊文 bcbyiov 和 dnkn 来的,前面的字是书籍的意思,后面的字是地方的意思,合两字为一字就是有书籍的地方的意思①。卢震京在《图书馆学辞典》中认为,"图书馆"一词,俄、英、法、德、意、西班牙文等都源于拉丁文的 Libaria,意为藏书之所②。我们也应该按照这个词意去追溯我国历史上对于图书馆的称谓的源流。

由于中国图书馆事业历史悠久,源远流长,上下几千年,纵横

---

① 俞爽迷:《图书馆学通论》,正中书局,1947 年出版第 1—3 页。

② 卢震京:《图书馆学辞典》,商务印书馆,1958 年版第 596 页。

多方面,我们在审慎地筛选有关的文献资料时,应该正确地理解我国历史上关于图书、图书馆的概念,掌握关于书及藏书之所,即现在的图书及图书馆的各种称谓。因为图书、图书馆这两个概念并不是自古就有的,在各个朝代都有不同的称谓,在同一时代,甚至在同一部著作中,称谓也不完全一样。

这里,先谈一下"图书"这一概念的历史演变。图书,一般地说,是指书籍而言。但是,具体地说,"书"侧重指以文字表达思想的记载;"图"则侧重指以图形画面表达思想的记录。在古代,图形画面也是文字的一种表达方式。我国历史上,"图书"一词出于《史记·萧相国世家》,但溯其渊源,《周易·上系之辞》中就有"河出图,洛出书"一语,不过在先秦,"图书"一词并未得到广泛应用罢了。当时有称"典"、"册"、"书"、"籍"者,也有称"典籍"、"周籍"者。称"典"者,例:"慎微五典,五典克从"(《尚书·尧典》),"天叙有典,敕我五典五惇哉"《尚书·皋陶谟》)。称"册"者,例:"王命作册,逸祝册"(《尚书·洛诰》),"公归,乃纳册于金縢之匮中"(《尚书·金縢第八》)。"备物典策"(《春秋左氏传》定公四年),《经典释文》解释说:"策,本作册,亦作笑,或作箫。"称"书"者,例:"以启金縢之书"(《尚书·金縢第八》),"蠹书于羽陵"(《穆天子传》卷五),其他像《墨子》中的《尚贤书》、《尚同中》、《尚同下》、《明鬼下》、《非命上》、《非命中》等篇均屡屡提到"先王之书"事。称"籍"者,例:"诸侯恶其害己,而皆去其籍"(《孟子·滕文公篇下》),"是以言陈之曰,必有箧籍"(《韩非子·八经》)。称"典籍"者,例:"孙伯黡司晋之典籍"(《春秋左氏传》昭公十五年),"王子朝及……南宫嚣,奉周之典籍以奔楚"(《春秋左氏传》昭公二十六年),"守宗庙之典籍"(《孟子·告子篇下》)。称"图籍"者,例:"刑辟图籍"(《荀子·荣辱篇》),"编著之图籍"(《韩非子·难三篇》),"张仪对秦惠王曰:据九鼎,按图籍"(《战国策·秦一》),《尔雅·释诂》说:"典常也,故以典籍为常籍",《说文》

说，"则典籍犹言文籍"，"籍、簿也"。以上都是先秦时期关于图书的各种称谓。

秦汉以后各代，除沿袭以上称谓之外，又有书籍、图书、文籍、经籍、牒籍、篇籍之称。例："陈馀谓子鱼曰：秦将灭先王之籍，而子为书籍之主，其危矣！"（《秦会要订补》卷十，图书一，引《孔丛子独治篇》）"张苍乃自秦时为柱下史，明习天下图书计籍"（《史记·张丞相列传》）。东汉王充《论衡》："罕发之迹，记于牒籍。"《汉书·艺文志》说"汉兴，改秦之败，大收篇籍。"《广弘明集》载阮孝绪《七录序》称："孝绪少好坟籍。"隋唐至清多称"经籍"。

我国古代对于收藏图书的地方，其称谓也有多种。在先秦，称"府"的为多，如"天府"、"盟府"、"周府"等；也有称"室"的，如"周室"。此外还有"库府"、"官府"、"公府"、"州府"等称谓，这儿就不一一列举了。

在秦以后各朝代除了常沿用先秦的称呼外，对图书馆的称谓更为繁多，有称"阁"、"堂"、"台"者，也有称"观"、"殿"、"室"者，而在封建社会中称呼比较广泛的则为"楼"。后人称我国封建社会的图书馆为"藏书楼"。直到清朝末年，才有"图书馆"这一名词出现。最初是从日文翻译的。据考证，1896 年 9 月 27 日，梁启超等在上海办的《时务报》第十六册中，曾译载有《日本新报》的一篇题为《古巴岛述略》译文，文中有"图书馆"一词，这是"图书馆"一词见于中国报刊的开始。1902 年，清政府颁行"学堂章程"，其中有"大学堂当附属图书馆一所"，又"大学堂设图书馆经营官，以各分科大学中正教员或副教员兼任"。这是图书馆见于中国正式官文书的开始。我国最早使用"图书馆"这一名称于公共性质图书馆的是湖南省。1904 年 1 月 29 日《湖南官报》刊有梁焕奎、龙绂瑞、谭延闿等 12 人联名写的《创设湖南图书馆兼教育博物馆募捐启》。这个募捐启不只谈了建立湖南图书馆的必要性，而且说"创设城东古定王台拟二月初间开办"。同年，《东方杂志》第四期报导了湖南省图书馆成立的消息①。这就是我国最早的公共图书馆。1909 年清朝政府颁布了我国第一个关于建立图书馆的法令：《拟定京师及各省图书馆通行章程》。第二年成立了国家图书馆——"京师图书馆"（即现在北京图书馆的前身）。

以上就是关于图书、图书馆的称谓的历史演变情况。了解了这一点，我们在阅读历史文献资料时，就能比较容易地发现和筛选与图书馆事业发展有关的材料进而从中去探索它的发展规律。

---

① 张建国：《我国第一个公共图书馆建立时地辩正》，《湘图通讯》1980年第 6 期。

第四章 中国古代图书馆事业史

研究中国图书馆事业史,如同研究中国社会文化史和其它专门史一样,首先要解决它的历史分期问题。中国图书馆事业史是图书馆学所研究的一个重要领域,同时也是中国文化史的一个分支。专门史与通史的历史分期可以大致相似,但又有所不同,它主要应根据本学科发展的特点来划分历史阶段。就中国图书馆事业史来说,它的历史分期一方面要受中国社会发展的规律所制约,另一方面又具有本学科的特点,它既与世界各国图书馆事业的发展阶段大体相似,同时又具有自己的特点。

第一节 中国图书馆事业发展的历史分期

现在,人们往往侧重按照图书馆发展过程中图书馆的读者范围和技术方法的状况,将图书馆事业的发展历史分成三个时代。

第一代图书馆是指从萌芽时期的图书馆发展到封建社会的藏书楼。人类发明了文字,有了记录文字的载体,并且用一定的方式将关于知识的记录保存下来。以后,就逐渐产生了萌芽状态的图书馆。尽管当时社会上还没有独立的图书馆机构(它们或者和档案馆合二而一,或者和出版、校勘机构浑成一体),但是这种以收集、整理并在一定范围内使用具有文字形态的知识的载体的事业,已经初步在社会生活中具有影响,发生作用。随着历史的发展,以后就出现了封建社会的藏书楼,这是读者范围窄、书籍流通量小、封闭式的图书馆。

第二代图书馆是其管理技术以手工操作为主的近现代图书馆,包括资本主义社会发展的前半期的图书馆,也包括当前许多发展中国家的图书馆。在这个时期,图书馆作为一种独立的社会文化教育机构存在,面向社会。开放式的图书馆已成为社会生活的一个不可缺少的组成部分,它对科学、文化、教育的发展发挥着重大作用。但是由于它的管理技术以手工操作为主,它的作用还不能充分发挥出来。

第三代图书馆是管理技术自动化、现代化的图书馆。当代许多经济发达的国家都以电子计算机为主导,对图书馆的书刊管理实行了自动化,书刊存储的缩微化,传递的网络化和运输的机械化等,使采、分、编、藏、用等图书馆的各个工作环节都发生了根本性的变革,即实现了图书馆业务操作方法从手工方式变为机械化和自动化方式。这可以说是图书馆管理技术上的一场革命。这种图书馆在社会生活中显示出它的重大作用。

以上就是从图书馆的读者范围和技术方法的演变来划分图书馆发展的三个时代。我国是发展中的社会主义国家,当前我国图书馆事业的技术落后于世界先进水平,还属于第二代图书馆。随着我国社会主义现代化建设的发展,我国已有一些大型的图书馆正在积极创造条件,进行试验,开始向第三代图书馆过渡。

中国图书馆事业史的历史分期有其自身的特点,除了学科特点外,还有中国社会历史的特点。我们在探讨中国图书馆事业的历史分期的时候,既要参照我国图书馆学的传统说法及图书馆的读者和技术方法的变革情况,又要以中国历史、中国文化史发展的一般过程为依据,从对中国图书馆事业发展的实际状况的总结来得出应有的结论。我们应将上述几个方面的因素结合起来,正确地区分图书馆在其发展过程中的性质、作用、类型和组织、规模及影响。只有如此，才能比较科学地、合乎历史发展地进行中国图书馆事业的历史分期的划分。

从上述理解出发，我们认为，中国图书馆事业史可分为四个历史时期：一、中国古代图书馆事业，即我国图书馆事业的萌芽、发生、发展和繁荣的数千年的漫长历史阶段，包括我国历史上的奴隶社会和封建社会，从夏、商、周到清朝鸦片战斗以前。这是第一代图书馆的阶段。二、中国近代图书馆事业，包括1840年鸦片战争以后到1919年"五四"运动前夕的整个旧民主主义革命的历史阶段。这是第二代图书馆在我国产生和初步发展时期。三、中国现代图书馆事业，包括从1919年"五四"运动到1949年中华人民共和国成立以前的整个新民主主义革命的历史阶段。这是我国第二代图书馆：一方面在"五四"运动的推动下和在中国共产党领导下，革命的和具有进步倾向的图书馆事业有了进一步的发展；另一方面在国民党统治地区的图书馆则从发展逐渐走向衰败的时期。四、新中国的图书馆事业，从1949年中华人民共和国成立到现在，即新中国成立以后近40年的图书馆事业。在上述四个大的历史时期中，又应根据实际情况，将每一时期分成若干阶段，研究各个历史时期、各个历史阶段的图书馆事业的特点，以比较清楚地探讨中国图书馆事业在整个中国社会发展进程中的自身规律性。

本书《图书馆学引论》是中国图书馆学自学系列丛书之一种，本书涉及关于图书馆事业历史发展的内容，是从图书馆学基本理论的角度探讨图书馆发展的历史规律。关于近现当代中国图书馆事业的发展问题，特别是关于当代中国图书馆事业的发展问题，中国图书馆学自学系列丛书另有专书《图书馆事业建设》进行阐述。鉴于我国图书馆事业当前仍处于以手工操作为主的第二代图书馆阶段，故关于中国图书馆事业发展中的近代、现代和当代三个历史阶段的内容，一并合入《图书馆事业建设》一书中予以介绍。本书只介绍中国古代图书馆事业史的内容。

　　关于中国古代图书馆事业的历史分期问题,我国图书馆界还未有定论。我们认为,按照图书馆事业的自身发展规律,可以将中国古代图书馆事业的发展分为四个历史阶段。第一个历史阶段,是从上古时代到奴隶社会,主要包括夏、商和春秋、战国(公元前221年)。这是中国古代图书馆事业的孕育期,图书馆还处在胚胎之中。上古时代至少可以上溯到公元前二、三千年以前。第二个历史阶段到第四个历史阶段是封建社会的图书馆事业,从秦(公元前221年)到清朝鸦片战争(公元1840年)以前,长达两千余年之久。具体地说这三个历史阶段又可分为:奠定期,从秦(公元前221年)到两汉(公元前206—公元220年);发展期,三国、两晋、南北朝、隋、唐、五代十国(公元220—960年);繁荣期,宋、元、明到清朝鸦片战争以前(公元960年—1840年)。鸦片战争以后,随着帝国主义入侵中国,我国封建社会逐渐解体,沦为半殖民地、半封建社会。我国封建社会的图书馆事业也逐渐衰败,近代图书馆在我国逐渐产生和发展起来。

　　本书上一章已经介绍了中国古代图书馆第一个历史阶段的知识,即从上古到奴隶社会晚期——战国时代,图书馆孕育、萌芽时期的知识;这一章则介绍中国古代图书馆第二个历史阶段到第四个历史阶段的知识,即在漫长的中国封建社会里中国古代图书馆事业发展过程中的奠定期、发展期和繁荣期的知识。

第二节　中国古代图书馆事业的奠定期

　　秦　公元前221年,秦始皇统一了中国,建立了中央集权的封建帝国。秦朝在前几代聚书的基础上,又聚集了周朝与诸侯之国所储藏的图书,秦始皇说:"吾前收天下书"(《史记·秦始皇本纪》),就是这一情况的反映。这些图书聚合起来,其数量和类别一定蔚为可观了。然而在秦始皇执政的第34年(公元前213年),在政治思想领域里,掀起了一场"师古"还是"师今"的大辩论。在统治阶级内部,不少人主张学古,丞相李斯主张学今,秦始皇为了巩固统治,他采纳了丞相李斯的建议,下令焚烧天下诗、书、百家语,特别是诸侯史籍。还活埋了一批知识分子,严禁私人藏书。这就是"焚书坑儒"。尽管这一举动对巩固封建专制统治起了一定的作用,但却结束了战国以来极其活跃的百家争鸣局面,使许多珍贵的图书资料失传,不利于图书馆事业的发展。

当然,秦政府自身还是有藏书的。《史记·秦始皇本纪》记有丞相李斯的一段话,大意是:天下诗、书、百家语和诸侯史籍都要烧掉,至于记载秦国历史的秦记和由于职务的需要,秦博士个人的藏书以及官藏、私藏的医药书、卜筮书、种植书等不要烧掉。说明丞相、御史大夫及博士官署中都有藏书。秦始皇自己的藏书就放在都城咸阳附近的阿房宫里。秦朝主管图书馆的官员是由御史大夫负其总责的,具体管理图书的官员是由御史或称侍御史的官员承担,而作为御史或称柱下史的张苍,就是一位学识渊博、直接掌管图书的著名人物。

根据史书记载,秦朝储藏图书的地方有明堂、石室、金匮、周室四处。前三处都在咸阳,唯独周室仍在洛邑(洛阳),这是鉴于秦统一16国后,周室藏书类多量大,又兼简策笨重,因而未加移藏的缘故。

秦虽有焚书之举,但尚能有"《诗》、《书》……多藏人家"(《史记·六国年表》)。这说明当时有些书籍已经转抄传播了,因此,复本多出,民间也就多有所藏了。虽然秦刑严酷、刑罚残忍,但是民间藏书也并未因秦始皇的禁令而绝迹。秦朝私人藏书比较著名的有三人,他们是儒生孔鲋、孔腾,博士伏生。有关他们的藏书事迹可以参见《资治通鉴》始皇三十四年、《汉志》师古注和《史记·儒林列传》等。

应当指出,图书的简略分类编目,是我国先秦时期,由史官掌管图书,经过长期的实践经验积累,而逐步总结出来的图书管理和索取图书的方法,并为以后的图书分类学和图书目录学的正式创立打下了基础。就一般情况而言,秦朝只能继承和发展这种方法,绝不能拒绝或中断这种方法。秦丞相李斯所说的烧诗、书、百家语,不烧的是秦纪、医药、卜筮、种树。说明秦朝在焚书时,对该烧与不该烧的图书,已经按类作了规定。只有经过确定其种类,列举其书目,才能使臣民在焚书时有所遵循。仅按李斯所举,要烧的书3类,不烧的书4类,共7类。由此证明,秦朝所藏的图书,应有分类的目录。

西汉 汉朝继承了秦朝的统治,但是汉朝比秦朝重视收藏图书。西汉聚集图书,大致经历了三个阶段。从高祖到武帝为第一阶段;从武帝到成帝为第二阶段;成帝以后为第三阶段。

西汉搜集图书的来源,基本是三个方面:一是没收秦朝的藏书;二是发动学者或藏书家献书;三是派遣使者采访全国遗书。汉高祖刘邦在取得政权的前夕,丞相萧何首先收集秦丞相府的图书,为西汉图书馆的设立打下了基础。

汉惠帝废除关于私人藏书的禁令,并且作出了"大收篇籍,广开献书之路"(《汉志》)的规定。这些措施,为搜集先秦的图书秘籍打开了局面,随后出现了不少献书事例。汉文帝时,伏生献出《尚书》,于是"天下众书往往颇出"(《汉书·刘歆传》)。汉武帝时,由于他非常爱好学术,要求把天下的书都搜集上来,特下诏"命天下计书","开献书之路,置书写之官"(《隋志》),收藏范围上至先秦六艺、诸国史籍,下至诸子传说,就是当时被轻视的郡国地志也包括在内。在这期间,孔安国献《古文尚书》,鲁国三老献《古文孝经》,有些搜集不到的古书,还赐千金购买。所以武帝时的聚书活动,给西汉图书馆的藏书,储积了雄厚的基础。汉成帝时，看到馆藏的很多图书简残文缺，字迹模糊，甚至有的编散简亡，于是下令派"陈农求遗书于天下"（《汉志》），以便补充馆藏。经过先后几代的努力，汉朝官藏图书"百年之间，积书如丘山"（《七略·佚文》），所藏图书总计有 33,090 篇（卷）。官藏图书的空前丰富，又奠定了分藏保管和进行大规模整理的基础。

西汉时期整理官藏图书共有五次，第一次是"萧何次律令，韩信申军法，张苍为章程，叔孙通定礼仪"（《史记·太史公自序》）。这是汉初派遣各有专长的官员，一面整理图书，一面汲取可用的图书资料，用以制定政治统治的各项制度而采取的一次整理图书的措施。第二次是"张良、韩信序次兵法"（《汉志》），经过这次整理，使兵法"凡百八十二家，删取要用，定著三十五家"（同上）。第三次是武帝派遣杨仆整理散逸的兵书，"纪秦兵录"（同上），杨仆所奏的兵录，实际就是兵书日录。第四次是宣帝时由后仓等人在曲台藏书阁校理图书。第五次是成帝时鉴于"经或脱简，传或间编"（《汉书·刘歆传》），不整理极易使简编烂绝，于是派刘向等人校理图书。刘向死后，由其子刘歆继其父业，继续校理。刘向、刘歆先后领导校书达三十多年，共校定图书"三十八种，五百九十六家，万三千二百六十九卷"（《汉志》）。这是继孔子删定"六经"之后，第一次大规模整理祖国文化典籍的活动，在中国文化史上是一次惊人的创举。

西汉时期，先后建立九处图书馆，其中延阁、广内、秘室三处设于内府；兰台、石室、石渠阁、天禄阁、麒麟阁、曲台六处设于外府。内府的图书秘籍，由御史中丞和中书令兼职管理；外府的石室所藏图书，由太常和太史令兼管；外府的天禄、麒麟、曲台三处所藏图书，由整理图书的博学学士兼掌；石渠阁所藏图书，由博士兼掌。在此应该指出，西汉时期，已将管理图书、档案的机构彻底分离，我国档案馆的独立存在，当从西汉开始。

西汉还有地方的官藏图书，其中最为有名的是河间献王与淮南王。河间献王是一个修学好古、实事求是的学者,他"从民得善书,必为好写与之,留其真,加金帛赐以招之,……故得书多,与汉朝等"(《汉书·景十三王传》)。可见他的藏书是相当丰富了。淮南王也是一个好学之士,但他的藏书,远不如河间献王。

西汉私人藏书最著名的有刘向、富参、卜圭等人。这些材料,在刘向的《别录》佚文中皆有记载。

在图书目录学和图书分类学的创立方面,刘歆根据刘向所编定的叙录,编出了我国第一部图书分类目录《七略》,对图书的分类、编目、著录等都作了系统的科学的论述,奠定了我国封建社会图书目录学和图书分类学的基础。《七略》一书今已失传,但经过后来东汉的班固删节了的七略,被编入《汉书》,称《艺文志》,这就是我国现存最早的图书目录。

西汉虽经数世搜集,数次整理图书,然而到其末期,由于阶级矛盾的激化,统治阶级内部又发生王莽篡权,于是,导致长安兵火,使西汉数世所积储的图书秘籍,被毁之甚巨。这是我国图书馆事业史上所遭受的一大挫折。

东汉　东汉的统治者仿照西汉的规矩,尽力扩充皇家藏书。光武帝时,迁都洛阳,从西汉接收过来的藏书,装了两千余车,随之迁往。此后,东汉又继续搜储图书,使其馆藏又较以前多了三倍。这不仅使石室、兰台的藏书得到充积,并将新书储在东观和仁寿阁里。东汉藏书总计约有1,100部,2,900余卷,又2,200多篇。

东汉对馆藏的图书进行了四次大整理。第一次是明帝和章帝时,由班固、付毅、贾逵等人进行校理;第二次是安帝时,由刘珍、马融等五十多人进行校理;第三次是顺帝时,由伏无忌、黄景等人进行校理;第四次是灵帝熹平四年,由蔡邕、杨赐等奏求正定六经文字,并把正定的六经文字刻在石碑之上,将《石经》立于太学门外,以作六经的善书标本。

东汉藏书的馆址,初有四处,即石室、兰台、东观、仁寿阁。到东汉末期，又增有鸿都、宣明、辟雍。从西汉至东汉，金匮之藏，专储档案，在这些藏所中，当以东观最为著名。它既是藏书之所，又是校书、著述之地，在当时颇有影响。

东汉管理图书的官员，初沿西汉官制，后将御史改为兰台令，既管校理图书，又受诏撰史。班固曾充任其职。到桓帝时，初置秘书监，专管图书，温峤、荀崧曾任其职。

在这里值得一提的是，东汉明帝时，曾派遣蔡愔、秦景宪等人去印度求得佛经四十二章及释迦牟尼立像，其佛经分别藏在兰台、石室。此为我国古代图书馆收藏外国书籍之始。

东汉私人藏书较为著名者李郃，《后汉书》说他"家有奇书，时号李书楼。"还有蔡邕，《博物志》说他"有书万卷"。还有杜林，《后汉书》说他"少好学，家既多书"，还有郑玄，他不仅藏书甚富，而且还是一博闻强识的大学者。他既藏书又从事校雠。《后汉书》称他是"囊括大典，纲罗众家，删繁裁芜，刊改漏失，自是学者略有所归。"郑玄注经，颇重校雠，他在图书资料上搜罗之富，在校理比勘上正定之精，远胜于官藏校雠。所以后世学者多认为他是自古以来在校雠经书方面的集大成者。

东汉末期，董卓作乱，献帝西迁，装运图书七十余车，途中大雨，散佚大半。后长安乱，仅存的图书又扫地以尽。这是东汉时期官藏图书遭受的一大损失。

东汉时期，蔡伦改进和推广了新的造纸方法，使造纸业有了新的发展，纸张的使用日益广泛，使书籍的形式发生了巨大的变化，由于过去的简册书、帛书逐渐向纸写书过渡，便利了图书的生产和收藏，进一步促进了图书馆事业的发展。

第三节　中国古代图书馆事业的发展期

三国、两晋、南北朝时期，我国历史上出现了长期分裂的局面。我国图书馆事业，无论是各国的官家藏书，还是私人藏书，都经历了几度充实，几度破坏，几度恢复。总的来看，在这一动乱的历史年代，图书馆事业较有成就的是三国时代的魏国和西晋。

三国　三国时代的魏国，曹操曾收集了一批随军图书，以备谋划军事、政治策略时参考之用。同时在邺都，经营汉代遗留下来的图书馆，并加以必要的恢复。史书上说：魏氏代汉，采掇遗亡，藏在秘书中外三阁。魏文帝时，政权比较稳固，就用部分精力，关心图书馆事业。魏国很注重图书馆内部建设，及时设置秘书监管理图书，由王肃充任其职，并由魏秘书郎郑默对三阁所藏的图书进行考核、删订和校理。郑默编制的国家藏书目录，称为"中经"。魏黄初年间，王象等人奉诏博采五经群书，以类相从，纂辑成《皇览》，供皇帝阅读。此利用图书馆的藏书编纂书籍，是我国历史上官修书籍的开始。

魏国的私人藏书以王修最为著名，史书中说他家境贫寒，却藏书数百卷。魏国颍川人朱士行，出家以后，于魏甘露5年，西行求经。在此之前，他专门著录了汉代诸家译经的目录，可称我国佛经有录之始。

三国时的吴国也有藏书，景帝孙休曾命中书郎韦曜校理群书。三国时的蜀国虽无藏书记载，但从蜀国设置的东观、秘阁以及东观秘书郎等机构和官员的情况来看，亦可知蜀国也有一定数量的藏书。蜀国私人藏书以向朗最为著名，史书说他年逾八十，仍专研典籍，亲自校书，并称他私藏图书在当时为最多。

据史书记载，三国时期的各国藏书总共约有 1,123 部，4,562

卷,又1,779篇。

晋　西晋统治者接收了魏的皇家藏书,又广加搜罗。史书称:"晋氏承之,文籍尤广",指的就是这件事。各地多有向中央献书的事情,使战乱时期失散的图书又聚集起来了。西晋初期,官藏图书就多达29,945卷。在图书馆制度上,晋代沿袭汉制,以"兰台为外台,秘阁为内阁",并设秘书监(后改秘书郎),掌管及校理中外三阁所藏图书。晋武帝时,派遣秘书监荀勖与中书令张华共同整理图书。荀勖根据魏郑默所撰的《中经》,重新编撰成《中经新簿》。这个目录分为甲乙丙丁四部,总括群书,这就是我国图书四部分类法的滥觞。

在西晋惠帝、怀帝之时,出现了"八王之乱"。怀帝永嘉年间,首府洛阳覆没,所藏29,000余卷图书多被荡毁,见存者只有3,014卷,这是古代图书馆事业史上的又一次重大挫折。

晋代私人藏书也有发展,以张华、范平最为著名。张华搬家时,书车达三十辆。范平"三世搜藏,有书7,000余卷,远近来读者常百余人"。

东晋之初,对于西晋散佚的图书,又稍加访求,总其所搜求的图书,仅3,114卷。对于这些散乱的图书,急需整理,曾先后派遣李充、徐广予以删定校理。李充删其重复,以类相从,分作四部,甚有条理。故东晋的藏书秘阁将他的作法当作制度执行。此后,东晋又继续采访图书,到孝武帝时,秘阁藏的四部图书已达36,000多卷。

西晋荀勖和东晋李充,是我国历史上著名的图书分类学和目录学家。他们各自创制的四部分类法,对以后历代都有积极的直接影响。

同东晋并存的五胡十六国,文教之盛当首推姚兴建立的后秦。但后秦所藏图书,总计仅有4,000卷。

南北朝　刘裕灭东晋,建立宋朝。宋承晋朝之故业,又得后秦藏书 4,000 卷,再加之积极搜求,群书大集,到文帝元嘉八年,所藏图书至 64,582 卷。由秘书监谢灵运掌管,并整理秘阁书,补充缺文。同时撰选四部目录,凡 64,582 卷。废帝时,又由秘书监王俭管理图书,兼掌校理图籍。王俭依据《七略》撰出《七志》,所有图书都藏于秘阁。

齐朝武帝永明年间,由秘书丞王亮和秘书监谢朏执掌图书,又造四部书目,大凡 18,010 卷。这些图书到齐朝末期,因遭兵火,绝多焚毁遗散。齐朝图书分别藏在秘阁和文林馆。

梁朝初,管理图书由秘书监任昉充当,并由任昉等人校理图书,同时撰出秘阁四部书目录。后来梁朝的刘孝标又写出文德殿四部目录,大凡 23,106 卷。梁朝图书分别藏在文德殿和华林园中。梁武帝时,有处士阮孝绪撰《七录》,列书 30,000 余卷。《七录》在古代目录学中,算是一部有系统有体例的著作。它的价值在于:使历史书籍脱离六经范围,独立成为一个体系广大的类目,此为其一;其二,为《隋志》创立了图书分类的规模。

梁末元帝时,官藏图书已逾 70,000 卷。由于北周攻破金陵,元帝将所有藏书焚于城外,这使图书又一次惨遭损失。

陈朝文帝时,较为注重图书的搜集。到宣帝时,还曾组织人力抄写古籍,并撰写出寿安殿、德教殿、承香殿的四部目录和经史目录。但因梁末图书毁损严重,陈朝搜求不力,后国势愈衰,无力顾及,故陈朝的藏书远不如前朝之盛。

南朝私人藏书以任昉、沈约、王僧儒、张缵、阮孝绪等最著名。他们自藏图书都达万卷以上。

北朝魏太祖时,粗收经史。魏文帝时,诏求遗书加以优赏,后又借齐朝图书充积秘府,并由秘书丞卢昶掌管图书。后因变乱,书又多有散失。

北齐初,对图书亦勤加搜集采访,至北齐末期,藏书至 30,000 卷,但图籍散杂,由于战乱未及整理。

北周明帝之初,书仅八千,后来稍有增加,达到万卷。又经删订整理,仅有 5,000 多卷。北周图书藏于麟趾殿。

北朝私人藏书最著名的有李谧,书达万卷;此外,邢子才、魏收、辛术、穆子容、司马子瑞、李业兴等都是多书之家,朝廷校书,多借其异本。

隋　隋文帝统一中国,结束了近三百年的分裂割据局面。图书馆事业比南北朝时期有了很大的发展。隋初,接纳北周所藏图书 15,000 卷。由于隋文帝接受秘书监牛弘建议,到民间收集图书,大大地丰富了皇家藏书。开皇 9 年,平陈以后藏书又有增加。开皇 17 年,由于藏书非常混乱,李文博、陆从典等受命加以校理。同时,许善心仿照《七录》,撰制《七林》,到大业初年,官藏书已渐丰富。当时,嘉则殿藏书370,000卷,隋炀帝时,命秘书监柳顾言将所藏图书严加诠次校订,从中选出最好卷本(称止御本书)37,000卷,集中至东都修文殿加工缮写。各卷抄写 50 副本,分为上、中、下三品,送于东都观文殿东西厢房阁藏。东屋藏甲、乙,西屋藏丙、丁。又在内道场集藏道经、佛经,并分别撰写目录。到隋朝末期,由于遭受宇文化及王世充兵火,使三十年所聚藏的图书损失过半。应该指出,隋朝图书馆的建筑好,用料精细,设备齐全,窗户设有褥缦,这在我国历史上是首次出现。

隋朝私人藏书较著名的有:许善心、李敬元、卢思道。史载他们个人藏书都比较丰富。

唐　唐朝是我国封建社会政治、经济和文化极其繁荣的时代。图书馆事业有了空前的发展。

唐初,在唐朝图书馆藏书基础上扩充了皇家图书馆藏书,掌管皇家图书的组织机构叫"秘书省",负责人称"秘书监"。秘书省人员百余人,可见当时国家图书馆规模之大。

唐高祖时,在得隋书 80,000 卷的同时,又不惜重金购求天下遗书。数年之间,各种异本多有出现。

唐太宗时，将采购的民间图书典籍，请"学士"校理。后又选五品以上官员子弟数十人做"书手"，百多人做"书工"进行抄写整理。整理好的图书典籍藏在宫内各馆殿、院内，分为四部，由专人掌管。唐太宗贞观年间，由秘书监魏征等编著一部《隋书》。其中有《经籍志》(简称《隋志》)，它是继《汉书·艺文志》(简称《汉志》)之后的又一部目录书。《汉志》以学派分类，《隋志》则以图书性质分类，它把中国的历代典籍分为经、史、子、集四大类。这种图书分类法一直沿用到近代。因此，《隋志》在古代目录学上，实有继往开来的指导作用。

唐玄宗时，对皇家藏书进行了校阅和整理。同时号召公卿、士庶之家把所有的奇书古籍借给官府缮写，结果缮写了 5 万余册。开元之末，总括集贤院、乾文殿等处所藏图书不下 20 万卷，仅单本著录者约 53,915 卷，唐朝人的著述又有 28,469 卷。史书称：藏书之盛，莫盛于开元。可见唐玄宗时的图书馆，规模之大，前所未有。

唐代继承并扩大了隋朝的科举制度。为了替统治阶级培养人才，唐代设立了许多学府，如"国子监"所隶属的"太学"及"弘文馆"、"崇文馆"。这些学府都有不同数量的藏书。各州、郡地方政府及其所设的学校中，也有一定数量的藏书。

唐朝重要的校书机构是丽正书院，后改称集贤殿书院，它在辑校群书的基础上所形成的藏书体系是极其完善的。

唐代图书馆建筑是精致华丽的宫殿，有专门的书库，很注意藏书的保护，藏书内容丰富，以经史子集四部为主，佛教、道教等宗教经典和科举、教育用书次之，还另设地图、画轴、书法特藏。

唐朝的藏书，经二百多年的整理编纂，至文宗时，有书十二库。到昭宗时，朱温为了篡权，胁逼昭宗迁往洛阳，使原来藏书损失过半，这是我国图书馆事业的又一次厄运。

唐代文化的发展，形成私家藏书的风气。唐四朝重臣李泌承其父收藏，聚书三万余卷，韩愈曾在诗中赞其藏书之富："邺侯家多书,插架三万轴。"故此,后人常以"邺架"称人之藏书。吴竞藏书亦很著名,编有《西斋书目》,为私人藏书家编著藏书目录之代表。

还必须提一下与图书事业发展有直接关系的唐代印刷术。根据有关史料推测,至晚唐初,已经应用雕版印刷方法。《云仙散录》卷五,引《僧园逸录》说:玄奘用回锋纸印普善像,发给四众(僧、尼、善男、善女),每年五驮无余。玄奘为唐初人,他每年发给四众的雕印佛像如此之多,正表明唐初印刷技术已相当发达。现存最早的雕版印刷品是敦煌莫高窟出现的《金刚经》。它刻于公元868年(唐懿宗咸通9年),用七张纸粘成1卷,全长约14尺,高约1尺,卷首是图画,后面是正文。画和文刻都很精美,可见当时印刷技术已臻成熟。

唐灭亡后,中国进入五代十国时期,战祸连年,朝代经常更迭,经济、文化遭到严重破坏,图书馆事业处于低潮。这个时期对图书比较重视的是后蜀和南唐。后蜀藏书23,000卷,南唐有30,000余卷。

第四节　中国古代图书馆事业的繁荣期

宋、元时期,我国古代图书馆事业进入了一个新阶段,其标志是私人藏书事业的大量发展和书院藏书事业的形成与兴盛。

宋　宋统一北中国后,经济很快得到了恢复。雕版印刷术发达,印版书在相当的程度上代替了手抄本。刻书业相当发达,有官刻、私刻、坊刻等,为宋代藏书事业的发展,提供了可靠的物质基础。

宋朝初期,国家藏书仅1万余卷,后来平灭诸国,收纳大量图书,使藏书量达到80,000余卷,但重复杂乱甚多。宋太宗时,改建乾元殿,后赐名崇文院。院内东边建有昭文书库,南边建有集贤书库,西边建有四库,分四部,共六库。所藏图书正副本凡 80,000 卷。太宗端拱元年,又在崇文院内建中堂,即为秘阁,称内库图书,藏有 40,000 卷。真宗时,因秘阁书籍年久不治,散乱严重,于是派朱昂等人整理,并著目录,命写四部书奉上,并将所写的四部书藏于太清楼和龙图阁。后发现龙图阁、太清楼的藏书仍有讹误,又命刘均等七人在崇文院校勘,直到真宗对崇文院的校书深感满意,才命将经典、史传、子书、文集、天文、图画分别藏于六阁。时过 18 年后,崇文院遭受火灾,使北宋藏书大半毁烬。于是朝廷命王钦若等人借太清楼藏本进行补写,历 23 年的艰苦努力,补写四部才告完成。到仁宗时,又由王尧臣等人新修崇文总目 60 卷,分 19 部,凡书 36,069 卷。由于多年校理停顿,卷篇又有脱落,亡散很多。朝廷派遣多人,在史馆、昭文馆、集贤院、秘阁,分别编定,用黄纸写、印正本,以防虫腐。这项工作,经五、六年才告完成,并将校理过的图书分别藏于宣和殿、太清楼和秘阁。在校理基础上,由孙觌等撰次秘书总目,较崇文总目多数百家。

南宋图书阁藏的最大成绩是孝宗时由陈骙撰出中兴馆阁书目 70 卷,凡 52 门,收书 44,486 卷,较崇文总目多收万余卷。

宋朝的藏书可分官家、私人和书院三种。

宋朝的官家藏书又分政府藏书、皇家藏书及国子监和太学藏书三种。

政府藏书以正经、正史、诸子百家居多,专为统治者施政和编辑官书时参考,是统治人民的一种工具。皇家藏书是从政府藏书中精选出来的。每处都藏书万卷之多,其中很多是古画和著名的墨迹。这些书最为精致,专供皇帝及其近臣使用。国子监和太学的藏书,是专供学生们阅读用的,藏书为正经、正史及供科举考试之书。

北宋初年,政府编纂了《太平御览》、《册府元龟》、《文苑英华》三部各 1,000 卷的大类书。又编纂了 500 卷的《太平广记》。这些类书保存了不少久已失传的珍贵史料。

北宋末期，官藏图书达 6,705 部，73,877 卷。但遭靖康之难，金人破汴京，致使太清楼、秘阁、三馆藏书以及天下州府图书，被洗劫一空。南宋藏书将近六万卷，又遭元军破临安之难，使藏书扫地无存，这都是图书馆事业发展中的不幸厄运。

宋朝的私人藏书不但大大地超过了隋唐，而且数量上和质量上也压倒了当时的官府藏书。这是由于雕版印刷广泛流行，得书较易；读书人数增多，学术文化繁荣，大学问家辈出，导致私人藏书成风。最著名的大藏书家有江正、宋敏求、王充至、司马光等人。北宋时，私人藏书多集中在雕版印刷最发达的四川和江西。南宋时，私人藏书多集中在文化和印刷术发达的浙江、福建省。当时最著名的藏书家有叶梦得、晁公武、郑樵、陈振孙、尤袤等人。叶梦得藏书十万卷，是宋朝最大的藏书家。

宋时目录学比较发达。郑樵《通志》中《艺文略》、《校雠略》是我国现存最早的记录各种不同版本的私人藏书目录。而官修的《崇文总目》，以及陈振孙的《直斋书录解题》、晁公武的《郡斋读书志》则以提要著名。

书院藏书起源于唐朝，但数量不多，规模也小。唐义门陈衮建"东林书院"，聚书千卷，以资学者，五代之时，战争不断，虽然也有书院，实不足道。到了宋朝，尤其是南宋，书院藏书才大大发展起来。朝廷提倡建立书院作为讲学之所，以向人们灌输程朱理学思想，维护封建统治。书院的藏书是为科举制度服务的，专供书院的生徒使用。院内设有"管千"，专门管理图书，借还图书都有一定的手续。书院往往聚集了大批文人学者，他们利用书院藏书从事学术研究，起了推动学术文化发展的作用。当时最著名的书院是白鹿、应天、石鼓、岳麓，号称"四大书院"，又有鹤山书院，藏书十万卷，超过了政府藏书。

关于辽国的藏书记载较少。辽国初期,文化低微。远在五代十国之时,辽太宗元年,平灭后晋,接收汴梁图书,使辽国图书稍有增加,藏书于乾文阁。至于它的藏书数量,史无记载。辽兴宗重熙23年,新置秘书监,掌管图书,辽道宗清宁10年,下诏访求图书。又据传,辽道宗清宁5年(公元1059年)曾刻过一部"大藏经",称"契丹藏",有六十余卷。1974年,山西应县佛宫寺释迦木塔发现的"契丹藏"本,即为我国现存最早的大藏经刻本。又据传,辽太祖子耶律培曾藏书万卷。

金灭北宋后,金的统治者为了巩固自己的统治,在文化事业上极力模仿汉人。藏书事业比较发达,除了自己所刻之外,大部分书是掠于北宋或购求于民间。有珍贵图书不愿卖者,官府借回抄写之后奉还。并将图书藏在经籍所,设秘书郎二人掌官图书。全国刻书业较为发达,赵城广胜寺所刻大藏("赵城藏")尤为著名,现藏北京图书馆,已不全,全书约7,000余卷,现存4,900多卷。流传下来的金刻本数量甚微。私人藏书家以元好问最为著名。

元　元朝灭亡金朝和南宋,统一了中国。蒙古族统治者对人民实行奴隶制和半奴隶制统治,学术文化的发展受到了相当严重的阻碍。但是在人民的努力之下,元朝的文化事业在某些方面还是有独特的成就的。元太宗时,设置编修所、经籍所。世祖拔选儒士编修国史,翻译经书,后将经籍所改为宏文院,立秘书监,专掌图书。灭宋以后,纳宋在临安所藏图书,并遣使到杭州等地搜求印刷书籍的板,以印经书。命大臣编万方国志,经九年书成,总计600册,1,300卷,藏之秘府。元文宗时,又立艺林库,专藏图书,由艺林监掌管。还命赵世延等编纂经世大典,历4年告竣,凡880卷,目录11卷。元朝廷藏书数量也很可观,总计达2,386部,91,307册。其它方面,如元曲和小说的繁荣、农学和天文学的发展,都使图书事业有了进一步发展和繁荣。王祯的木活字的出现,改进了印刷术,更使图书的数量不断增加。元统治者为了奴化各族人民,把保护宗教、尊重儒学定为传统政策,这也促使学校和书院数量有所增加,从而也促进这两种类型的图书馆的发展。

元朝统治者曾两次派人把南宋秘书省、国子监、学士院的图书从海边运到大都,藏书量很可观。又设立兴文署掌管刻书业,出版当时儒生的著作,地方官署也都刻书,政府藏书在艺林库、平阳经籍所和秘书监。私人藏书,以汉人最多,也有蒙古人,多聚集在南方印刷业发达之处。最有名的,有庄肃,聚书八万,上至经史子集,下至小说,无所不备。周恕藏书数万。蒙古人阔里吉斯藏书亦很可观。元朝的书院比宋朝还多,著名的有园沙书院和西湖书院。

明　公元1368年,朱元璋建立了明帝国。明朝国力强盛,封建社会经济进一步发展,随着手工业的进步和商业的繁荣,嘉靖、万历年间出现了自发的资本主义经济关系的萌芽。社会生产力的发展,推动了明朝的图书馆事业的发展。

明太祖朱元璋以军事行动夺取政权。在战争还在激烈进行之时,他就命令部下访求古今书籍,藏之秘府。在攻入大都(今北京)时接收了元朝政府藏书,运往南京,洪武元年又下诏征求民间遗书,建造"大本堂"收藏,并设秘书监丞掌管图书。又设司经局,刊辑图书,定正本、副本、贮本。又建古今通集府,也藏图书。明成祖朱棣为笼络全国的知识分子,于永乐元年(公元1403年)命学士解缙等140人编纂类书。第二年书成,名为《文献大成》。朱棣以该书内容简陋,命姚广孝、郑赐等人重修。永乐5年11月,书成,定名为《永乐大典》,全书正文共22,877卷,目录60卷,分装11,095册,三亿七千多万字。这是我国,也是全世界最早、最大的百科全书。它保存了许多珍贵的古代文献资料,是研究我国历史的重要文献。这部书的正本藏于明代的国家图书馆文渊阁,后来不知毁于何时。副本为嘉靖年间重抄本,藏在国家档案馆"皇史宬"。后因帝国主义入侵,对这批书焚烧、抢劫,现存北京图书馆仅250册。新中国成立后,北京图书馆从国外各图书馆和私家征集到《永乐大典》一部分复制本,包括照片和显微胶卷,加上自藏明抄原本,共有730卷,由中华书局影印出版,约当全书的百分之三强。

明宣宗时,明朝的官藏图书约20,000余部,近百万卷,储藏极为广泛。英宗正统6年,由南京取来的图书,原放于左顺门外的北廊收贮,后移于文渊阁,并由杨士奇逐一点勘,置署字号,辑成《文渊阁书目》。库内以若干部为一橱,若干橱为一号,以千字文排次。武宗时,由梁储等多人检补、修订内阁和东阁的藏书。世宗嘉靖11年,由南京国子监刊修二十一史,辽、金二史原无刻板,经购求善本,予以翻印。

明朝的书院藏书,比唐、宋、元朝时对当时学术文化的影响深远得多,到嘉靖年间有书院215所。书院藏书只供员生阅览,不外借。藏书内容除一般经史子集外,还因主持者的学派不同,而各有侧重。各地方政府办的书院,往往藏有丰富的地方志。书院不但收藏图书,还出版图书和保存图书。

由于明朝经济、文化学术的发展,图书印刷出版事业发达,私人藏书特别盛行。特别是嘉靖以后,据不完全统计,著名的藏书家达427人。明初私人藏书以藩王为多。如周定王六世孙朱睦㮮藏书达42,700余卷。其他著名的藏书家有宋濂,藏书数万卷;郑阙,藏书8万卷;叶盛,藏书数万卷。成化年间以后,朱存理藏书10万多卷。邵宝、钱同爱,徐澄等,都是家藏数千至数万卷的藏书家。

嘉靖以后,明朝的社会经济有了进一步发展,农业、手工业有了显著进步,资本主义生产关系的萌芽已经出现。反映在思想上出现了泰州学派。这是代表下层社会和新兴市民利益的学派,它对封建势力和传统秩序猛烈抨击。反映在文学上,对僵死的八股文进行批判,企图打破现状。另一方面,小说、戏曲大大发展,自然科学和应用技术也发展起来,出现了一些著名的文学作品和科技著作。印刷上广泛使用了铜活字和铅活字及彩色套印。造纸业采用荡帘法,使纸的产量大为增加。在这样的条件下,图书内容丰富,出版量越来越多,私人藏书也就蓬勃发展起来。最著名的藏书家有毛晋(汲古阁),藏书84,000余卷;范钦(天一阁)藏书7万多卷;徐㷆,藏书53,000多卷;胡应麟,藏书42,000多卷。藏书家集中在经济、文化发达的江苏、浙江、福建、广东一带。明代私人藏书家,一般通过购书获得书籍。但是,如果有奇异书不易购得,他们往往互相传抄,所以明代抄本特别多。以范钞(天一阁钞本)、吴钞(吴宽丛书堂钞本)、叶钞(叶盛赐书楼钞本)、祁钞(祁承㸁澹生堂钞本)、毛钞(毛晋汲古阁钞本)等最为著名。他们还校书和刻书。书一经他们刊刻,流传就更广了。

明朝的图书分类,无论是国家图书馆,还是私人藏书,都打破了经史子集四部分类的成规。文渊阁书目将图书分为14大类。后来私人图书馆纷纷仿效,如陆深的"江东藏书目"分为14大类,范节甫的"玩易楼藏书目"分为12大类,孙朴的"博雅堂书目"分为17大类。这是我国图书分类的一个革命,反映了图书馆事业的发展,适应了图书增多的需要。明朝私人藏书有时可以供外人利用,如范钦与王世祯有互钞之约,毛晋的"汲古阁"藏书还允许外人进去阅读。藏书管理非常严密,藏书管理方法有了进一步发展。

清 清朝前期(鸦片战争以前),是我国封建社会图书馆事业的"黄金时代"。官家藏书和私人藏书数量多,规模大,图书馆工作内容比较丰富,对社会的影响较深,图书馆学专门著作开始出现。

清朝入关,接取了明代秘室所藏图书,政局稳定后,又在民间访求异本,使之馆藏逐渐充积。

清初没有专门的国家图书馆,藏书分藏于内阁、翰林院、国子监、皇史宬等处。到乾隆年间编《四库全书》以后,则建立起完整的官家藏书体系。康熙年间召集文人学者编纂了一批钦定著作。陈梦雷主编的《古今图书集成》,是继《永乐大典》之后最大的一部百科全书,全书 1 万卷,约一万万字。另外还有《康熙字典》、《佩文韵府》、《渊鉴类函》、《全唐诗》、《历代诗余》、《数理精蕴》、《乐律全书》等几十种大型参考工具书。

乾隆皇帝即位以后,在文化方面最重大的一项举动,是编纂《四库全书》。从 1772 年到 1782 年,历时 10 年。这是一部大丛书,内容包括经、史、子、集四大部分,共编集了从古代到当时的著作 3,503 种,计 79,337 卷,近十亿字。先后写了 7 部,《四部全书会要》两部,《四库全书总目提要》200 卷。又仿照宁波藏书楼"天一阁"的建筑,建立馆舍,收藏《四库全书》。这七阁为:文渊阁(北京紫禁城内);文津阁(热河避暑山庄);文源阁(北京圆明园);文溯阁(辽宁行宫);文宗阁(镇江);文汇阁(扬州);文澜阁(杭州)。北方四阁完全是皇帝的私人藏书,南方的文宗、文汇、文澜三阁是国家图书馆,许可士大夫和知识分子借抄借读。这是封建时代图书馆对外开放的开始,在我国图书馆事业史上有一定进步意义。

《四库全书》和七阁对我国的图书馆事业有很大的影响。《四库全书总目提要》将所收图书分成经、史、子、集四部,44 大类,65 属,成为旧时代目录学的典型著作,它所用的"四书分类法"几乎成为当时统一的图书分类法。近现代我国图书馆仍用它来处理善本书。《四库全书总目提要》揭示图书内容的方法,继承了刘向父子的优良传统,对后世影响较大。

清朝宫廷藏书尤为丰富,超过了以往任何一个时代。除七阁外,书还分藏于许多地方。

清朝前期私人藏书空前发达。据不完全统计,著名藏书家达 497 人。钱谦益的"绛云楼"是江南最大的私人图书馆。钱曾的"述本堂"是当时有名的善本书库。他写的《读书敏求记》,是我国版本学的杰作。黄宗羲致力于收集史料,特别是明代史料的收藏。曹溶藏有大量宋元人文集,他写的《流通古书约》是我国第一部谈图书流通的专著。卢文弨是清代最著名的藏书家和校勘学家。黄丕烈是极有鉴赏能力的版本学家。私人藏书活动范围很广,有藏书、访书、读书、校书、刻书等工作,虽然没有将藏书广泛流通,但是在保存和扩大文献资料方面,有一定的贡献。

康熙、乾隆年间,封建政权相对稳定。为了培养封建官吏,清统治者提倡建立书院,到乾隆年间,几乎各省都有书院,达到571所。由于藏书事业发展,一些有经验的藏书家开始总结经验,写了一些图书馆学方面的著作,其中较有学术价值的是曹溶的《流通古书约》和孙庆增的《藏书纪要》。

乾嘉年间,清代著名学者章学诚著有《文史通义》和《校雠通义》二部目录学专著。他在总结我国古代目录学的基础上,提出了"辨章学术、考镜源流"的著名目录学思想,对后世目录学的发展产生了深远的影响。

最后应该指出,清朝在修《四库全书》时,曾征书全国,清统治者为了厉行思想文化专制,大兴文字狱,对凡有民族思想的书籍,一律查禁毁销,被禁之书达538种,10,863卷,被毁之书不计其数。后来八国联军侵入北京,又破坏和掠夺了更多的珍贵图书。这两次遭遇,使图书的损失至为惨重,也是我国古代图书馆发展史上最为悲惨的一页。

第五节　中国古代图书馆事业发展的历史总结

总结中国古代图书馆事业从孕育、萌芽到奠定、发展和繁荣数千年的历史,我们大致可以得到以下几个方面的认识。

1. 我们伟大的祖国中华人民共和国是一个历史悠久、文化发达、典籍丰盈的文明古国,积有累世不断的、浩如烟海的图书资料。从有实物可寻的殷代甲骨文起,直至清代晚期,罗录上下几千年之文,详载纵横几万里之事,可谓有本有源,有理有序,有纲有目,完整系统,脉络井然,究其原因,固然有多种因素,但我国历史上曾经有着十分发达的图书馆事业,则是其重要的原因。中国古代图书馆事业随着古代社会政治、经济、文化生活的不断变化,得到了长期的发展,它作为一种成熟的精神文化宝库,在人类文明的历史上,曾形成了一种独立的、颇具特色的文化形态,成为中华民族文化动力接连不断、哲学慧根日益萌发的精神源泉。对于中国古代图书馆事业的伟大贡献,我们无论作出怎样高的评价,也不能算是过分。

2.中国古代图书馆事业的发展与各个历史时期社会政治、经济背景以及科学、教育、文化的发展有着极其密切的关系。如上古有了文字,才孕育了具有记载知识因素的图书馆出现的可能。春秋战国时代,由于奴隶社会的经济基础、政治制度、社会组织开始崩溃,学术思想由"王宫世守"的垄断而得到解放,"诸子蠡起,百家争鸣"的局面形成,才产生了具有图书馆雏形的萌芽时期的封建藏书楼。秦朝的图书馆事业则奠定了我国封建社会图书馆事业发展和繁荣的基础。其它如科学、技术的发展,与图书馆有着密切联系的文字、档案、校勘、目录、出版事业等等,对图书馆事业的推动也很大。如殷和西周的图书馆是和国家档案事业分不开的,西汉的校勘学、目录学、版本学等事业的实践活动,曾与图书、出版事业合为一体,汉及汉以后的造纸生产,宋代活字印刷术的发明对我国图书出版、图书馆事业的发展、繁荣起了巨大的促进作用,等等。

3.各个时期内国家是统一还是分裂,是战争还是和平,民族关系是相对和睦还是紧张尖锐等,对图书馆事业的发展影响也很大。从秦到清,封建王朝此起彼伏。一般说来,凡国家统一、民族关系融洽、社会安定时期,图书馆事业都曾有过较大的发展,如秦、两汉、隋、唐、宋、明、清各代,就是如此。凡国家分裂、战争频繁、民族矛盾尖锐时期,图书馆事业就发展较慢,以至停滞不前,甚至遭到破坏,如三国、两晋、南北朝、五代十国、元,就是如此。

4. 就中国古代图书馆事业发展的过程来反思，它在不同历史时期也有不同特点，有各历史阶段的特殊规律。

自汉以后形成了国家藏书和私人藏书两个体系。国家藏书包括：(一)皇室(内廷)藏书，(二)专门藏书机构的藏书，(三)中央和地方官署藏书，(四)中央和地方学校藏书。自唐以后，出现了书院藏书，到了宋朝才兴盛起来，这也是国家藏书的一个组成部分。

宋以前，国家藏书在全国图书馆事业中起着主导作用。元以后，国家藏书的作用逐渐缩小，而私人藏书的作用逐渐增大。明朝末年起，私人藏书成为全国藏书的主流。但是，无论是国家藏书，还是私人藏书，图书的流通利用是很低的，只是起到了"藏书楼"的作用，与现在的图书馆有本质上的不同。

5. 封建社会图书馆事业积累和保存了大量的文化遗产，对我国文化的持续和发展有很大的贡献，封建社会图书馆事业也创造了不少宝贵的管理、利用和保护图书的方法。但是，由于封建统治者的禁令和轻视人民大众的文化，也使得大量有价值的图书遭到破坏和埋没。

封建社会的民间藏书一直是绵延不断的。民间藏书是公家藏书的主要来源之一。它保存了许多为人民所喜爱的和反对封建统治的图书。但是由于保管不善，并且没有力量保护自己，所以保存下来的不多。它们是现在能见到的少数古代民间著作的主要来源。

6. 中国古代封建社会对图书馆事业的管理，有相当完备的制度。这种制度不因封建王朝更替而有大的变动，封建社会的中央政府高度集权的专制统治，使古代图书馆事业一直成为以儒学这一官方意识形态积累和宣道的工具。封建社会中的皇室藏书，政府专门机构藏书和地方官署藏书是这样，中央和地方学校藏书、寺院藏书和私人藏书，就其整体而言，也都被严格地控制在封建帝王,官吏、地主、贵族及其知识分子手中,图书馆作为封建社会的上层建筑,是为维持封建社会制度服务的。历代王朝总是保护对当时统治阶级有利的图书,销毁对他们不利的图书。这种缺乏民主、开放意识,以只为少数人服务,不为多数人利用的封闭式的办馆宗旨,这种以政治需要作为图书馆收集、整理和利用藏书的标准的藏书思想,绝不是中国古代图书馆事业的优良传统,而是它的糟粕。我们在反思中国古代图书馆事业发展历史的时候,应当努力运用科学的、批判的观点,认真而严肃地、实事求是地分析和总结这些经验和教训,继承其精华,扬弃其糟粕,并且从中找出那些古代传统中的糟粕至今仍然对我们有着消极影响的东西(诸如对图书藏而不用,政治标准唯一,只为上级机关服务不为广大人民群众服务等等),不断加以克服。唯其如此,才能真正继承和发扬优秀的历史传统,运用和发展历史上成功的经验,而扬弃和克服历史上消极的教训,使我国新时期的图书馆事业有一个长足的发展。

第五章　西方图书馆史

第一节　西方上古的图书馆

一、楔形文字与泥版文书——西方图书馆的滥觞

公元前 3000 年左右,在西亚的幼发拉底河和底格里斯河流域,出现了一个奴隶制国家,它就是四大文明古国之一——古代巴比伦王国。巴比伦王国最古老的居民是苏美尔人。苏美尔人对人类文明的最大贡献就是创造了楔形文字和泥版文书。可以说在楔形文字和泥版文书出现的同时,人类最古老的图书馆也就应运而生了。

楔形文字,是古代苏美尔人用尖端呈四方形或三角形的刻刀在粘土泥版上刻成的文字。因这种文字起笔较粗,收笔较细,形如楔子,故而得名。苏美尔人将刻完字的粘土版在阳光下晾晒后,入窑烧干,就制成了"泥版文书"。泥版形状各异,有圆形、三角形、圆柱形,圆锥形和长方形,其中以长方形居多。长方形泥版,一般为二、三寸宽,三、四寸长,约一寸厚。个别大者,宽至八寸,长达十二寸。这就是世界最古老的"图书"之一。据有关专家的研究,这种"泥书",在两河流域一直沿用了二、三千年之久。在此期间,相继出现了三种图书馆的雏形,即:寺院图书馆、国家图书馆和私人图书馆。

根据美国考古学家彼得斯和希尔普雷希特的考察,现今所见最古的图书馆在伊拉克境内的尼普尔地区一个神庙废墟附近,考古学者在那里发现了一批泥版文书,内容以记载神庙活动、祈祷文、赞美诗和神话传说为主。据推测距今已有五千年的历史。又据其它考古发掘情况来看,古代两河流域最早的图书馆都为寺庙的附属,常有浓厚的寺院图书馆性质,可谓上古图书馆的雏形。

在幼发拉底河沿岸的启什城,考古发现许多泥版文书按不同的专题保存在几间房屋里。这里被认为是古代巴比伦王国的王室图书馆。

著名的《汉穆拉比法典》,是公元前18世纪古巴比伦王国国王汉穆拉比颁布的。除序言和结语外,计有284条,内容涉及诉讼、赔偿、租佃、债务、财产继承和处罚奴隶等广泛的法律问题,是一部古代法律经典。毋庸置疑,编纂此法典,必有一批较为丰富的法律资料为依据,必有一个相当规模的图书馆以资参考。因此,有人认为启什城的藏书房,很可能就是汉穆拉比国王时期的国家档案馆或曰国家图书馆。

20世纪初,德国考古学者还在底格里斯河西岸的阿淑尔古城发掘出多处藏书可观的私人图书馆。

从上述情况来看,最初的图书馆与博物馆、档案馆是三位一体难以区分的。往往一个图书馆身兼三职,既收藏图书,又保存文物,还管理档案。这就是图书馆的雏形。泥版文书及其图书馆的产生,对人类文明进步,对世界图书馆事业的发展,特别是对西方图书馆的产生和发展,意义极为深远,可谓西方图书馆的滥觞。

二、巴尼拔国王与亚述王室图书馆——"真正的古代图书馆"的建立

在美索布达米亚,继巴比伦之后又出现了一个奴隶制国家——亚述王国。亚述王国的最后一个国王巴尼拔国王黩武好勇,曾多次率军远征,又博学多才,喜读书,善文学。公元前七世纪,他授命在皇宫建立了一所规模不小的图书馆。这所图书馆位于底格里斯河上游的首都尼尼微,史家称之为亚述王室图书馆。巴尼拔国王在全国范围内搜求古书,亚述图书馆的墙壁上陈列着许多柜子,用于收藏泥版文书。其中一些藏书还刻有国王的名字,或注明为国王巴尼拔亲自修订,或注明由他亲自收藏,或在书上刻着:"宇宙之王、亚述之王、亚述巴尼拔宫"等字样。该馆所藏著作约一万种,计三万片泥版。这些泥版文书按主题编排,分置于若干室内,贮藏在陶罐里。如:室甲,专藏历史文献,包括帝王世系、诸臣列传、邻国资料、来往文书、军事命令等;室乙,专藏地理资料,包括邻国、市镇、山川、风物等;室丙,专藏科技、医学著作,包括天文学、占星术、生物学、医药学和数学等。其他诸室,或专藏法律文献,或专藏商贾契约,或专藏税贡帐册,或专藏宗教咒文、神谱颂词、神话传说,分门别类,井然有序。陶罐依次置于架上,每一泥版皆缀一标签,注明所藏泥版的室别、架别和罐别。每一书室门口的墙壁上,均贴有书目,为查找图书提供了方便,还发现有类似主题目录的泥版置于各书室内,上面刻有书名、该书所含版数、行数、卷首字,以及重要子目和分类号。据考证,其中一部目录,磨损严重,已被经常查检。有关专家认为,该馆的藏书只向奴隶主、贵族、官吏、神职人员和知识分子等上流阶层开放。

综上所述,亚述王室图书馆,不仅馆舍规模可观,藏书相当丰富,而且在管理上也已初具规模,建立了初步的较为详备的分类、编目、检索、阅览体系。难能可贵,堪称古代第一个真正的图书馆。著名的两河流域英雄史诗《吉尔伽美什》,就是靠泥版文书流传至今的。

三、纸草纸——埃及早期图书馆的摇篮

人类古代的知识载体有多种,如前面讲到的巴比伦的泥版,再

如古代中国的甲骨、竹简、木牍、缣帛、钟鼎、碑石，古罗马的羊皮纸等等。但应用时间最长、使用区域最广的当属埃及的纸草纸。

古代埃及也是人类文明的发祥地之一，大约在一万年以前，埃及人就在尼罗河沿岸定居。纸草纸，顾名思义即以纸草（或译莎草）为原料制成的纸。这种纸草，生长于尼罗河下游及地中海沿岸，埃及人把它的茎去皮切成细长的薄片，再将薄片贴接一起，纸草纸便制成了。然后将木棒卷贴于纸草纸的两端，制成卷轴，用来书写文字。我们把记有文字的纸草纸卷轴称作纸草纸书。

现存最古老的纸草纸书是法国人普利斯在古埃及首都底比斯发现的，学术界也称之为普利斯纸草纸。这份纸草纸书，大约写成于公元前 2500 年，内容是对话体"训谕"。这一珍贵的纸草纸图书，现为法国巴黎卢佛尔博物馆收藏。

纸草纸的发现与应用，加快了古埃及文明开化的进程，为古代埃及早期图书馆的问世，创造了重要的物质条件。

据研究认为，公元前 1300 年，在尼罗河沿岸的古埃及新王国首都阿玛尔那，就已拥有了一所图书馆——"王宫典籍室"。这所图书馆为阿门霍特普四世埃赫那顿的宫廷图书馆。后人在图书馆的废墟里发现了 300 多块用楔形文字写成的泥版文书。这些泥版文书大都是古代巴比伦国王等写给埃及国王的信函。同时还发现了用来收藏纸草纸书的盒子。可见当时已有纸草纸书问世，但尚未大量使用。另据古希腊历史学家狄奥多洛斯编纂的 40 卷本《历史丛书》记载，距埃赫那顿的宫廷图书馆半个世纪后，十九王朝的拉美西斯二世也建立了一所大型图书馆，名为："神圣图书馆"。此外，在埃及的其它地方也发现了一些寺庙图书馆的遗迹。

考古发掘的种种迹象表明，古埃及曾有过一些图书馆和档案馆，它们大都附设于宫廷和寺院内，仅为少数王公、贵族、宫吏和僧侣使用，其职能还囿于收藏保管图书。

四、古希腊亚历山大图书馆——古代最大的图书馆

古希腊文化是人类文明史上最辉煌最重要的文化遗产之一。它对后世,特别是文艺复兴以后欧洲的文明与进步,起到了至关重要的作用。目前尚无确切材料证明,在远古时代希腊是否已有图书馆。到公元前五世纪,一些学者、作家开始拥有私人图书馆。如古希腊著名哲学家柏拉图,约于公元前387年在雅典创办了一所学校——"柏拉图学苑"。从这个"学苑"的教学规模和柏拉图的学生亚里士多德曾购买过他的部分图书遗产等情况分析,当时他大有可能已经有了藏书的场所——私人图书馆。

柏拉图的学生亚里士多德的私人藏书亦为当世所瞩目。古希腊最著名的地理历史学家斯特拉本把亚里士多德称为希腊最早建立图书馆的人。亚里士多德的私人图书馆,使他的知识积累、学术活动和科学研究受益匪浅。

古希腊最重要的图书馆莫过于亚历山大图书馆,该馆大约在公元前290年,建于亚历山大城的布鲁墨姆。它作为当时科学文化中心亚历山大博物馆的一个组成部分,藏书居古代各国之首,成为古代最大的图书馆。

这所图书馆是在当时的学者得米特利乌斯的建议下,由埃及国王托勒密授权兴建的。起初它的藏书并不很丰富,埃及国王对扩充馆藏绞尽脑汁,采取了很多措施,派人到各地高价采购图书,买不来的借来抄成复本,甚至不惜采取专横欺骗手段。托勒密三世就曾下过这样一条命令:凡进入亚历山大港的船只,必须把船上的书籍全部"借给"亚历山大图书馆。该馆把这些"借来"的图书,用廉价的纸草纸抄写,然后把抄写本退还原主。杨威理先生在《西方图书馆史》一书中对此有如下评论:"手段确实是专横的,但搜书的热情是惊人的。"这种对图书的广收博采,不遗余力的精神和作法,使其馆藏猛增,藏书跃居古代西方图书馆之首,当然他的

那种强取豪夺的作法,是不足取的。

亚历山大图书馆的藏书包罗万象,十分丰富。不仅收藏了古希腊几乎全部的重要文献,其他各国的文献、作品也兼收并蓄。亚历山大图书馆成为希腊化时代的文献中心。

亚历山大图书馆不仅是古代西方最大的文献库,也是当时重要的学术研究基地。它的历届馆长都是大名鼎鼎的学者,其中有哲学家、政治家、文学家、语言学家、文献学家、目录学家、诗人和天文、地理、数学方面的学者。第一任正式馆长芝诺德图斯,是一位语言学大师。他一直从事古希腊诗歌的研究,尤其以对荷马史诗《伊利亚特》、《奥德赛》的研究造诣最深,开辟了从语言学的角度入手研究荷马史诗的道路。第二任馆长卡里马科斯编制的该馆图书目录《克纳克斯》,首开名著解题书目之先河,卷帙盈盈达120纸草卷,在图书馆史上功不可没。

在自然科学方面,著名天文地理学家、馆长埃拉托斯特尼,是古代最有学问的科学家之一。他不仅精通数学、天文、地理,而且还是有名的语法学家。他认为地球是圆的,首次测算出黄赤道交角和地球的大小,并应用经纬网绘制了地图,奠定了数理地理学的基础。

自公元前290年建馆至公元前47年恺撒远征中被毁,亚历山大图书馆在长达200年的岁月中,作为希腊化时期文化的中心,发挥了不可取代的重要作用,为世界科学文化的发展作出了不可磨灭的贡献。

五、拍加马图书馆——最典型的希腊化时代图书馆建筑模式

拍加马图书馆大约建于公元前二世纪,它坐落在古代拍加马王国首都拍加马城。拍加马,这个希腊化时代奴隶制小国,位于小亚细亚(今土耳其)的西北部。拍加马城建在一座小山上,图书馆和皇宫、神庙处于最高处,居高临下,建筑风格典雅而别致。在小

城其他建筑物的簇拥中显得蔚为壮观。

图书馆与雅典神庙毗邻，为庭院环绕的二层楼房。馆门前装饰着各种雕刻艺术品，楼内有四个房间，有二个用作书库，其中最大的房间是阅览厅，面积为 2,100 平方英尺。房间正中安放着雅典娜女神的大型雕像和荷马等人的碑文。靠墙摆着长凳，凳边有壁橱可以放置书籍。这种结构布局和装饰设计，反映了希腊化时代典型的图书馆建筑模式，成为西方图书馆建筑史上辉煌的一页。

拍加马图书馆不仅以建筑风格典雅著称，其馆藏也相当雄厚，为古代仅次于亚历山大图书馆的第二大图书馆。尤其在羊皮纸书的收藏上，更占有得天独厚的地位。

六、波利奥——公共图书馆的始制俑者

美国当代著名图书馆学家詹森教授在他所著的《西洋图书馆史》一书中认为，早在公元前六世纪的古希腊时代，雅典就已经出现了公共图书馆的雏形。但它的功能还很狭隘，主要起着"版权室"的作用。

真正具有某些现代意义的公共图书馆的建立，则始于罗马人波利奥。波利奥原是罗马皇帝恺撒的部下，恺撒生前曾要建立一座与亚历山大图书馆相媲美的大图书馆，但未能遂愿，波利奥继承了恺撒的遗愿，于公元前 30 年代在罗马城内阿温提努斯小山自由神庙里建立了罗马第一个，也是西方第一个公共图书馆。这所公共图书馆的很大一部分藏书，是波利奥作为罗马征服者时的战利品，另一部分是罗马早期私人图书收藏家苏拉和瓦罗的藏书。图书馆的藏书皆免费开放于民众，经费也由政府支付。图书馆的馆长大都由当时的著名学者担任，而一般馆员则由国家的奴隶或被解放的奴隶担任。早期的图书馆员的社会地位是相当卑微的。后来随着图书馆的壮大，馆员的地位才得以逐步提高。馆内的分工也日臻专业化，并开始有馆长、馆员、副馆员、助理馆员等等级不同

的称呼。以后,罗马相继出现了许多公共图书馆。约在公元100年的一所雅典图书馆遗址的墙壁上,发现了该馆的借书规则。规则写道:

吾人厉行之规则:本馆之图书不得携出馆外。本馆开馆时间为一至六时。

由此可见,罗马时代公共图书馆的藏书,只限在馆内阅读,当时的"公共图书馆"的概念,与我们今天公共图书馆的含义还相去甚远。到了十九世纪,美国普遍出现公共教育热时,公共图书馆才应运而生,这便是我们今天意义上的公共图书馆。尽管如此,较古代巴比伦的寺庙图书馆、埃及的宫廷图书馆,已大大前进了一步。因此,老普林尼在《自然史》中称赞:"波利奥是第一个把人们的聪明才智变成公共财富的人。"

七、基督教图书馆的兴起——罗马图书馆的式微

众所周知,罗马帝国初期,基督教教徒在社会上的地位是没有保障的,他们受尽了压迫和迫害。基督教的书籍也同样受到了查禁。当时的基督教图书馆,不是备受监督,就是昙花一现,不是短命,就是难产。唯有耶路撒冷附近的凯撒利亚图书馆得以幸存下来。这所图书馆建于公元231年前后,它保存了大量珍贵的古代基督教文献,为后来尤西比厄斯等人的基督教教会史的研究,提供了丰富可靠的参考资料。

基督教图书馆的兴盛当在公元325年罗马帝国皇帝君士坦丁大帝承认基督教之后。从此,随着基督教的普及,大小不等、规模各异的基督教图书馆如雨后春笋,几乎遍布了辽阔的罗马大地各个角落。

公元305年,罗马帝国在外患内茬的形势下,分裂为东罗马和西罗马,国力大衰。这样,由于罗马帝国的衰落,和基督教图书馆的冲击,特别是在公元392年狄奥多西一世颁布的禁止异教,封闭

设于神庙的非基督教图书馆的法令之后,古代罗马帝国图书馆的地位和影响便开始为基督教图书馆所取代,"像坟墓一样被永久地关闭了"(历史学家阿米亚努斯·马尔策利努斯(公元330—395年)语。

第二节 西方中世纪时期的图书馆

一、拜占庭帝国的图书馆——黑夜中的一颗明珠

西方的历史学家,多把公元476年西罗马灭亡以后至文艺复兴近千年欧洲的历史,称为"黑暗的中世纪"。在这近千年的漫长岁月里,教会的神权统治,严酷的封建等级制度,使欧洲沉浸在愚昧无知的黑夜之中。

拜占庭,又名君士坦丁堡,是东罗马帝国的首都,它位于今天的阿尔及利亚境内。东罗马在北方蛮夷的侵袭中幸存,并继续了一千年。因此,得以在继承和发扬古罗马的政治文化传统的基础上,融合古希腊文化和基督教文化,形成了一个独立的、独具特色的文化体系。拜占庭,作为东罗马的首都,成为当时政治、经济、特别是文化的中心。拜占庭的图书馆在这样一个社会文化的历史背景下,得到了难能可贵的发展,并对保存古希腊罗马文化遗产,迎接欧洲文艺复兴的到来,作出了不可忽视的贡献。它仿佛黑暗世界中的一颗灿烂的明珠。

拜占庭大致有三种图书馆:

1. 皇家图书馆

皇家图书馆兴建于君士坦丁大帝公元330年迁都拜占庭以后。君士坦丁一世时代,该馆的主要任务是收藏基督教的图书和文献,载体形式以纸草纸为主。在君士坦丁大帝去世时,藏书已达

7 千卷之多。到君士坦丁二世尤利安时代,收藏的重点转为对异教文献,特别是古希腊罗马典籍的收藏。这时也毁坏了一些基督教书籍。但以后的历代皇帝采取维护基督教的态度,皇家图书馆收藏的重点又回归到基督教文献。至公元五世纪中叶,总藏书量已超过 10 万卷,成为当时世界上最大的图书馆。公元 477 年,皇家图书馆在一次起义中化为灰烬。

2. 大学图书馆

早在东罗马帝国早期,就出现了一所大学图书馆——君士坦丁堡哲学学院图书馆。公元 850 年,君士坦丁堡大学建立。该校是东方古代著名学府,其图书馆是仅次于皇家图书馆的第二大图书馆,在十一世纪拜占庭文化振兴中起了重要作用。

3. 教会图书馆

教会图书馆以东正教名义主教图书馆为最典型。它是东罗马历史上第三大图书馆,馆内附设誊写室和对僧侣进行教育的学校。这种典型的中世纪寺院图书馆,最早地把教育职能引入图书馆,对以后图书馆事业发展不无裨益。

二、穆斯林图书馆——欧洲文艺复兴的"真正发源地"

公元七世纪,以阿拉伯人为主的回教徒穆斯林建立了一个庞大的国家波斯帝国。到公元八世纪,其疆域远远超过古代亚历山大帝国。随着阿拉伯民族的强盛,产生了高度的多民族的以《古兰经》为核心的回教文化。这时中国的造纸术已传入阿拉伯,无疑使如火如荼的回教文化如虎添翼,最重要的文化知识载体——图书的数量剧增。人们的求知欲望空前强烈,迎来了伊斯兰文化最繁荣兴旺的时期。图书馆分布广泛、藏书丰富,仅巴格达一城就有三十所图书馆和一百多个书商。穆斯林图书馆的藏书几乎涉及了有文字记载以来的各个知识领域,并且大都向公众开放,借阅制度也十分宽容,还给读者的抄写和翻译提供方便。至此,图书馆的公共性更趋进步。

七世纪建于大马士革的穆斯林皇家图书馆,收藏了大量的宗教、法律、医学、科技方面的手稿和古希腊罗马古籍。阿拉伯人将其中的希腊、罗马古典翻译成阿拉伯文,西班牙人又从阿拉伯文重译成西班牙文,使大部分希腊文学作品得以靠希腊文、拉丁文、阿拉伯文和西班牙文四种文字形式保存下来。其中有一部分免于土耳其人、十字军和蒙古人入侵的毁灭,断断续续地传到了欧洲,为欧洲的文艺复兴提供了极其珍贵的营养。因此,从这个意义上讲,有人说欧洲文艺复兴的真正发源地不是在意大利,而是在穆斯林的图书馆。

三、基督图书馆——凤毛麟角

由于中世纪连绵不断的战乱、宗教的禁锢和学术的萧条,欧洲大地上的图书馆少得可怜,小得惊人。一般修道院图书馆的藏书量仅在二、三百册左右。十二世纪时,整个西欧图书馆的总藏书量,还不如同期穆斯林私人手里的藏书为多。较有名的图书馆有:意大利的博比奥修道院图书馆、法国的科尔比修道院图书馆、瑞士的圣加仑修道院图书馆、英国的坎特伯雷修道院图书馆和德国的赖赫瑙修道院图书馆。

四、大学图书馆——方兴未艾

十字军东征,使欧洲人开阔了眼界、增长了见识,人们开始重视寻求知识。在中世纪后期的欧洲大地上,出现了以法国巴黎大学和英国牛津大学为代表的大学群。这些大学的图书馆也以上述两所大学最为典型。

巴黎大学图书馆大约建于1150年。巴黎大学以讲授哲学和神学著称于世。大学周围汇集着许多书店,书肆兴隆,源源不断地为巴黎大学图书馆提供藏书。此外,教父和英、德、法等国学者的捐赠,也为该馆的藏书增色不少。至1289年,该馆藏书已逾千册。1383年,达1,722册之多,这样的藏书量在当时的欧洲也是屈指可数的。藏书上由于受学校性质和特点的影响,以神学和哲学书籍居多。其次是法学、医学、语言学、数学、几何、天文、音乐等。

该馆的建筑和设备也很独特。图书馆是一幢四十英尺长,十二英尺宽的长方形建筑,两侧有十九个小窗户用于采光,室内配置28张桌子,珍贵图书用锁链系在书架上,锁链的长度刚好适于将书放在桌上阅读,故称"锁链图书"。书桌的形状模仿修道院的读经台制成,故称"读经台式书桌"。据说这种建筑和设备的风格,在中世纪的欧洲很流行。

牛津大学是由若干个学院组成的,牛津大学的图书馆也分属于各个学院。直至1412年,牛津大学图书馆的总馆才正式开馆。截至1500年,在欧洲大陆的其他地区,计有大学七十五所,均各设有类似的图书馆。

诞生在中世纪后期的欧洲大学图书馆,与拜占庭图书馆、穆斯林图书馆以及基督教图书馆一道,程度不同地共同完成了保存古代文化遗产的历史使命。就图书馆发展史而言,这类大学图书馆有意识地把利用图书、开发知识放在首位,完成了图书馆文化观念的一次重大更新,对文艺复兴乃至近现代西方图书馆的事业发达都有着深远的意义。

第三节　文艺复兴时期的图书馆

一、彼特拉克和薄伽丘的私人图书馆

意大利著名人文主义者、文艺复兴运动的领袖彼特拉克曾预言图书馆的发展时期即将到来,并和《十日谈》的作者、"佛罗伦萨三杰"之一的薄伽丘一起,组建了一批图书馆,倡导人们收藏和利用图书,为恢复和振兴古希腊、罗马的古典文化而努力。可以说欧洲文艺复兴运动,与图书馆事业的发展是同步的,甚至可以说是以图书馆的极大发展(较中世纪而言)为依据的。因为没有对古典文化遗产的挖掘和整理,就没有文艺复兴运动的到来。反过来,文艺复兴运动又促进了图书文献搜集和图书馆的发展。

彼特拉克本人也嗜书如命,他自己的私人图书馆藏书在300卷以上。其中有珍贵的西塞罗的二篇演说稿抄本、圣奥古斯丁的《忏悔录》以及罗马大诗人维吉尔等人的作品。他把自己的藏书视若珍宝,把自己从欧洲各地搜集来的古老的抄本装订得非常漂亮,并叫仆人严格看护,以防损失。1362年,在他年近花甲的时候,把自己的藏书捐献给了威尼斯的圣马克教堂。薄伽丘是彼特拉克的学生,他同彼特拉克一样不知疲倦地搜集古代作品的抄本,他的私人图书馆也很有名。他后来也把自己的藏书赠给了佛罗伦萨的一所修道院。他的私人图书馆对他所从事的伟大的文艺复兴运动,提供了重要的帮助。

在这两位文艺复兴运动的先驱者的号召和影响下,欧洲的人文主义者们,也都对古希腊、罗马文化产生了浓厚的兴趣和前所未有的热情。在十五世纪的欧洲出现了举世瞩目的藏书热。

二、梵蒂冈图书馆——文艺复兴时期图书馆的典型

梵蒂冈图书馆的前身是阿维尼翁教皇的藏书,十五世纪由教皇尼古拉斯五世重新组建的。尼古拉斯本人就是个爱书家,对搜集书兴趣颇浓。在他的主持下,该馆一跃成为十五世纪意大利最重要的图书馆。后经其继承人塞克斯都四世的努力,至1484年藏书达3,500册,仅次于欧洲匈牙利国王马提亚的图书馆。馆内分为公用图书室(含拉丁文书籍和希腊文书籍)、珍本书室和教皇私用图书室三部分,是当时天主教会的中心图书馆。该馆还突破常

规向世俗学者开放,为文艺复兴时期的学术研究,提供了重要的支持。该馆的全部藏书已为美国圣路易斯大学图书馆摄入缩微胶卷中永久保存。

三、活字印刷术——图书馆史上的一次革命

文艺复兴初期还没有出现印刷图书,当时书籍的生产仍然依靠抄写。公元1450年前后,德国人约翰·谷腾堡受中国活字印刷术的启发,用铝、锡、锑的合金制成铅活字版,揭开了金属活字印刷的序幕,对图书馆事业的发展产生重大的影响,被誉为图书馆史上的一次革命。

首先,活字印刷术的发明,打破了几千年来图书馆与誊写室相依为命的局面。从此,图书出版事业与图书馆事业并驾齐驱,图书馆得以集中力量致力于图书的收藏和开发利用,具有图书馆专门知识的图书馆员开始出现。

其次,随着活字金属印刷技术的普及和提高,图书的发行量迅速增长,传统的狭窄的图书馆建筑已不能适应形势发展的需要,从而引起近代化的大型图书馆建筑的兴起。读经台式书架逐渐为墙壁式书架所代替,独立的书库也出现了。同时,也带来了图书馆设备的更新和图书分类、著录、典藏乃至管理方式等一系列的变革。

其三,由于廉价书籍的大量出版,为更广泛的读者打开了通往知识宝库的大门,结束了少数特权阶层垄断知识的状况,图书馆传播知识的社会职能也越发明显。

其四,为以后的一系列社会文化改革、科学技术的研究开辟了道路,加速了人类文明的进程。

四、文艺复兴时期其它主要图书馆概观

佛罗伦萨是意大利文艺复兴的发祥地。当时佛罗伦萨共和国的僭主柯西莫·美弟奇,是人文主义的热心倡导者。公元1440年

前后,他以藏书家尼科里和自己私人的藏书为基础,在佛罗伦萨的圣马可修道院建立了美弟奇家族图书馆。该馆打破了中世纪图书馆的封闭、保守框框,向社会公众开放。后来美弟奇的孙子洛伦佐继承祖业,使该馆得到了进一步的发展。洛伦佐还在圣洛伦佐教堂建立了一所图书馆,即著名的洛伦佐图书馆。这所图书馆不仅为学者们的研究提供了方便,还允许读者抄写珍本古籍。洛伦佐图书馆的内部装饰是由著名艺术大师米开朗基罗设计并建造的。

意大利威尼斯的圣马可图书馆亦很有名。它是1553年根据100年前的人文主义者贝萨里昂的遗愿和遗藏建立的。该馆现名"国立马可图书馆"。因为贝萨里昂遗留下来的藏书一直保存在圣马可教堂,所以建馆时命名为圣马可图书馆。馆里藏有但丁《神曲》的手稿、马可波罗的遗嘱以及早年出版的哥伦布书信等珍贵文献。意大利的私人图书馆则以贵族费德里戈、马拉特斯塔、埃斯特和那不勒国王阿尔牛沙一世的藏书最为著名。

法国皇家图书馆,也是文艺复兴时期很有影响的图书馆。它大约建于15世纪中叶。先后二次将从意大利掠夺的图书入藏,从此身价百倍。1567年又从枫丹白露迁往巴黎,发展成为今天的巴黎国家图书馆。值得一提的是呈缴本制度为法国人首创。16世纪上半叶,弗朗斯氏一世执政期间,颁布了呈缴本法令,从而为图书馆事业开创了呈缴本制度的先例。

法国最著名的私人图书馆是巴萨林图书馆。该馆建于1643年。馆长诺德是一位非常出色的早期近代图书馆学家,他所著的《关于创建图书馆的建议书》一文,对后来近代图书馆学的产生和近代图书馆的建立,都有着重要的意义。由于诺德的积极努力,该馆在管理、服务上都很出色,已经具备了某些近代图书馆特征。诺德为该馆制定的办馆宗旨是:"向一切愿意来馆学习的人开放。"

其它重要的图书馆有:西班牙的艾斯库略尔宫图书馆(建于1567年,是世界上最早的墙壁式大厅图书馆),德国帆拉丁纳等诸侯图书馆、格丁根大学图书馆,英国的博德利图书馆,匈牙利国王马提亚的图书馆等。

第四节 西方近代图书馆事业

一、资本主义的发展与近代图书馆事业的兴盛

16世纪40年代,英国首先爆发了推翻斯图亚特封建王朝的资产阶级革命。1688年,资本主义制度首先在英国确立。此后,1776年北美殖民地人民经过近20年的艰苦斗争,推翻了英国殖民统治,建立了美洲大陆第一个资本主义国家——美利坚合众国。1794年7月14日法国市民攻破封建统治的最后堡垒巴士底狱,揭开了法国资产阶级革命的序幕。至十九世纪,资产阶级逐渐在欧洲确立了统治地位。资产阶级在继续巩固其政治上的统治地位大力发展资本主义的同时,认识到提高劳动者素质对社会发展的重要意义。因此,对文化教育事业给予了极大的重视,在实施义务教育的同时,更注重成人教育和社会教育的作用。这就为图书馆事业的兴旺发达创造了良好的社会环境,极大地刺激和促进了图书馆事业的近代化。

另一方面,在图书馆自身的发展战略上,早在17世纪,德国启蒙主义者莱布尼茨就提出了以建立丰富而有实用价值的藏书体系和开展开放性深层服务为核心的一整套近代图书馆理论。这为近代图书馆事业的发展,作了重要的理论准备。

这样,到19世纪,莱布尼茨的理论受到图书馆界的广泛重视,并被积极地付诸实践。莱布尼茨的近代图书馆理论,对十九世纪以后西方乃至世界各国图书馆事业的发展起到了重要的指导作用,他的图书馆学思想也在实践中被充实和发展。如英国的"公

共图书馆之父"爱德华兹在他的代表作《图书馆纪要》中对现代公共图书馆的建设和管理发表了重要的见解;美国的著名学者杜威首创十进制图书分类法,建立了现代图书馆分类的科学体系。图书馆事业逐步走向全方位、多功能发展的坦途。世界各国相继出现了以英国不列颠博物馆为代表的近代国家图书馆、以美国福兰克林图书馆为代表的会员图书馆、以英美二国为先导的公共图书馆以及专业图书馆、大学图书馆等。

二、近代以来西欧主要图书馆概观

英国国家图书馆——不列颠博物馆创建于 1735 年 6 月 7 日,初期馆藏由几批私人藏书汇集而成。在开馆后的半个世纪里,该馆发展缓慢。十八世纪末,总藏书量约 10 万册,远不及当时牛津大学的博德利图书馆。十九世纪,英国殖民主义者不断向外扩张,英国成为当时最大的殖民帝国,大量的历史文物、艺术珍品、文献典籍,从中国、印度、罗马、雅典、巴比伦等国家和地区被掠到英国。至 1828 年,不列颠博物馆的藏书超过 20 万册,较十八世纪末增加了一倍,一跃成为日不落帝国的国家图书馆。

在不列颠博物馆的发达史上,有一位值得一提的人物,他就是被称为"图书馆员的拿破仑"、一度担任该馆馆长的帕尼茨。帕尼茨 1797 年生于意大利的伦巴第,早年曾出入于意大利政界。后流亡英国,并于 1831 年参加该馆工作,1832 年入英国籍。1856 年被任命为该馆第六任馆长。他在工作上富有魄力,不畏困难,勇于创新。为不列颠博物馆制定了"不列颠博物馆应收藏世界上一切语种的有用的珍贵图书"的宏伟目标。他本人也身体力行,尽量与社会各界广泛联系,争取更多的人把珍贵的藏书转让给博物馆。同时还非常重视藏书的权威性、系统性和科学性。

在帕尼茨的领导下,藏书倍增。1866 年在他退休时,该馆藏书已近百万册,成为十九世纪世界藏书数量最多、内容最丰富的世界一流图书馆。

20世纪初,大英博物馆仍在世界图书馆界享有很高威望。现在仍是世界四大图书馆之一。

近代以后,英国古老的大学图书馆进一步发展,到19世纪,又涌现出达勒姆、维多利亚、利物浦等一批现代化的大学图书馆。国家图书馆除不列颠博物馆之外,还出现了英格兰国家图书馆和威尔士国家图书馆。

德国慕尼黑王室图书馆于1558年由巴伐利亚的勃莱希特五世大公建立。1919年以后改名为巴伐利亚州图书馆。该馆几经兴衰,十九世纪初,藏书达数万册。以藏有大量的摇篮刊本(早期的印刷图书,截止年代划在1500年)而最为闻名。该馆还培养出了首次使用"图书馆学"一词的学者,德国第一位近代图书馆学家施莱廷格。

慕尼黑王室图书馆,发展到1843年,藏书已增至55万册,居德国第一位。到了20世纪藏书已上百万册。经过二次世界大战的洗礼,该馆所藏的摇篮刊本,至今仍在16,000册以上。

德国的另一个王室图书馆维也纳王室图书馆也很有名。该馆拥有很多珍贵的藏书。后来,发展为奥地利的国家图书馆。

德国的其它主要图书馆有普鲁士王室图书馆、德意志图书馆等国家图书馆,格廷根、海德堡、莱比锡等大学图书馆以及大文豪歌德担任过馆长的魏玛图书馆和耶拿大学图书馆。

爱尔兰国立图书馆创立于1731年,1890年迁入都柏林市中心的基尔代尔大街托马斯·迪恩设计的新馆址。这所图书馆的藏书基础是18世纪皇家都柏林协会的3万册藏书。该馆历史不甚悠久,却拥有重要作家的手稿抄本和摇篮刊本,其中包括詹姆斯·乔伊斯《年轻艺术家的肖像》的手稿、爱尔兰著名诗人耶茨的手稿等。

爱尔兰位于欧洲大陆西部,大不列颠岛仿佛一座天然屏障,使它从古代至中世纪多次免于战乱和入侵,古代文化遗产得到很好的保存。在欧洲还处在黑暗的中世纪的时候,爱尔兰正处在黄金时代。它不仅发展了传统文化并在保存和传播文化上为欧洲作出了特殊的贡献。欧洲大陆的很多拉丁语抄本,是在文艺复兴之后由爱尔兰传入的。

荷兰最早最大的图书馆是莱登大学图书馆。它建于1575年,是荷兰独立军领袖威廉为表彰莱登市民为反抗西班牙入侵者作出突出贡献而创立的。另外,荷兰皇家图书馆也很有名,它建于1798年。

比利时最著名的图书馆是艾伯特一世的皇家图书馆。该馆的历史可追溯至十五世纪。该馆的第一批藏书是当时菲利普侯爵的900册彩饰抄本。这所图书馆历史上屡遭罹难。1559年,所有藏书被西班牙侵略者没收,并迁入布鲁塞尔的考登贝鲁夫宫殿的"皇家图书馆"。后来又在1746年的奥地利战争和法国大革命后的1794年,大量彩饰抄本被运往法国,直至1803年才部分地归还布鲁塞尔市。比利时独立后的1837年,在艾伯特一世的积极支持下,比利时皇家图书馆才宣告建立,并于1839年向公众开放。为了纪念国王艾伯特一世对建立该馆的功绩,后来改名为"艾伯特一世皇家图书馆"。1895年,该馆还成立了著名的国际文献目录研究所。

三、美国的图书馆事业

十九世纪以前,美国除了独立前的十八世纪中兴盛一时的会员图书馆以外,图书馆事业一直处于无人问津的状态。进入十九世纪以后,美国资本主义经济开始走向迅猛发展的上升阶段,统治阶级为了追求更高的效率和利润,开始抽出手来考虑文化和教育问题,不惜耗费重金创办和扶持学校和图书馆,掀起了社会教育热。至十九世纪七十年代,美国的图书馆事业跨入世界先进行列。

美国国会图书馆,于1800年创建于当时的首都华盛顿。建馆初期,藏书仅300册。50年后达5万册,仅次于哈佛大学图书馆,居全国第二位。但好景不长,第二年便遭受火灾,损失惨重,仅存书2万册。到1875年,历时二十余年的努力,馆藏大幅度增加,达到30万册。从此,逐渐跃居全国第一,成为美国的国家图书馆。

该馆的馆舍建筑模仿英国的不列颠博物馆风格,有八角形大阅览厅,总面积约4英亩。至20世纪30年代,馆员人数达1,000人。该馆面向全国开放,是美国20世纪以来学术活动、科学研究和社会教育的中心。

十九世纪以后,美国大学图书馆发展很快,美国最古老的哈佛大学图书馆到1900年藏书达56万册,1925年藏书近250万册,1940年藏书达400万册。目前也是世界最大的大学图书馆。其它著名的大学图书馆有哥伦比亚大学图书馆、普林斯顿大学图书馆、芝加哥大学图书馆、斯坦福大学图书馆等。

四、俄国及东欧主要图书馆概观

俄国图书馆事业起步较晚,有历史文献记载的俄国第一所图书馆是1037年建立于基辅的李非亚大教堂图书馆。在以后的几个世纪里,除了一些教会图书馆和少数王公贵族的私人藏书外,几乎很萧条。直至16世纪,印刷技术传入俄国之后,图书馆事业才开始苏醒。

俄国科学院图书馆就是在印刷技术传入沙俄以后的1714年建立的。这所图书馆初建时为彼得堡皇家图书馆,1724年归属俄国科学院。当时藏书为11,000册,二十世纪初,藏书达200万册,成为世界当时最大的图书馆之一。俄国及苏联的许多著名学者、作家和政治家巴甫洛夫、车尔尼雪夫斯基等人都曾利用过这所图书馆,列宁也一度在这里读书。

帝国公共图书馆在俄国也很有名。它是1795年由女皇叶卡特林娜二世授命建立的,地址在圣彼得堡。女王叶卡特林娜二世很关心启蒙事业,建馆初期,命令全面收集十六世纪留里克王朝的始祖伊凡大帝以来的俄罗斯抄本和印刷本。建馆时,藏书就在30万册以上,为当时俄国最大的图书馆。该馆自1810年实行呈缴本制度以后,馆藏剧增。十月革命前,藏书达300万册。1932年改称国立萨尔蒂柯夫——谢德林公共图书馆。这所图书馆在收藏俄国十九世纪文献资料方面独占鳌头,至今仍是研究俄国社会、历史、文化的重要文献库。著名寓言文学家克雷洛夫曾在该馆工作达三十年之久。

东欧的图书馆事业普遍落后于西欧。匈牙利收藏图书的历史始于中世纪,历史上最有名的图书馆是十五世纪后半叶马蒂亚斯国王的科尔维纳宫文库。据说这所图书馆以书库的豪华闻名于欧洲。近代以来,匈牙利图书馆发展缓慢。1802年才在首都布达佩斯建立国家图书馆。该馆是在匈牙利著名启蒙运动者谢杰尼的私人藏书的基础上建立的,并于1804年施行呈缴本制度,该馆藏书至今仍占全国之首。匈牙利科学院图书馆建于1826年,以收藏东洋文献闻名。

捷克斯洛伐克最古老的图书馆是斯特拉霍夫图书馆。该馆建于1400年,以收藏捷克历史文献著称。该馆历史上曾二次遭受火灾和战乱的破坏,到十八世纪才逐渐恢复元气。1919年,独立后的捷克斯洛伐克共和国颁布公共图书馆法,法律规定:300人以上的居民区,都必须建立公共图书馆,并由地方政府保证其经费。从此,捷克出现了很多小型图书馆。人口不足300人的地方,由国家派流动车送书。这不失为近代图书馆史上的一项创举。

五、专业、会员、公共图书馆的出现及其发展

据现有的研究资料来看,欧洲最早的专业图书馆是英国伦敦的林肯学院图书馆,它是英国最古老、最大的法律图书馆。另外,英国皇家内科学院图书馆也比较早,它于 1518 年建于伦敦。此后,欧洲各国陆续出现了一些专业图书馆。如:德国汉堡的商业图书馆,建于 1735 年,侧重收集贸易、地理、航海、政治等方面的书籍。德国法兰克福的曾肯堡图书馆,起初是一所医学专业图书馆,20 世纪后,成为德国最大的自然科学图书馆。德国专业图书馆事业最为发达,除上面介绍的以外,还有日耳曼国家博物馆图书馆(1852 年建馆)、世界大战图书馆(1915 年建馆)、拉丁美洲研究所图书馆(1907 年建馆)、慕尼黑科技史图书馆(1903 年建馆)等。

荷兰莱顿的荷兰文学社图书馆,建于 1766 年,是欧洲著名的文学图书馆。丹麦哥本哈根的皇家园艺图书馆建于 1752 年。

十八世纪,在图书馆史上出现了一种新颖别致的图书馆,叫作"会员图书馆"。这种图书馆是以个人入股、集资购书、共同利用的形式出现的。它有两个特点,一是具有广泛的社会性,为中下层市民和知识分子提供了更多的读书学习机会。当时由于印刷业还不是特别发达,书价还较贵,一般市民很难花钱买更多的书籍,因此对文化知识的需求得不到满足。通过这种互助合作的关系,他们的愿望基本得到了满足。因此也有人叫它"社会图书馆",受到了社会的广泛欢迎。另一个特点是鲜明的商业性。不管什么人,只要肯购买一定数额的股票,就可享用这种图书馆的所有资料,并且股票还可以转让和赠人。因此,也有人叫它"图书馆公司"。

最著名的会员图书馆是由美国著名政治家、科学家富兰克林于 1731 年在费城创立的。富兰克林称这种图书馆为"所有北美会员之母"。富兰克林创立的图书馆的正式名称叫"费城图书馆公司"。该公司章程规定,每个会员应先交纳会费 40 先令,作为购书之用,以后每年交纳 10 先令的固定会费。会员交纳的会费等于股票,股票亦可转让或赠送他人。图书馆每周六下午 16 时至 20 时向会员开馆。

"费城图书馆公司"建馆十年后,藏书 375 种,并开始向社会公众开放。费城市民只要支付一定数额的保证金，还可将书借回阅读。该"公司"到1851年，藏书增至6万册。

继富兰克林之后，北美大陆会员图书馆蜂拥而起。据考察，截至1780年，仅新英格兰一地，就有近50所会员图书馆。

但是，会员图书馆运动起步最早的是英国。富兰克林也是得道于英国。英国最早的会员图书馆是非商业性的，它是由"读书会"、"学术讨论会"等上层社会的读书人的联合体演变而来的。这类图书馆最早产生于18世纪初。到18世纪上半叶，伦敦等大城市开始出现图书租借店一类的商业性流通图书馆。英国较大的会员图书馆大都是在这种流通图书馆的基础上发展起来的，其中最著名的是伦敦图书馆，它是由著名文学家、历史学家卡莱于1841年发起创建的。建馆时藏书就达3,000册，有会员500名。

20世纪以后，随着大量廉价书的出现和公共图书馆的普及，会员图书馆相继消声匿迹，唯独英国的伦敦图书馆还依然存在着。目前，会员已发展到5,000人，藏书75万册。

18世纪初以来，在英美等国出现的会员图书馆运动，是资本主义生产关系初步确立后的产物，是图书馆事业开始走向近代化的标志，是公共图书馆大量诞生的前奏。

近代公共图书馆的建立，也以英美为最早。

可以说近代英美公共图书馆是在会员图书馆运动的基础上应运而生的。

近代公共图书馆有以下三大特征：

一、无偿地向社会各界提供服务。

二、事业经费由各级政府从税收中拨款支付。

三、图书馆有相应的法律、法规作保证。

英国最早于1850年通过图书馆法。爱德华兹是英国公共图书馆的积极倡导者和热心活动家，他为建立和发展公共图书馆奔走呼喊，1847年发表了《伦敦和巴黎的公共图书馆》一文，引起政府的重视。在他的努力倡导下,1850 年英国议会通过英国第一部公共图书馆法。法令规定了建立图书馆的资格、条件和办法。万人以上的城市才有建设公共图书馆的资格。建馆条件是市议会提议,纳税人投票表决,超半数方为有效。具体办法是:一、书款以外的经费由市政机关从增收财产税中支付。二、图书来源主要依靠赠书和募捐。后来对此法作了部分修改,一是扩大了建馆资格范围,二是增加了税收率,三是税收可用来采购书籍。

公共图书馆法颁布后,较早成立公共图书馆的城市是诺里奇市(1850 年)、温切斯特市(1851 年)、博尔顿市(1852 年)、曼彻斯特市(1852 年)、牛津市 (1852 年)、剑桥市(1853 年)等。但初期发展的速度还很不尽如人意,至 1860 年仅有 28 所公共图书馆。十九世纪末发展迅速,到 1900 年有公共图书馆 360 所。

美国公共图书馆创立时期与英国相去不远,但情况略有不同。首先,美国在初期没有统一的图书馆法。其二,美国早期的公共图书馆多是面向青少年的儿童图书馆,如 1803 年宾厄姆赠书建立的宾厄姆图书馆,1827 年列星敦的儿童图书馆等。美国十九世纪最著名的大型公共图书馆是波士顿市公共图书馆,该馆建于 1848 年。

六、图书馆学校和协会的产生和发展

1. 图书馆学校。图书馆学校创立于十九世纪下半叶。最早在大学开设图书馆学课程的是德国的格丁根大学。1887 年该校图书馆馆长、著名图书馆学学者狄札兹克首次在该校讲授图书馆学。讲授的科目有:目录学、抄本史、印刷史、文书学和图书馆管理等。

最早的图书馆学校是杜威于 1887 年 1 月 5 日创立。该校设于美国哥伦比亚大学内,名为:"图书馆管理学校"。第一批正式学生为 20 名,其中有 17 名女生。主要课程有:图书馆的经营、书籍保管、书目、分类法、目录著录、参考咨询和外语等。此后,美国的图书馆学校不断出现,至 1950 年已达 36 所。随后英、法、德、俄、瑞士等国也相继建设了图书馆学校。

2. 最早成立图书馆协会的国家也是美国,1876 年,在美国建国 100 周年之际,经美国图书馆界几位权威人士卡特、杜威、莱波特等人的积极筹备,图书馆界在费城召开大会,会上宣布美国图书馆协会正式成立。协会章程于第二年 9 月纽约的第二次大会上讨论通过。该协会的宗旨是:在世界范围内扩大和改进图书馆服务和图书馆事业,努力使书籍和理念成为美国生活中的活力,使所有的人都易于利用图书馆,使图书馆的业务水平有所提高,并创造和发表专业著作和文献。

在美国图书馆协会成立的第二年,英国紧随其后也成立了图书馆协会。接着日本于 1892 年、瑞士于 1897 年、德国于 1900 年、丹麦于 1905 年、法国于 1906 年、波兰于 1917 年、意大利于 1930 年、奥地利于 1946 年相继成立图书馆协会。

1927 年,在许多国家先后成立图书馆协会的基础上,世界性的图书馆界的重要组织——国际图书馆协会联合会(简称:"国际图联")宣告诞生。

第五节　西方图书馆发展的历史总结

综观几千年的西方图书馆史,可以归纳如下几点:

1. 推进图书馆事业发展的最基本的动力是经济。以雄厚的经济力量为基础的社会,必然产生高度的文化。图书馆作为文化事业的一个组成部分,不得不受经济基础的影响。概而论之,随着人类经济生活的日益发展,图书馆事业也步步前进,反之亦然。

我们已经看到,在不同的历史阶段里,最强盛的国家建立了最好的图书馆。古代强国亚述巴尼拔创建了宏大的皇宫图书馆。在"希腊化时代",国势昌盛的托勒密王国在首都亚历山大城建立了古代最大的亚历山大图书馆。文艺复兴时期,新兴资产阶级的最强有力的代表——佛罗伦萨的美第奇家族建立了当时最佳的图书馆。法英相继称霸的时代,出现了法国皇家图书馆和不列颠博物馆。资本主义最发达的美国拥有世界最大的美国国会图书馆。无产阶级专政的大国苏联建造了巨型图书馆——国立列宁图书馆。

图书馆事业发展史再次说明了极为简明的道理,即图书馆的建设离不开雄厚的物力、财力和人力。

当然,事物发展的动力是多种多样的,不仅有经济因素,还有政治、地理、气候、文化、思想、种族、习惯以及历史人物的作用等其他复杂的因素。这些对图书馆事业的发展也起到一定的作用,在某些情况下还起到很大的作用。单纯的经济决定论是不可取的。

2. 科学技术的发展对图书馆事业的进程有很大的影响。纸的发明、活字印刷术的发明、电子计算机的发明等等都给图书馆的规模、管理、服务手段、服务方式等方面带来了革命性的变革。

今后图书馆事业的发展也要看新技术的发明和应用能为图书馆工作带来多大的影响力。因此,每一个图书馆员对科学技术在馆内的应用,必须给予极大的关心。

3. 代表新的生产力的阶级和这个阶级的领导人物是重视图书馆事业的。在古罗马,奴隶主阶级的代表——罗马帝国的不少皇帝是致力于图书馆事业的。上升的阿拉伯统治阶级的领导者——哈里发和贵族是热衷于图书馆事业的。代表新兴商人阶级的俄国改革者彼得大帝建立了第一所收藏世俗书籍和科学书籍的图书馆,为俄国科学院图书馆奠定了基础。美国资产阶级的著名政治家和科学家富兰克林亲自创办了会员图书馆。法国资产阶级在法国大革命时期对图书馆事业采取了极为积极的态度。工人阶级一登上历史舞台就建立了无数的工人图书馆。在图书馆史上,最关心图书馆事业的政治家就是无产阶级的革命导师列宁。

相反,反动没落阶级的代表总是要摧残图书馆事业的。中世纪的罗马教皇对"异端"人物的镇压和对"异端"图书的烧毁、本世纪的德国法西斯党的焚书等等是最为突出的史例。

4. 同杰出的历史人物一样,优秀的图书馆馆长也是历史的产物。历史造就了他们,反过来他们又推进历史。我们不能设想在古代埃及出现近代的帕尼齐。同理,杜威也只能出现在美国资本主义上升时期。各个历史时期的优秀的馆长、馆员和图书馆学家在他们所处的历史条件下建立了不朽的功绩。对图书馆事业发展史上的杰出人物,必须充分肯定他们的历史地位,不能苛求于前人,而应从中吸取至今仍然有用的经验。

他们尽管生活在不同的时代和不同的国度,但他们都有一个共同的特点,即对图书馆事业的无限的热情。其中不少人将毕生的精力献给了图书馆事业。当前和今后,都需要这样的人物来推动这一事业的发展。

5. 活跃的学术空气是图书馆事业发展的重要条件之一。在黑暗的中世纪,图书馆事业的衰落是必然的,因为在这个时代没有什么学术自由可言,非基督教的思想被压制得很厉害。文艺复兴运动时期是学术活动大为活跃的时代。此时,私人图书馆和权贵的图书馆宛如雨后春笋,出现在这一运动所波及的国家。美国在1861—1865年的南北战争之后,资本主义迅速发展,学术探讨的空气相当浓厚,就政治自由和文化水平而论,美国在资本主义国家中首屈一指。就是在这个时期,美国的各种类型图书馆蓬勃发展起来。

历史上进步的图书馆员都希望学术繁荣的局面的出现,他们都很愿意向严肃的读者提供各种学派的有价值的文献。

6. 从财产所有制来观察,在阶级社会里,图书馆所收藏的图书财产是作为统治阶级的财产而存在的。尽管曾经有过、现在仍然有着非统治阶级的为数甚少的私人图书馆或私人藏书,但它们在图书馆事业中的作用是微不足道的。图书馆主要是为经济上占统治地位的阶级服务的,古今中外,概莫能外。由此可见,图书馆事业具有明显的阶级性,本书所举的大量史实也说明了这一点。

没有人会相信,古代希腊、罗马的图书馆不是为奴隶主服务,而是为奴隶服务的。中世纪的教会图书馆,从其藏书内容到服务对象,都十分清楚地表现出其封建主义的属性。它们有时收藏世俗作品,也是为了适应牧师的传教之便的。文艺复兴时期的图书馆是新兴资产阶级的有力工具。资本主义发达国家的公共图书馆尽管标榜全民性、开放性,但仍旧改变不了统治阶级的变化机构这一属性。社会主义国家的图书馆事业是公然标明其阶级性的,即为无产阶级专政服务。

图书馆事业就其整体来说,完全不同于那些没有阶级性的自然科学。

7. 然而,对如下三点不作出充分的补充也是不科学的。

a. 在图书馆工作中的某些环节和某些问题,尤其技术性较大的部分,是没有阶级性的。例如,图书采购的某些手段(订购单的记载、入藏登记等)、著录条例(不含一些题解)、分类的标记符号(即以数字、字母或其他符号组成的分类号码,不指分类体系)、卡片规格、出借的记载方式、静电复印、电脑等科学技术的应用以及图书馆建筑的内部结构的布局等等都是没有阶级性的。如果想在这些方面也贴上"阶级"的标签,那是不够恰当的。

b. 指出图书馆事业的阶级性,并不等于要我们割断历史,并不等于要我们去否定以往的图书馆事业史的成就。几千年来的图书馆事业史是人类文化发展史的一个重要组成部分,是人类的宝贵文化遗产,我们要批判地继承其中一切有价值的东西。列宁指出,马克思主义这一思想体系之所以能够赢得了世界历史性的意义,"是因为它并没有抛弃资产阶级时代最宝贵的成就"。如何吸收和改造几千年来图书馆事业发展中一切有价值的东西——这项巨大的任务还远远没有完成。

c.尽管图书馆事业具有明显的阶级性,但就其事业的整体来说,是步步向上的。图书馆的规模不断扩大,读者阶层不断增多,图书馆管理技术不断提高,读书的禁区不断缩小。总之,人类不断地进步,图书馆事业也不停地前进。历史科学之所以能够给人们以信心,其主要原因就在于此。

8.图书资料的获得是图书馆工作的首要的一环。综观图书馆发展史,没有一位杰出的馆长不在这项工作中竭尽全力。他们为了获得足够的图书经费,为了抢救和寻觅珍书善本,为了争取他人的捐赠,简直可以说是"不择手段"的。德国的法学家、蒂宾根大学图书馆馆长默尔甚至还说过,为了增加馆藏,甚至进行盗窃,也在所不辞。当然,我们不会仅从字面去理解这句话。

超越国境的采购工作早在古代、中世纪已经开始了,当时一些大图书馆都派专人周游列国,搜集资料。到了近代,图书采购和情报搜集工作已经发展成为世界性的,例如,"国际出版物的收集和利用"规划(UAP)、"世界科学技术情报系统"(UNISIST)等等。

9.图书馆事业中的另一项重要工作是书目的编纂。人类一开始从事图书馆事业,就注意到书目编制工作。从几千年来的图书馆史中可以看到,稍有规模的图书馆都把相当的人力和物力投入到书目工作。书目质量的好坏标志着一个馆的业务水平或一国的图书馆事业的水平。杰出的图书馆馆长和图书馆事业的领导者,没有一个例外,都是全力以赴地亲自参加或直接指导书目工作的。反过来说,作为一个馆长,忽视或轻视书目工作是不可原谅的。

书目工作现在已经发展成为采用电脑编制的机读目录。从一馆的分散的个体编目发展到全国性的编目和检索中心的建立,从一国范围的编目发展到世界性的编目和检索的国际网络化。

10. 历史上的著名图书馆几乎没有一所完整地遗留到现在。中世纪以前的图书馆几乎不留寸影了。近代的图书馆也在不断的天灾人祸中遭到很大的损失。除了泥版文书和石碑外,用纸草纸和普通纸制成的书籍都是很容易被毁掉的。古代亚历山大图书馆、罗马时代的大型图书馆、回教徒的无数图书馆、文艺复兴时期的人文主义者的图书馆、中世纪的君侯贵族的图书馆、著名的古老的大学的图书馆——以上这些绝大部分都无踪无影了。

图书馆的被毁,原因是多方面的:天灾、战争、"异教徒"的破坏、统治阶级的暴行(焚书、毁书)、保管不妥而造成的损失等等,可谓厄运连绵。一把小火可以把异教徒的一所图书馆烧尽。第二次世界大战中,一个炸弹就把苦心孤诣几十载的一所大图书馆毁掉。在历史上,由于种种原因被焚烧的图书不计其数。

相反,历史上也出现过为数不少的值得尊敬的人物,他们为了抢救图书贡献了自己的力量。例如,彼特拉克、薄伽丘、波乔等人为发掘和抢救希腊罗马的古典作品,千辛万苦,跋山涉水,用去了一生的大部分精力。又如,阿姆斯特丹大学的波斯图姆斯教授从德国法西斯手中及时抢救了马克思主义、社会主义和有关工人运动的珍贵书籍。对这些前人的伟绩,我们无限敬佩,永世不忘。

作为一名图书馆员,保护人类的文字遗产,是一项神圣的职责。今后,人类还会遭受不可预测的天灾人祸,图书资料的损失和毁坏注定不可避免。但是,我们能否把损失缩减到最少限度?

现代的科学技术已经为我们提供了各种各样的手段,来保护和保存珍贵图书资料。

a. 首先要抢救纸张逐渐变质的古籍。纸张变脆的严重性已经引起世界各大图书馆的注意和担心。图书馆员应当同有关科学家合作,不断改进保护古书的技术措施,同时积极研制含酸量较少的新型纸张。有关领导部门绝不能吝惜支付专款,以保证上述各项工作有效地进行。

b. 积极改进书库的环境,在恒温、恒湿、防尘等方面采取更加有效的办法。

c. 采用新技术,有重点、有计划地复制全世界的重要图书。目前可以考虑采用多种复制方式,如缩微胶片、录像带、录像盘等等。

随着科学技术的发展,纸的物理化学成分、图书的形式、保存的方法、复制的功能等等都会有很大的改进和突破。图书馆员的任务之一就是要同科学家紧密合作,防止人类文字遗产的巨大损失。如果方向明确,措施得当,步骤稳妥,协调良好,那么一旦发生不可预测和不可抗拒的祸害,也不至于造成类似历史上的图书的大损失和毁坏。假设美国国会图书馆、国立列宁图书馆、不列颠图书馆、北京图书馆等等,一旦从地球上消失了,我们仍掌握着复制品,得以保持人类文字资料的延续性。

以上议论,略嫌暗淡,又近似空谈,但鉴于历史上很多图书馆被毁的严酷事实以及许多珍贵文字遗产毁于一旦的痛心史实,我们不得不认真地思考这个问题,并严肃地采取各种对策。

11. 图书的保存和使用的关系问题、图书的流动问题、读者服务问题、图书馆的开放性问题——总之,诸如此类的问题都牵涉到图书馆的目的性这一根本问题。

在漫长的图书馆史上,出现过“藏书楼”,它的工作重点在于图书的保存,而不在于图书的使用。但是归根结底,为保存而保存的图书是没有用的,图书自身的存在价值在于:被人用来阅读。诚然,在图书馆史上也出现过陈列式的图书馆,它的目的在于夸耀图书馆所有者的豪华,这里的图书仅仅作为展品供人观赏,并不供人阅读。这种“图书馆”在严格意义上来说,应当叫做“展览馆”或“博物馆”,而不应当冠以“图书馆”的名称。

我们所说的“图书馆”是以图书的使用作为其最终目的的文化机构。因此,图书馆事业发展的一个很重要的标志就是图书的流通,是读者面的扩大,是图书馆向社会开放的程度。

也可以说,几千年来的图书馆史是图书馆从封闭到开放的历史。在一个地区、一个国家以至在全世界范围内,图书资源必须共享的思想,绝不是突然产生的,它是几千年来图书馆事业发展的结果,尤其是近代图书馆事业的产物。要把这一思想变为现实,仍须由我们和后人作出很大努力。

12. 随着民族国家的形成,分散经营的各个图书馆或紧或松、或先或后都由全国性的行政管理机关、图书馆协会或图书馆网络统一领导或进行协调。不仅如此,随着国际往来的增多,图书馆事业日益超出国界。

图书馆事业的国际性已经增强到了如此地步,以至每一个图书馆不仅要从全国的角度,而且还要经常用国际的眼光来考虑和处理自身的工作。例如,国际标准书号的应用、国际标准著录条例的应用、国际标准卡片的采用、机读目录的国际化,以至图书馆的各种统计①等等都需要考虑到国际标准。

---

① 见《ISO2789—1974 国际图书馆统计》,载于《文献与情报工作国际标准汇编》,科学技术文献出版社,1980 年第 355 页。

第六章　图书馆学及其研究对象、内容和结构、性质和特点

第一节　图书馆学概念与研究对象

什么是图书馆学？回答这个问题就要明确图书馆学的研究对象。

具有明确的研究对象，是一门科学学科能够成立的首要条件。那么，图书馆学的研究对象又是什么呢？要回答这个问题，应当运用历史唯物主义的方法进行分析，这是解决社会科学问题的最可靠的方法。正如列宁在论述国家问题时所说："最可靠、最必需、最重要的就是不要忘记基本的历史联系，要看某种现象在历史上是怎样产生，在发展中经过了哪些主要阶段，并根据它的这种发展去考察它现在是怎样的。"（《列宁全集》第 29 卷 430 页）因此，我们要回顾一下图书馆学的历史，分析在其发展进程中关于这个问题的一些代表性观点，以便得出相应的结论。

图书馆这种社会机构很早就出现了。随着图书馆的发展，也就逐渐产生了论述图书馆的知识。在古代，这些知识是包含在目录学、版本学、校雠学等其它学科著作之中的，它们是图书馆学的渊源。

作为一门独立学科的图书馆学，是近代图书馆事业发展的产物。1803 年，德国图书馆学家施莱廷格（M. W. Schrettinger）完成

《试用图书馆学教科书大全》一书，首先使用"图书馆学"一词，1887年，德国格丁根大学教授狄札兹克（K. Dziatzko）开设图书馆学讲座，美国杜威（M. Dewey）创办哥伦比亚大学图书馆学校，被看作是图书馆学正式建立的标志。

"图书馆学"一词，在英文中是 library science，在德文中是 bibliotheks－wissenschaft。但是，在英文文献中，又往往用 librarianship 表示图书馆学，德国也曾一度用 Bibliothekswesen 来代替。science 和 wissenschaft 均为"学"或"科学"之意，而 librarianship 和 bibliothekswesen 则是表示训练图书馆员所需要的知识和技能。为什么出现两种不同的用语呢？主要原因是：在图书馆学的发展进程中，存在着两种研究倾向——其一是专注于图书馆工作技术方法问题研究的倾向，其二是专注于图书馆理论问题研究的倾向。由此，便形成了两大图书馆学流派——我们称之为应用图书馆学流派和理论图书馆学流派。这样，不同时期的图书馆学家，对图书馆学及其研究对象的认识，也就出现了分歧。这些分歧表面看来纷繁复杂，罗列出来更会令人眼花缭乱。我们则从众多的分歧观点中，择其要者，按两大流派和图书馆学的发展脉络，加以分析介绍，最后提出编著者关于这个问题的意见。这样，或许会稍有些说服力，也易使初学者理解和接受的吧？

一、研究图书馆工作技术方法的图书馆学

以具体的图书馆工作为研究对象的图书馆学，首先在德国形成，又由于杜威等人从事图书馆学教育事业的推动而在美国发展起来。这种西方传统的图书馆学，是典型的应用图书馆学，已有了一百多年的历史，至今仍然深具影响。

由于认为图书馆员是实际工作者，无需具备深奥的理论素养，因此，西方传统图书馆学着重研究图书馆工作中的技术方法问题，以便为图书馆员胜任"图书馆管理"——即图书采分编和借阅流

通等项工作,提供有关的知识和技能。这些内容,符合传统管理科学的要求,于是,这种图书馆学不妨就叫图书馆技术。虽然它的内容现在已从手工的技术方法,扩展到电子计算机化的技术方法方面,但其总的特点并没有根本的变化:这种图书馆学,仍然是一门重实际而缺乏理论的科学。下述对"图书馆学"的定义,就反映了它的这一特点:

德国十九世纪的图书馆学家艾伯特(F. A. Ebert):图书馆学是"图书馆员执行任务时需要的一切知识和技巧的总和"(庄义逊:《图书馆学的哲学研究述评》,《图书馆学基础理论论文集》,中国图书馆学会基础理论研究组,1985 年,第 89 页)。

美国图书馆协会:"图书馆学就是发现、搜集、组织及运用印刷的与书写的记录之知识与技能。"(A. L. P. A. Glossary of Library Terms. Chicago, A. L. A. 1943. p. 82.)

二、研究图书馆"要素"的图书馆学

主张研究"要素"的图书馆学最力者,是已故刘国钧教授。他明确提出图书馆学的研究对象是图书馆,说"图书馆学是图书馆的科学"。他所说的"图书馆",是指"图书馆事业及其各个组成要素"(《什么是图书馆学》,《中国科学院图书馆通讯》1957. 1)。他认为,图书馆学要对组成图书馆的"四要素"(图书、人员、设备、方法)或"五要素"(图书、读者、领导和干部、建筑设备、工作方法)分别进行研究。

刘国钧等老一辈图书馆学家主张建立的图书馆学体系,既受着西方传统图书馆学的影响,又力图结合中国国情,既研究图书馆学的理论,又研究图书馆的方法技术问题,但要对构成图书馆的若干"要素"入手来进行研究,以超出西方传统图书馆学的狭窄领域。这在我国图书馆学发展史上,是起到了承上启下的作用的。但是,这一类图书馆学毕竟缺少坚实的科学理论,又仍未能摆脱应用图书馆学流派框框的局限,是明显地打上了时代的烙印的。

三、研究"基本矛盾"和"规律"的图书馆学

这种图书馆学观点,是从 1957 年开始逐渐形成的,受到苏联图书馆学理论的强烈影响。这种观点依据毛泽东关于"科学研究的区分,就是根据科学对象所具有的特殊矛盾性"的思想,提出图书馆学要通过分析图书馆活动中的基本矛盾,以揭示图书馆事业和图书馆工作的规律。主张这个观点的同志,当初都把研究"基本矛盾"和"规律"联系起来论述。现在,这个观点却被说成是"矛盾说"和"规律说"两种观点了。

这个观点的中心思想是:把图书馆活动置于社会矛盾运动的宏观范围来研究,以揭示图书馆运动过程中的必然性。它的积极意义是:力图以马列主义、毛泽东思想为指导,把图书馆学从研究图书馆个体,引导到研究图书馆事业发展的全过程,从专注于技术方法问题的研究,扭转到重视基本理论探索的轨道上来,使这门学科摆脱西方传统图书馆学的束缚,以对我国图书馆的发展有促进作用。但是,这一观点在其发展过程中,过分强调"要素说"不足的一面,不太注意继承和吸收国内图书馆学的有益成果,也存在忽视研究图书馆实际的偏向。

这一观点的主张者人数较多,对什么是图书馆的基本矛盾看法不一,对图书馆学的研究对象也就各执一词,有说是图书馆工作,有说是图书馆事业,有说是图书馆事业和图书馆工作,还有说是图书馆、图书馆工作、图书馆事业全部活动。对图书馆学概念的解释,也各不相同。较有代表性的解释是:

"图书馆学是研究图书馆事业的发生发展、组织形式以及它的工作规律的一门科学"(《图书馆学基础》,商务印书馆,1981年,第 7 页)。

四、研究图书馆本质和机能的图书馆学

这种图书馆学崛起于三十年代，倡导者是"芝加哥学派"的巴特勒(P. Butler)和谢拉(J. H. Shera)等人。他们一开始就以理论图书馆学家的姿态出现，认为图书馆的技术方法，不能代表真正的图书馆学，真正的图书馆学要有科学原理。因此，他们就研究图书馆的本质和机能，以建立图书馆工作的"哲学"，即能够揭示图书馆的本质特性和图书馆工作规律的科学理论，"把图书馆学从长期处于杜威影响，专注于实际技术的情况下解脱出来"(《图书馆学基础理论论文集》，第87页)，开辟了西方图书馆学发展的新方向。

巴特勒在《图书馆学引论》(1931年)一书中，从社会学、心理学、历史学的角度研究图书馆的本质，认为图书馆是一种与一定社会形态相关的"社会制度"，他通过分析图书和读书现象深刻地说明了图书馆这种"社会工具"的功能——"图书馆是将人类记忆的东西移植于人们意识之中的一个社会装置"。

近年来，由于知识和信息越来越受到人们的重视，我国一些人又提出了建立一门包括图书馆学、情报学等在内的大科学的观点，并为它起了各式各样的名称，诸如"交流学"、"知识学"、"知识工程学"、"文化学"、"思维科学"等等。从中，我们都不难发现"芝加哥学派"理论确实是有影响的。

通过上述分析介绍，我们可以总结出以下两点：

第一，关于图书馆学的研究对象。各种理论和观点表面上看来分歧很大，实际上又都是围绕"图书馆"这个中心来立论。这是由于下述原因造成的：图书馆这一社会现象是复杂的，又是发展变化的，人们可以从不同的角度来研究它，随着人的认识能力的提高，对图书馆的认识又不断深化。

我们认为："图书馆事业"、"图书馆工作"、"图书馆活动"都

是包含在"图书馆"这个总的、一般性的概念的逻辑含义之中的，"知识交流"或"情报交流"也仍然是对图书馆本质和机能的揭示，连六十年代提倡图书馆学的研究对象是"图书馆事业"的同志，现在也赞成是"图书馆"了（参见黄宗忠：《图书馆学导论》，武大图书情报学院，1985年，第70—77页）。因此，图书馆学的研究对象是图书馆。图书馆学不研究图书馆，它也就不成其为图书馆学了。

第二，关于图书馆学概念。对图书馆学的认识和种种解释，是随着研究角度和研究内容的变化而变化的。理论图书馆学派和应用图书馆学派的意见各执一端，其实两派各有其长，也各有其短。而图书馆学研究的明显发展趋势是：两大流派互补长短，逐渐走向合流。

我们认为：图书馆学无论怎样发展变化，都不外乎包括与图书馆有关的理论和技术方法这两个方面的内容。因此，对图书馆学定义，就要对图书馆学的这种一般发展趋势所反映出来的总的状况，作出高度精练和准确的概括。

基于以上两点，我们对图书馆学的解释是：

图书馆学是一门研究图书馆的科学。它研究有关图书馆的理论、方法和技术问题。

第二节　图书馆学的内容和结构

这一节，我们来研究图书馆学的内容和结构问题。这里的所谓"结构"，是指图书馆学的内容按其等级层次的组成和排列状况，这种状况反映了图书馆学各部分内容之间的内在联系。

关于图书馆学的内容和结构，也是一个引起争论的问题。我们认为，正确对待这个问题，应当坚持以下两点：

第一，图书馆学的内容和结构，不是一成不变的，而是发展变化的。由于图书馆学研究的不断深入和扩展,当代科学之间又呈现出相互交叉渗透的多维关系,现在图书馆学的内容和结构,确实比以往大为丰富和复杂化了。因此,我们要正视当代图书馆学的现实状况。

第二,作为一门独立科学的图书馆学,是以研究图书馆为其特征,而保持它在科学中的地位的。不管图书馆学从其它学科中吸取了多少营养,都要与研究图书馆相结合;引进其它学科的理论、方法和技术,要溶化于图书馆学之中,成为图书馆学中的有机组成部分。当代图书馆学毕竟仍然是图书馆学,而不能变成面目全非的另一种科学。

当代图书馆学的内容和结构状况是:它的主体部分,由理论图书馆学、专门图书馆学和应用图书馆学所组成;在主体的延伸部分,又出现了一群图书馆学的相关学科分支。理论图书馆学是其基础,应用图书馆学是其上层,专门图书馆学是联系这两者的中间环节,而相关学科分支则是图书馆学的外层领域。这四大部分互相联系,共同构成了图书馆学这门科学的结构。现图示如下:

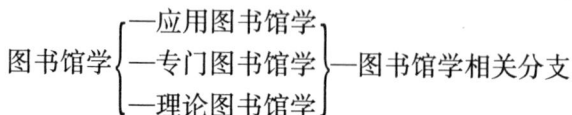

$$
图书馆学
\begin{cases}
—应用图书馆学 \\
—专门图书馆学 \\
—理论图书馆学
\end{cases}
—图书馆学相关分支
$$

一、理论图书馆学

理论图书馆学为整个图书馆学提供基本理论和研究方法,还要描述整个图书馆学发展的概貌,对图书馆学的其它组成部分起着指导和统帅的作用。

理论图书馆学中又包括普通图书馆学和比较图书馆学两个分支学科。

1. 普通图书馆学

① 图书馆学基本问题研究。主要研究图书馆学的对象、定

义、内容、体系、结构、性质、特点、与相关学科的关系,以及图书馆学的研究方法等基本理论问题。

②图书馆基本问题研究。包括研究图书馆的定义、性质、社会职能、社会作用和社会地位等基本理论问题。

③图书馆活动基本问题研究。包括研究图书馆活动的基本环节和作用机理、图书馆工作的基本原则等。

④图书馆事业建设研究。包括图书馆事业的构成,图书馆事业建设的原则,图书馆事业的规划、组织和管理,图书馆业务辅导,图书馆网络化的理论与实践,图书馆事业与其它社会信息系统的关系,以及图书馆学教育和图书馆法研究,等等。

⑤图书馆发展史研究。包括世界图书馆发展史和各国图书馆发展史。

⑥图书馆学发展史研究。包括研究整个图书馆学发展史(世界和分国研究)、图书馆学专门领域发展史,以及知名图书馆学家评传。

2. 比较图书馆学

这是图书馆学中的一个新兴的分支学科。它运用比较法,对普通图书馆学中的有关问题,进行更深入、更细致、更具体的研究。

比较法是在相互联系中研究事物的一种科学研究方法,已在社会科学中获得广泛应用。比较图书馆学所运用的,主要是比较法中的空间和时间比较。

所谓空间比较,是指对世界各国(两个或两个以上),以及一个国家不同地区的图书馆事业和图书馆学的发展状况,进行比较研究;所谓时间比较,是指对不同时期的图书馆事业和图书馆学发展状况,进行比较研究;空间和时间比较,则是对不同国家或不同地区、不同时期的图书馆事业与图书馆学发展状况,进行比较研究。通过比较,确定它们的共同点和差异点,分析原因,作出解释,并从中得出能够揭示客观规律的结论。

比较图书馆学深化和发展了普通图书馆学的有关内容,能使人从中总结经验、接受教训、受到启发,从而发挥促进图书馆事业和图书馆学发展的作用,在不少国家受到了重视。

二、专门图书馆学

当代的图书馆,是一个由各种不同类型的图书馆组成的、规模庞大的社会系统;而每一类型图书馆,也都是由众多的同一类型的大小图书馆组成的规模较大的社会分系统。各种不同类型的图书馆分系统,都具有相同的共性,因而共处于一个图书馆大系统中。但是,各个图书馆分系统之间,由于性质、任务、读者对象各有不同,又各具不同的特性。研究图书馆学的任务,不仅要帮助人们认识和把握图书馆的共性,也要帮助人们认识和把握不同类型图书馆的个性,才能达到更好地利用图书馆的目的。这样,就产生了专门图书馆学。

专门图书馆学,是对各种不同类型的图书馆分别一一进行专门研究而形成的图书馆学分支学科。它以某一类型图书馆为研究对象,不仅要根据理论图书馆学所提供的基本理论,研究该类型图书馆各方面的特点,也要按照应用图书馆学所提供的一般方法技术,具体研究该类型图书馆的工作和管理问题。这就是说,专门图书馆学要全面研究某一类型图书馆的理论、方法和技术问题。因此,它在整个图书馆学体系中,处于理论图书馆学与应用图书馆学的中间环节。

专门图书馆学的研究对象又可以按图书馆不同类型加以深化,从而形成众多的学科分支,诸如公共图书馆学、大学图书馆学、工会图书馆学、农村图书馆学,以及儿童图书馆学等等。尽管现在我国在这方面著作较少,但其发展潜力是很大的。

三、应用图书馆学

应用图书馆学是在理论图书馆学所提供的基本理论的指导之下,研究图书馆工作中的具体理论、方法和技术问题。主要内容有:

1.藏书建设研究　包括研究藏书建设的基本理论,出版物的类型、出版物的现状与特点、出版物供应问题,藏书搜集的原则和方法、藏书的登记与技术性处理及藏书的划分、排列、保管和剔除等问题。

2.图书加工研究　图书著录和目录的组织,图书分类法和主题法的理论与实践,题录、索引、提要和文摘的编制等。

3.文献检索和情报检索　检索原理,检索语言,检索方法,主要手工检索工具查找实例介绍,国际联机检索实例介绍,检索策略研究和检索效果评价等。

4.图书馆服务研究　图书馆服务的基本原则,图书流通工作,参考咨询工作,图书馆情报服务,图书宣传等。

5.读者研究　读者的类型,不同类型读者的阅读需求与特点,阅读心理研究,阅读指导研究,读者阅读需求的调查方法研究等。

6.图书馆管理研究　图书馆工作机构的设置与组织,工作计划与定额,图书馆工作统计,图书馆人员的配备与管理,图书馆工作标准化问题等。

7.图书馆工作现代化技术应用研究　包括研究电脑、缩微技术、现代化通讯和其它现代化技术在图书馆工作中的应用问题。

8.图书馆建筑与设备研究　着重研究图书馆工作对建筑与设备设计的要求。

四、图书馆学相关分支

从图书馆学与其它科学相交叉部分,陆续产生了一系列图书馆学相关分支,例如文献计量学、图书馆系统工程、图书馆社会学、读者心理学、图书馆法学、图书馆经济学、图书馆统计学等等。这是图书馆学中的一个范围广泛的新兴的研究领域。这些图书馆学相关分支的共同特点,都是把别的学科或科学中的基本原理、方法或技术移植过来,研究图书馆的有关问题。

研究图书馆学相关分支,已吸引了国内外不少图书馆学家的浓厚兴趣,取得了许多有益成果;相关分支日益成熟,在图书馆学这门科学体系中,已经或正在取得相对独立的分支的地位。尽管绝大多数相关分支还不成熟,有待于深入探索,要把其它科学与图书馆学的内容更有机地结合在一起。但是,这一新的研究领域的开拓,大大扩展了图书馆学的研究范围,为图书馆增添了新鲜血液。这对于提高图书馆学的科学水平和应用价值,帮助广大图书馆员开拓视野,都具有重要意义。因此,这方面的研究将会更加受到国内外图书馆学界的重视。

综上所述,当代图书馆学的研究领域十分广阔,内容非常丰富。随着图书馆学研究的继续深入和不断扩展,图书馆学的科学性将日渐提高,图书馆学在当代科学体系中,也将占有越来越重要的地位。

第三节 图书馆学的性质和特点

一、图书馆学的性质

关于图书馆学的性质问题,我国图书馆学界至今意见纷纭:有的认为它是社会科学,有的认为它是综合科学,有说它现在是社会科学但会朝着综合性科学的方向发展,还有说它是管理科学、应用科学、方法科学等等。这么多意见中,哪一种看法正确,更符合图书馆学实际、更具有科学性呢？为了回答这个问题，还需要从怎样确定一门科学的性质谈起。

一门科学的性质，是指这门科学属性，也是指它在整个科学体系中的位置。这就要涉及科学分类问题，而要进行科学分类，又必须确定科学分类标准。

对科学进行分类，主要有以下三种标准：

第一，按科学研究的对象进行科学分类。

科学研究的对象，是科学认识的客体。客观世界的复杂性，表现为客观事物的多样性；分别以客观世界中某一种或一类事物为研究对象的各门科学，也就在性质上各有不同。因此，科学研究的对象，成为科学分类的依据。

马克思主义经典作家，首先是按这个标准进行科学分类的。恩格斯在《自然辩证法》一书中，运用辩证唯物主义的观点和方法，提出了按物质运动形式进行科学分类的理论。物质运动形式，是对科学研究对象的一种哲学表述。他把物质运动形式区分为：机械的、物理的、化学的、生物的、社会的。分别研究这五种运动形式，就产生了五门科学。这是对十九世纪的科学的大致划分，所采用的就是按研究对象分类的标准。

毛泽东同样是按这个标准进行科学分类的。他在《矛盾论》一文中，阐述了与恩格斯的科学分类理论一致的科学分类原理。他在《整顿党的作风》一文中，则把科学区分为自然科学、社会科学和哲学三大门类。

恩格斯的科学分类理论和毛泽东同志的科学分类思想，至今仍是我国学术界研究当代科学分类问题的主要依据。

第二，按科学研究的目的进行科学分类。

科学研究的目的不同，最后的科学成果也不同。有人将科学研究区分为基础研究、应用研究和发展研究三种类型。三种不同类型的研究，就产生了三种不同类型的科学。

美国商业部和英国教育科学对基础研究的定义是:"没有特定的商业目的,以创新科学知识为目的的研究。"(《科学学概论》,情报科学杂志社,1981 年第 26 页)基础研究产生基础科学。

对应用研究的一种解释是:"在基础研究的基础上确定一般适用的合理的科学学原型。"(同上)应用研究产生技术科学。钱学森同志又提出了"社会技术"的概念(《从社会科学到社会技术》,《文汇报》1980.9.29)。这样,技术科学又可以区分为自然技术科学和社会技术科学两类。

对发展研究的一种解释是:"利用基础研究、应用研究知识,对新材料、新设备、新产品、新工艺等引进和改进的研究,主要不是获得新知识,而是展开知识。考虑到市场、经济和本地区适应性,所进行的新产品设计、试验、试制到具体产品的生产技术的改进工作都属这一范围。"(同上书)发展研究产生工程技术。

按照上述标准,科学门类就有基础科学、技术科学和工程技术三大类。

但是,按研究目的进行科学分类,也可以把科学区分为基础科学和应用科学两大类。这样区分,更能确切地说明科学与实践的关系。

第三,按科学体系的结构进行科学分类。

按照这种分类标准,科学被区分为:分支科学、边缘科学、综合科学、横向科学。

但是,人们对"综合科学"的理解还很不一致。有人认为,综合科学是自然科学与社会科学相交叉的科学。还有人认为,综合化发展是当代科学的普遍趋势,因此,不好说只有某一门或某一科学是综合科学。

此外,还有人将科学研究的对象和科学研究的目的这两种标准结合起来,进行科学分类。例如,钱学森同志就把当代科学区分为:哲学、自然科学、数学、社会科学、技术科学、工程技术,以及将来可能上升为三大科学门类的系统科学、思维科学和人体科学。

我们认为:应当首先以科学研究的对象作为主要标准,来确定图书馆学的科学属性。尽管当代科学大为复杂化了,但是,恩格斯的科学分类理论和毛泽东的科学分类思想并没有过时,把当代科学区分为哲学、自然科学和社会科学三大门类,仍然是比较合理的。按照这种认识,我们来确定图书馆学是什么科学。

图书馆学的研究对象是图书馆,图书馆是一种社会现象或社会机构。因此,图书馆学的性质当然是一门社会科学。当代图书馆学不仅从其它社会科学也从自然科学中吸取营养,但是它的性质并没有根本变化,它与其它科学之间的界限也没有消失,因为这种科学之间的相互渗透影响,是各门社会科学的一种普遍现象。因此,图书馆学仍然是一门社会科学,而不是什么"综合科学"。

其次,我们又要再采用第二种科学分类标准,以加深揭示图书馆学的科学性质。图书馆学研究的目的,主要是利用其它科学的已有知识来认识图书馆和改造图书馆。因此,它不是基础科学,而应属于应用科学的范围。

我们对图书馆学的性质的结论是:

图书馆学是一门应用性的社会科学。

二、图书馆学的特点

研究图书馆学的特点,可以帮助我们更好地认识图书馆学,从而更好地学习和研究图书馆学。

图书馆学的特点,首先是由它的性质决定的,其次,又受它的发展状况影响。这两方面的原因相结合,就使图书馆学具有以下主要特点:

1. 图书馆学理论具有不精确性的特点

图书馆学绝不是没有理论的科学。但是,图书馆学理论又具有不精确性的特点。这一特点,一方面反映了图书馆学目前的发展状况,又是由它的研究对象也是一种社会现象造成的。

图书馆这一社会现象(或社会事物、社会机构),也和别的社会现象一样,具有复杂性、多样性和变化性的特点。图书馆由多种要素构成,是复杂的;连构成图书馆的各种要素,也越来越复杂化。图书馆包括各种各样的类型,每一类型的大小图书馆又各具特点。图书馆是发展变化的,它的发展变化受着各种因素的影响和制约,这又使不同时期、不同国家和地区的图书馆,并不完全相同。图书馆这种社会事物也将现象示于外,而把实质藏于内,人的认识能力总有一定的局限性,揭示图书馆的本质和发展规律,要比解剖一只麻雀困难得多。因此,一定时期、一定条件下产生的图书馆学理论,总带有一定的不精确性。

不精确性也就是模糊性。图书馆学理论的不精确性的主要表现是:

①图书馆学理论很难一下子取得公认的、科学权威理论的地位。图书馆学理论的科学化和完善化,是一个长期发展的过程。当某种图书馆学理论刚出现时,人们的看法往往不一致,会引起争论。在长期的反复的争鸣讨论中,图书馆学理论的模糊性才能逐渐减少,变得比较精确。

②图书馆学理论很难用公式、定律等定量化的精确形式展现。一直到现在的全部图书馆学理论,绝大部分都是用自然语言定性阐述的。数学这一有用的工具,对揭示图书馆的本质、功能、地位和活动规律等等,在目前阶段,还显得软弱无力。图书馆学理论从定性化发展到定量化,同样是一项艰巨而长期的任务。

2. 图书馆学具有很强的实践性

图书馆学不是纯思辨的科学,而是实践性很强的科学,实践性也就是应用性。

图书馆学的实践性主要有以下表现:

①图书馆学理论来源于图书馆活动的实践,又要接受图书馆

活动实践的检验。图书馆学的许多理论内容,带有浓厚的经验总结的色彩;因为对图书馆实践活动的点点滴滴的经验总结,都是对发展图书馆学的一种贡献。因此,我们不应当轻视这一类很粗糙的经验材料,它们是提取图书馆学理论的重要素材。图书馆学理论愈是能经受图书馆活动实践的检验,它的科学性愈高,愈能为广大图书馆员理解和接受,它的应用价值也就愈大。试看印度著名图书馆学家阮冈纳赞所提出的"图书馆学五原则"(书是为了用的、读者有其书、书有其读者、节省读者的时间、图书馆是个不断成长的有机体),是那样的通俗易懂而又极其深刻,至今仍被世界各国的图书馆员奉为行动的准则,就是一个最好的证明。

②图书馆学的技术方法部分,是它的必不可少的有机组成;缺少了技术方法内容,也就不成其为图书馆学了。因此,图书馆学家不应当单方面埋怨图书馆员中确实存在的忽视理论的倾向,而应当针对症结所在,向广大图书馆员提供既有理论又有方法和技术,符合图书馆实际的图书馆学。创造这样的图书馆学,也是图书馆员自己的任务。

③图书馆学要应用其它相关科学的理论、方法和技术。这一点,我们在下一章再加阐述和介绍。

3. 图书馆学是一门继续发展的科学

任何科学都要经历一个从诞生、成长、成熟到分化的发展历程。在一门科学处于成长阶段,往往表现为经验描述的形式;当它达到成熟时,就表现为强烈的理论色彩;而当这门科学能够成功地运用数学时,它也就达到了真正完善的地步。只有到那时,这门科学的各个方面都会出现又分化又综合的质的飞跃,它就会变成既是这门科学又不是这门科学的"新科学"了。图书馆学还只有一百多年的发展历史,但它已经走完了诞生阶段,正在迅速成长,向着成熟的发展阶段转化,在它的某些局部,也出现了分化的趋势。因此,当代图书馆学的许多内容,就必然是还不成熟的。

加速图书馆的发展,使其尽快走向成熟,以促进图书馆工作的提高和图书馆事业的发展,就是研究图书馆学的任务,也是我们学习图书馆学的目的。

第七章　图书馆学的相关学科和研究方法

第一节　图书馆学的相关学科

　　科学史证明:任何一门科学都不是在自我封闭的状态下发展起来的,当代科学的发展尤其是这样。图书馆学的情况也不例外。

　　古代的图书馆学还没有单独形成一门科学,它的内容是包含在一些有关学科的内容之中的。由于图书馆学是以"图书馆"为研究对象的,而图书馆作为社会机体中的"活"组织,是随着社会而发展的,这就使得图书馆学的研究内容逐渐扩展而丰富,与图书馆学相关学科的数目也就逐渐增多了。当代图书馆学要研究"图书馆"这一复杂社会现象的有关问题,必须考虑到多种因素,联系到它的各个方面,要具备多方面的知识,从而也就需要借鉴、吸收和运用许多相关学科的理论、技术和方法。否则,就无法得出科学的结论和方法,或提出可行而有效的技术。例如,我们要研究图书馆的性质、职能、作用和地位,就要以科学的哲学思想为指导,考察图书馆与社会物质文明和精神文明建设的关系,考察图书馆与科学、教育、文化事业的关系,还要联系经济、政治和其它社会因素,来考察图书馆的发展历史,才可看得出较能使人信服的结论。研究图书馆学的理论性问题是如此,研究一些方法和技术性问题,也应当如此。例如,研究图书馆编目方法的改进,研究计算机在图书馆的推广应用,就要考虑到馆员和读者的心理因素,要考虑经济效益和实际社会效果等等。我们初学者了解了有哪些学科与图书馆学相关，就能对图书馆学学得更好一些，理解得更深刻、更全面一些，也才有可能在实际工作中灵活地、融会贯通地加以运用。

在新的技术革命浪潮的影响下，当代社会科学综合化发展的趋势十分明显。这种趋势不仅表现为各门社会科学的相互交叉渗透，更表现为社会科学与自然科学、技术科学的相互交叉渗透，整个科学已日益形成为一个紧密相联的知识体系。寻求任何当代社会现象和社会问题的解决方案，都要求将一系列相关学科的知识结合起来，进行跨学科和多学科的综合研究。这种趋势，对图书馆学以巨大的冲击。图书馆界的许多人已强烈感受到：图书馆学落后于当代科学发展的潮流，很不适应时代的要求，正面临着严峻的挑战。要改变图书馆学的落后现状，必须从相关学科中吸取营养，必须改变图书馆人员的知识结构，必须培养和造就一大批具有新的知识结构的新型研究人才。实践已经表明：掌握相关学科的知识越多，知识面越广，越有可能在促进图书馆学和图书馆事业的发展方面作出贡献。无疑的，图书馆界的年青一代在这方面肩负着更大的历史重任，理应作出更大的贡献。

可见，弄清图书馆学的相关学科，对学好和用好图书馆学是重要的，对发展图书馆学就显得尤为迫切和必要了。

那么，有哪些学科与图书馆学相关呢？对这个问题，图书馆学界至今还没有一个统一的认识。这是由于图书馆学研究对象的复杂性和研究内容的丰富性和广泛性，使得人们从不同角度理解造成的，而当代科学综合化的发展趋势，更使得研究者难于得出一致的结论。

综合各家的看法，我们认为，与图书馆学相关的学科可以区分为三类：第一类是作为图书馆学理论基础的哲学；第二类是与图书馆学的研究内容相交叉或有近似之处的科学；第三类是图书馆学需要积极借鉴、引进和吸收理论、方法或技术的科学。下面，对与图书馆相关的主要科学或学科略加介绍。

一、马克思主义哲学

人们总要按照一定的世界观认识世界和改造世界，而哲学是关于世界观的学说，因此，任何科学都要受哲学的支配和影响。哲学与具体科学的关系，是共性与个性、指导与被指导的关系。

马克思主义哲学是马克思主义的三个组成部分之一，是全部马克思主义的哲学基础。这是关于自然界、人类社会和思维发展的最一般规律的科学，是最正确最革命的科学思想的结晶，因而就成为无产阶级的世界观，是我们认识世界和改造世界最锐利的思想武器。要建设具有中国特色的科学的图书馆学，就必须以马克思主义哲学为理论基础，而不能以别的哲学思想为理论基础。这是坚持图书馆学研究的正确方向的问题，我们绝不能有丝毫动摇。

以马克思主义哲学为理论基础，是要求我们在图书馆学研究中，运用辩证唯物主义和历史唯物主义的立场和观点去观察、分析问题，是要将图书馆学的基本理论建立在马克思主义哲学基本原则的基础之上，并非让我们照搬照抄马克思主义哲学的词句。

建国以来，我国图书馆学界是自觉地努力这样做的。例如，关于图书馆学的研究对象问题，刘国钧先生就力图运用历史唯物主义的观点，将图书馆作为一种社会生活现象，置于人类历史发展的长河中加以考察，认为图书馆学是"研究图书馆事业的性质和规律及其各个组成要素的性质和规律的科学"，从而改造了他倡导过的"要素说"；以后，一些同志又运用马克思主义哲学的有关原理，分析图书馆工作的基本矛盾或图书馆内部运动的必然性，先后提出了"矛盾说"和"规律说"；近年来，不少同志不同意以波普的"世界3"哲学思想作为图书馆学的理论基础，而坚持运用马克思主义哲学关于物质与精神的基本原理和辩证唯物主义认识论为指导，来揭示图书馆活动的本质，提出了"交流说"和"知识说"，等等。上述研究成果虽然还不能被公认为是真理,但对推动图书馆学研究的不断深入和促进图书馆学理论的提高和发展,无疑都是有益的。尤其是这些同志努力坚持图书馆学研究正确方向的治学态度,更是值得我们初学者学习的。

一、图书学

在我国古代,图书学的一部分内容,即版本学、校雠学就取得了"显学"的地位。近代以来,图书学的范围大为扩展了,现正逐步发展成为一系列研究图书的学科的总称。它的内容有:图书的本质属性和作用机理,图书的运动规律,图书的类型和形式,图书的版本和装帧、校勘和改订,图书的出版和发行过程,图书的保护技术,以及书史研究等等。

图书是图书馆的物质基础,图书馆工作离不开图书,图书馆员要了解图书,图书馆学与图书学的关系也就很密切了。表现在:

1. 二者的一部分内容相交叉。例如,要揭示图书馆的本质特性和功能,也要研究图书的本质属性和作用机理。

2. 图书馆学要运用图书学的有关理论、方法和技术。例如,图书类型、形式和保护技术的研究成果,可以充实藏书建设的内容;研究古籍加工和整理问题,需要掌握版本学和校雠学的知识;而研究图书(文献)运用规律的方法,也在图书馆学研究中得到了广泛运用。

3. 图书学的有关内容对图书馆学具有借鉴和促进作用。例如,图书出版和发行过程的研究,对图书馆学就具有借鉴作用;而书史的研究,又促进了图书馆事业史研究的不断深入。

尽管如此,二者的研究对象和性质毕竟不同,它们已发展成为两门相对独立的科学。这种又分化、又综合的现象在当代科学中是普遍存在的。

三、目录学

在图书馆工作中，最先发展和逐步完善起来的一部分内容是目录工作，因此，目录学的历史是久远的。目录学是研究目录及其编制与组织的理论、方法和技术的一门学科。

图书馆与目录是密不可分的：从图书搜集、整理加工，一直到宣传推荐、检索提供，在图书馆工作的每一个环节都要应用目录。因此，图书馆学和目录学的关系是非常密切的。

对于图书馆学与目录学的关系，有三种不同的认识：

一种认为：二者是从属关系，目录学从属于图书馆学，是图书馆学中可以独立出来的一门应用性和技术性的分支学科。

第二种认为：二者是互有交叉、互相影响、互为依存的关系，但仍然是两门各自独立的科学。

第三种认为：图书馆学和目录学都应当包括到一门更大的科学范围之内，这门科学的名称，有的叫"文化学"，有的叫"知识学"，还有的称"信息交流学"，等等。

虽然存在以上分歧，但图书馆学界一致的认识都是：图书馆学和目录学是紧密相关的。

四、情报学

"情报学——情报的功能、结构、传递的研究和情报系统管理的研究"（ISO/DIS5127/1.2情报与文献工作词汇）。这是在本世纪四十年代后期逐步发展起来的一门新兴的边缘科学。

书刊文献是科学情报的主要来源，而图书馆又不仅是文化、教育机关，也是当代社会的一种重要的情报机构，因此，图书馆学与情报学关系密切。

但对二者究属何种关系，则有不同的看法。

其一认为：二者在理论、方法和技术方面，有许多交叉和相同之处,但二者的研究对象、研究范围和研究内容又不尽相同,因此,图书馆学和情报学是两门各自独立的亲缘学科。情报学是在图书馆学的基础之上发展起来的,它较早、较多地吸收了一些新兴科学技术的研究成果(例如,系统科学、计算机技术、通讯技术等)。因而图书馆学科能从情报学中吸取营养,以求得自身的更快发展。例如,关于情报属性和结构的研究,可以使我们对文献和图书馆的性质有新的认识;对情报用户需求的研究,又可以为图书馆读者研究另辟蹊径和增添新的内容;关于情报系统设计的理论和方法,对研究图书馆事业的建设和管理也富有启示作用,等等。另一方面,情报学同样离不开图书馆学的帮助。例如,关于情报的处理和分析的方法与技术,就是在吸收图书搜集、加工和保管的理论、方法的基础之上发展起来的。作为两门关系密切的兄弟学科,图书馆学与情报学可以互相借鉴和学习,共同提高。

其二认为:图书馆是情报机构的保管部门,图书馆学只是对手工操作的图书馆工作的归纳和总结,因此,情报学(或称情报科学)包括甚至可以取代图书馆学。

其三认为:二者都应当属于更大的"信息科学"的范围之内。

我们认为:第一种看法较符合实际,较富有说服能力。图书馆学界大多数人也是赞同这种看法的。

五、社会学

社会学是研究社会整体和社会的各种具体问题的科学。

为什么图书馆学与社会学密切相关呢? 这是因为:图书馆是一种复杂的社会机构,图书馆活动是人类社会活动中的重要环节,而读者和图书馆员又都是"社会人",因此,图书馆事业的发展,图书馆活动的变化,读者的阅读需求和图书馆员的工作,都要受社会环节的制约,要受到经济、政治、科学、文化、风俗、习惯、民族、历史传统等多种社会因素的极大影响。研究图书馆及其活动的主体,就要将它们置于整个社会之中,加以辩证的、历史的考察,才能揭示其中的本质联系及其发展变化的客观规律。由于上述缘故,社会学的有关理论、具体资料和研究方法,就被借鉴和吸收到图书馆学中来了,早在本世纪三十年代,国外就有人在这方面取得了很好的研究成果。近几年来。我国一些同志也在积极倡导图书馆学与社会学相结合,努力开拓"图书馆社会学"、"阅读社会学"等新的研究领域。这一类研究成果是值得我们认真学习和参考的。

六、教育学

教育学是研究教育现象及其规律的科学。图书馆是重要的教育机构,是培养人才的场所,图书馆员也就应当是人类灵魂工程师性质的教育工作者。因此,图书馆学就要研究如何发挥图书馆教育职能的问题,以及图书馆自身的合格人才的培养问题。这些问题的研究,都需要借助于教育学的基本原理和方法,从而促使图书馆学与教育学相结合。

图书馆具有不同于其它教育机关的特点。图书馆员是在借阅书刊、宣传推荐、指导阅读、解答咨询以及其它各项读者服务工作过程中,对读者施以教育影响的,甚至图书馆的环境,对读者也具有潜移默化的教育作用。因此,对图书馆的教育过程,应当从更广泛的范围去认识。同时,还要考虑到读者类型的多样性和情况的千差万别,以及不同地区、不同类型和不同条件图书馆的情况。因此,对图书馆教育课题的研究,内容将是丰富而复杂的。随着这方面研究的不断深入,可以预料,将会在图书馆学与教育学的交叉部分,产生一门新的分支学科——图书馆教育学。

七、心理学

心理学是研究人的心理现象和心理活动规律的科学。在当代,心理学被广泛应用于各个领域,同样,心理学也被引进到图书馆学研究领域中来了。这表现在:图书馆学界的一些人,运用心理学的基本理论和方法,来研究读者阅读需求和阅读过程中的心理活动。研究的任务和目的,是要揭示读者在产生阅读需要和进行阅读过程中的心理特点和心理活动规律,从而按照人的心理活动的特点和规律来开展读者服务。

恩格斯指出:思维着的精神是"地球上最美的花朵"(《马恩选集》第五卷第 462 页)。因此,这方面的研究不能不涉及多方面的内容。例如:①读者阅读需求的本质;②读者阅读需求和阅读过程中的心理现象(需要、动机、情感等);③读者在借阅活动中的认识过程(感觉、知觉、记忆、思维、想象等);④不同类型读者的个性对阅读需求和阅读行为的影响;⑤读者服务工作中的心理交流。

这方面的研究不仅对提高图书馆的读者工作水平具有实际指导意义,而且对丰富和提高图书馆学具有极大价值。有人预料,只要我们图书馆学界继续努力探索,可望导致产生一门新的边缘学科——读者心理学。

八、管理科学

"管理"这个概念早在十九世纪就引进到图书馆学中来了;二十世纪初期,在英、美、法等国,"图书馆管理学"甚至成为"图书馆学"的代名词。可见,图书馆学界的有识之士从一开始就认识到:图书馆学是与研究管理的科学密切相关的。

为什么呢? 马克思深刻地指出:"一切规模较大的社会劳动或共同劳动,都或多或少地需要指挥","一个单独的提琴手是自己指挥自己,一个乐队就需要一个乐队指挥"(《马恩全集》第 23卷第 367 页)。这说明,管理是调节共同劳动的必要职能,是保证社会劳动顺利进行的基本条件。当代图书馆事业和图书馆工作更加复杂化了,不实行科学的管理,必导致分散、重复、浪费和混乱,其后果是不堪设想的。

管理科学是在科学管理理论基础之上发展起来的。在管理科学中,管理是指人们在认识事物客观规律的基础上,对某一机构、某项工作或事业而进行的下列活动——决策和计划、组织和指挥、控制和协调、监督和鼓励。管理的目的,是要有效地利用人力、财力和物力,促进各部分之间的最佳配合,使工作顺利进行,事业更好地发展,以达到人们预期的目标。各项工作和事业都需要管理科学的帮助。

然而,在我国图书馆界,有许多人至今仍用传统的概念来理解"管理"的含义,即把"图书馆管理"仅仅看作是从事搜集、分编、借阅等项具体的图书馆工作。这是造成我国图书馆事业和图书馆工作落后的重要原因。因此,加强对图书馆科学管理的研究,是我国图书馆学界的一项重大任务。这方面的问题很多。例如:我国图书馆事业怎样规划建设,图书馆的立法和各项规章制度怎样制定;各类型图书馆之间,以及图书馆与情报、档案、出版、发行部门之间,怎样合理分工协作;图书馆人员怎样配置,工作流程怎样划分,内部机构怎样组织;要不要制订图书馆工作的定额指标,图书馆工作的效率和效益有无科学的测度标准,等等。由此可见,建立起一门科学的体系完整的"图书馆管理学",还有待我们大家艰苦努力。

九、计算机技术

计算机技术的迅速发展和广泛应用,是"新技术革命"的重要内容,是"信息化时代"的重要标志。而图书馆的现代化,也是以实现图书馆工作计算机化为中心的。

所谓图书馆工作计算机化,是指在图书馆各个主要工作环节都应用计算机(大型机、小型机、微型机),从而实现图书馆工作和图书馆管理自动化。这主要包括:①利用计算机自动采购;②利用计算机自动编目;③利用计算机自动编辑出版文摘、索引;④利用计算机自动检索文献;⑤利用计算机自动借阅书刊;⑥利用计算机实现图书馆自动管理;⑦计算机技术与现代化通讯技术相结合,实现地区性和全国性图书馆自动网络化,并与国际上著名的图书情报网络系统相联结。

图书馆工作自动化,显然是当代图书馆学中最重大的研究课题。研究这个课题,需要将传统的图书馆学的理论和方法与现代化的计算机技术相结合。国内外在这方面的实践表明:如果图书馆学家能够学习和掌握有关计算机技术的知识,往往能取得更佳的研究成果和应用效果。有关的知识要有:计算机硬件知识、程序设计知识、计算机语言,等等。

为了使图书馆学赶上当代科学发展的潮流,为了加快实现我国图书馆现代化,我们每一个图书馆员都应当学习和掌握有关计算机技术的知识。

除上述与图书馆学相关的学科外,逻辑学、美学、政治经济学、文学、历史、语言学,以及数学和系统科学等,也都是与图书馆学相关的。对其中的一些科学,我们在下一节中再加介绍。

第二节　图书馆学的研究方法

做任何事情都要讲究方法,科学研究是一项复杂的科学劳动,更要讲究科学的方法,图书馆学研究也不例外。

科学的研究方法,是研究者开启科学大门的钥匙,是人们认识"未知"、发现真理的手段,又是运用智慧的技巧,揭示科学之谜的艺术。凡有成就的科学家,无不得力于掌握科学的研究方法。爱因斯坦就写过一个公式:

$$A = X + Y + Z$$

A 代表成功,X 代表艰苦的劳动,Y 代表正确的方法,Z 表示少说空话。

掌握了科学的研究方法,研究者就会如鱼得水、如鸟添翼。十九世纪的法国科学家贝尔纳说得好:"良好的方法能使我们更好地发挥运用天赋的才能,而拙劣的方法则可能阻碍才能的发挥。"(《科学研究的方法论》第11页,科学出版社,1982年)

没有正确的研究方法,就会在科学大道上误入歧途。正如恩格斯所说:"从歪曲的、片面的、错误的前提出发,循着错误的、弯曲的、不可靠的途径行进,往往当真理碰到鼻尖上的时候还是没有得到真理。"(《自然辩证法》)

科学的进步是与研究方法的发展同步的。科学的研究方法是科学研究顺利进行的必要条件,是促进科学发展的基本保证;而具有自己独特的研究方法,又是一门科学跻身于科学之林的重要标志。为了加快图书馆学的提高和发展,我们不仅要掌握已有的研究方法,更要加强图书馆学方法的研究。须知,这方面的研究还是十分薄弱的。

下面,我们将图书馆学的研究方法加以总结,按照根本方法、一般方法、专门方法和新的研究方法这四个层次,择其主要者,简介如下:

一、图书馆学研究的根本方法

所谓根本方法,是指人们认识世界和改造世界普遍适用的方法。根本方法又是一般研究方法和各种具体的研究方法的基础,因此,它又是科学研究的方法论。根本方法取决于世界观,二者是统一的。马克思主义哲学是图书馆学的理论基础,也就是图书馆学研究的根本方法。

运用马克思主义哲学的根本方法,首先要坚持"实践性"的观点。图书馆学的理论来源于图书馆的实际,是图书馆实践的高度概括和科学总结,因而又高于实践,因此,我们既要反对脱离图书馆实践的、故弄玄虚的所谓图书馆学"理论",又要反对轻视甚至否定图书馆学科学理论的倾向。这后一种倾向在部分图书馆工作人员中是确实存在的,这有害于图书馆学提高,也阻碍了图书馆事业和图书馆工作的发展。初探图书馆学科研大门的同志,从一开始就要树立为促进我国图书馆的发展而搞研究的思想,立足本职,研究与工作相结合,善于总结实际工作经验,然后逐步提高,不断攀登图书馆学的理论高峰。

我们还要按照实事求是、一切从实际出发的观点,在图书馆学研究中,要从我国图书馆的实际情况出发,加强调查研究,既要着眼于当前的条件,又要考虑长远的发展,时刻莫忘中国的国情,时刻莫忘建设具有中国特色的图书馆学,在具体课题的研究中,要坚持客观地、历史地、全面地、辩证地看问题。例如,对我国过去的图书馆学遗产,对国外的图书馆学成果,都要认真分析,取其精华、弃其糟粕,批判地加以继承。"左"的全盘否定的倾向必须坚决反对,过分迷信、全盘接受的做法也应当防止。

在图书馆学研究中,只要我们坚持马克思主义哲学的根本方法,就能保证我国图书馆学健康地顺利地发展。

二、图书馆学研究的一般方法

所谓一般方法,是指在许多学科中都适用的研究方法。这些方法是各个学科的科研人员在长期研究实践中共同创造的,其中也有图书馆学家的功劳。

一般方法很多,包括观察、实验、调查、模拟,以及逻辑思维的分析、比较、综合、抽象、假设、归纳、演绎等等。这些方法在图书馆学研究中都得到了应用,限于篇幅,我们不能一一介绍。下面只介绍观察和调查两种。

1. 观察

进行图书馆学研究,也要首先搜集材料。观察,就是搜集现实活动中的材料的一种有效方法。

　　进行观察,十分灵活、自由,事先不确定固定的观察对象,图书馆员可以在工作中随时进行,看似无心,实是有意,了解的情况更为真实、生动。可以观察读者在图书馆活动中的各种表现,也可以与读者个别交谈,听取读者的反映。特别要注意观察那些"特殊"现象。例如,来馆读者突然增多或减少,有特殊兴趣和爱好的读者的阅读行为,几乎每天按时来馆的读者等等。只要我们随时留心,仔细观察,将观察到的情况及时记录下来,并加以分析,就能搜集到大量可供研究的生动材料。

　　2. 调查

　　进行调查,是社会科学各个学科普遍采用的研究方法,因为通过调查,能搜集到大量生动、形象、真实、新颖的第一手材料。

　　调查的方法很多,归纳起来有典型调查、抽样调查和普遍调查这三种。无论采用何种方法调查,目的明确,针对性要强,还要事先作好准备(包括准备好调查的问题或拟好调查提纲、选择好调查对象等),因而能与从事具体课题的研究更好地结合起来,获取更佳的研究成果。

　　我国图书馆界常用的调查方法是召开读者座谈会、个别访问个人或集体读者。这两种方法都是典型调查,优点是工作量小,容易进行,但搜集的材料往往不够丰富、全面。近几年来,我国一些图书情报单位又采用发调查表的方式,进行大规模的抽样调查或普遍调查,从而能够调查得更深入,了解的情况更全面,搜集的材料更丰富了。例如,1981 年 6 月至 1982 年 9 月,吉林省图书馆研究辅导部组织了近 900 名图书馆工作者,对全省各类型 8,538 名读者进行了一次大规模调查,并于 1983 年 12 月出版了《对图书馆8,538 名读者的调查与分析》的调查报告。像这样大规模的深入调查,在我国图书馆界是首次。他们提供的调查报告,本身就是一份有价值的科研成果,又为进一步开展研究提供了丰富而翔实的珍贵材料。这对于改变我国图书馆工作与社会需要脱节、图书馆学研究脱离实际的不良倾向,促进图书馆工作和图书馆学的提高与发展,无疑都是有益的,值得大力提倡。

三、图书馆学研究的专门方法

图书馆学有没有专门的研究方法?只要我们对"专门"与"一般"不作形而上学的理解,就能作出肯定的回答。须知,所谓"只此一家,别无分号"的专门方法,在任何学科中几乎是不存在的。

图书馆学研究的专门方法,是指那些图书馆学家对其创造和完善贡献较大,在图书馆学研究中被广泛地、经常地应用的方法。试举例如下:

1. 查找和积累资料的方法

文献资料是科学研究必不可少的材料来源,在某些科学领域,查找和积累资料,甚至就是创造研究成果的过程。因此,学会查找和积累资料,是重要的科学研究方法,是科研人员的一项必备的基本功,对哲学、社会科学领域来说,尤其是这样。

图书馆学领域的研究者,比其它学科的研究人员更重视、也更善于查找和积累资料。原因是:通过长期的图书馆工作实践,图书馆学家总结出了一套相当完整而科学的查找和积累资料的理论和方法。这些既成为图书馆学这一学科体系内的重要内容,又成为继续开展图书馆学研究的科学方法。这是图书馆学家和广大图书馆工作者在科学方法学领域所作出的一项重大贡献。

怎样查找资料?研究图书馆学的人一般都特别会利用各种检索工具,而且能根据具体研究任务的需要去查找,因而能查得又多、又快、又准。

怎样积累资料?研究图书馆学的人又往往更精通科学阅读之道。首先,他们能遵循区别对待、循序渐进、由浅入深的原则,采用浏览、粗读、精读等不同的阅读方法,或了解大概,或掌握要领,或

144

咀嚼消化，从而能读得又多、又快、又好。然后，他们就对阅读过的资料加以整理。整理的方法也是多种多样的，有编制卡片式目录和索引、剪辑资料、摘录、做提要和文摘、写读书笔记等。这样，不仅将搜集和阅读过的资料组织成了便于经常利用的文献资料档，而且将资料中的有用知识和阅读中的点滴收获记录下来，组织成了条理化的材料库。这对于研究和写作，无疑是极为有用的工具和宝库。

2. 分类研究的方法

图书馆学分类研究的方法，是在依据人类思维的逻辑规律，把握事物之间的辩证联系，总结图书分类工作的经验的基础之上，而形成的一种科学的研究方法。分类研究是在掌握了大量具体事实材料之后进行的。它要先分析事物的异同，从而将不同的事物区分开来，将相同的事物集合起来，归并成同一"类型"；然后，对不同"类型"事物的特性和同一"类型"事物的共性，进行深入的研究。这种研究方法，能够更深刻地揭示事物的本质属性。

分类研究在图书馆学中是大量的、经常的被采用的。例如，对不同类型的图书馆分别研究，正逐步形成"专门图书馆学"；对不同类型的文献（图书、期刊、特种文献资料等）进行研究，有人称之为"文献类型学"；此外，还可以对读者进行分类研究，即研究不同类型的读者，等等。

我们认为：分类研究是推动图书馆学研究逐步深入，促使图书馆学内容不断充实、丰富的好方法。

3. 摘要和述评研究法

在我国古代，就有重视摘抄书籍和编写书的提要的优良传统。现代图书馆工作继承了这一传统，逐步形成了一套编写文摘、提要和综述的科学原理和方法。把这些原理和方法应用于学术研究，就是摘要和述评研究法。

在图书馆学研究中应用这种方法，是对古今中外已有的图书馆学研究成果,先摘其要点客观地加以介绍,再运用马克思主义观点实事求是地加以评述。像这样的图书馆学论著是屡见不鲜的。例如,张树华、邵巍同志的《三十五年来我国图书馆学基础理论研究的进展情况和发展趋势》、庄义逊同志的《图书馆学的哲学研究述评》、周文骏同志的《概论图书馆学》等等(均见中国图书馆学会基础理论组编《图书馆学基础理论论文集》,1985年版),都属于此类。

摘要和述评研究法,符合马克思主义关于正确对待人类文化遗产的观点。在当前我国图书馆学基础理论还比较薄弱的情况下,大力提倡这种研究方法,就显得特别必要和有益了。

除上述方法外,图书馆学研究的专门方法还有各项业务活动记录分析法,如藏书登录分析法、读者登记分析法、借阅记录分析法等。

四、图书馆学研究的新方法

在"新的技术革命"浪潮的影响下,各种新的研究方法不断向图书馆学领域渗透。每一种新的研究方法的成功运用,都使图书馆学取得新的突破。新的方法多不胜举,我们仅介绍以下四种:

1.系统方法

在系统科学中,把复杂的研究对象称为"系统"——它是由若干相互作用、相互依赖的组成部分结合而成的具有特定功能的有机整体,而它又是从属于一个更大系统的子系统。系统科学坚持用系统的整体性及系统之间关联性的观点,来观察和分析问题,是符合辩证唯物主义原理的,因而是一种科学的理论。系统科学又运用系统工程的方法,来寻求规划和设计系统的最优方案,从而又为人们解决复杂问题提供了一种科学方法。系统方法在科学研究领域中取得了广泛的应用。

运用系统方法研究图书馆,也要把它看作是一个复杂的、开放性的人工系统,是由若干个子系统组成的具有特定功能的有机整体,包括文献搜集子系统、文献加工子系统、文献贮存子系统、文献检索子系统、文献提供子系统和运营管理子系统。这些子系统相互配合、相互依赖,共同完成为社会提供知识与情报保障的特定功能。同时,图书馆系统又是社会情报系统中的一个分系统,而情报系统则是社会巨系统中的一个子系统,如此等等。运用系统方法进行分析,我们就能更加清楚地了解图书馆内部结构的复杂性和外部联系的多面性,从而能够从多层次、多角度进行综合研究,更深刻地揭示图书馆的本质属性和运动规律。同时,当我们在寻求任何图书馆问题的解决方案时,也就不会去追求某一子系统最优的片面目标,而会从各部分之间有机相联、配合协调的整体的高度,力求达到系统整体性能最优的目标。这将能使我们在图书馆学研究中,提出更加科学化的理论、更加合理化的方法、更加实际化的技术,图书馆学的作用就将极大地增强,威望也会极大地提高。

2. 数学方法

数学是研究空间形式和数量关系的科学。图书馆作为一种社会机构,总要在一定的空间形式中存在,图书馆的各项活动也要以一定的数量关系表现出来,因此,进行图书馆学研究,就要在定性分析的基础上作定量分析,这就要运用数学方法。

研究图书馆学的许多问题,都需要数学的帮助。例如,设计藏书建设的最佳方案,需要确定合理入藏量和复本率;改进借阅工作,就要计算流通量和拒借率;评价文献检索的效果,要以查全率和查准率作为主要指标。

运用数学方法研究图书馆学,英、美两国开展得较早。其中显著的成果,是初步建立起了一门新的分支学科——文献计量学。文献计量学通过研究有关文献的数量变化,以及文献数量的相互关系,不仅能揭示文献发展变化的某些特点和规律,而且能作为衡量科学家的成就和科学发展水平的可靠标尺,从而为改进图书馆工作和科学管理提供依据。这就说明,数学方法是研究图书馆学的一种有效方法。

近几年来,我国图书馆学界也开始重视运用数学,并呼吁为更好地运用数学,要建立健全我国图书馆的统计制度。这是可喜的现象,是我国图书馆学进步的表现。当然,图书馆活动是一项十分复杂的社会活动,目前运用数学研究,在许多方面还显得软弱无力。但是,图书馆学与数学相结合是不可逆转的。因为马克思早就指出:一种科学只有成功地运用数学时,才算达到了真正完善的地步。

图书馆学还远未达到真正"完善"的地步,因此我们应当更加努力地争取"成功地"运用数学。

3. 移植法

移植法是一种借它山之石,以构筑自己的科学大厦的研究方法,即借鉴、吸收和运用相关科学的理论、方法及技术,来研究本科学的有关问题。移植法研究对促进图书馆学发展发挥了显著作用,因此,开拓出不少新的研究领域,取得了许多有益的成果。我们不应当浅尝辄止,而应当坚持运用移植法,在新开辟的交叉研究领域深入探索下去,使图书馆学与相关学科更紧密地结合在一起。

4. 开拓法

所谓开拓法,是指去研究科学领域的"无人区"。这种"无人区",或者是新的研究领域,或者是新出现的问题,或者是前人很少探索的课题,或者是至今还十分薄弱的环节,等等,像这样的"无人区"在图书馆学领域是多不胜举的。

图书馆学领域的"无人区",由于还没有人研究或很少有人研究,因而成果较少,甚至是一片空白,与研究图书馆学领域的"繁华区"相比,开拓"无人区"缺乏可靠借鉴的资料,确有一定的难度,但是,也无人阻挡,研究者更易于施展才华。它犹如丰腴的处女地,等待着勇敢的拓荒者。只要他不畏艰苦,辛勤耕耘,就能从中收获丰硕的成果。

科学研究就是一项开拓性的艰苦活动。对从事科学研究的艰巨性,马克思谆谆告诫说:

"在科学上面是没有平坦的大道可走的,只有在那崎岖小路的攀登上不畏劳苦的人,有希望到达光辉的顶点。"(《"资本论"法文本的序和跋》)

有志于在图书馆学领域一显身手的研究者,为了我国图书馆学和图书馆事业的发展,勇敢地开拓,不畏劳苦地去攀登吧!

第八章 中国古代图书馆学思想发展概述

作为整理和传播文化典籍的古代图书馆,在我国已有三千多年的悠久历史。它从无到有,从简单到健全,走过了由低级向高级发展的里程。在变革图书馆的长期的实践活动中,人们头脑里逐渐产生对这一客观事物的反映,这种思维也经历了由浅入深、由表及里的认识发展进程。中国图书馆学思想资料,无论是文献的连续性和完整性,还是其表现形式的多样性、思想内容的丰富性,都是值得我们认真地加以总结的。

第一节 图书馆学知识的萌芽和积累

我国图书馆学知识的萌芽和积累,起于殷周而讫于唐,历时约二千年。其间出现三个发展阶段:先秦,人们的认识成果只表现在文献的零散的简单记载;两汉,人们的认识进步了,表现出较全面的简单记载,并由记载性文献过渡到编述性文献;魏晋南北朝至隋唐,由对图书馆的局部知识的论述,发展到对图书馆的整体观念的表述。

一、先秦时期

中国古代图书馆,起始于王室之"藏室";我国图书馆学思想进程,应当是从殷周发轫的。

殷商之时,奴隶制社会比较发达,商文化也比夏代进步得多。所以,商统治者俱设史官以执掌典籍。出土的殷墟甲骨,有"作册"之"史"的记载。殷末,殷王室史官见纣王残暴迷乱,于是"载其图法,出亡之周"(《吕氏春秋·先识》)。周人迁到此山之后,便"实始翦商"(《诗·鲁颂》),劫夺并抄袭殷人的文化,还从征战中俘获殷史官及其所掌"典册"(《左传·定公四年》)。人们已经认识到,应当通过典籍而吸取先人和同代人的经验和智慧。但是,由于当时图书馆即"藏室"十分简陋,以及其他条件不成熟,所以人们还不可能直接用文字反映自己对它的认识。

《尚书·金縢》对周初王室"藏室"的活动有简单记载。通过"金縢",我们可以粗略地了解周初"藏室"之一般。随着生产的发展,周代国家的政治社会活动日益频繁,记载这些活动的典籍与利用这些典籍的活动也相应增多,而且出现了西周官守其书,以书执政的局面。《周礼》(即《周官》)一书,不仅大量记载了这种情况,尤其反映出该书作者对周代图书馆的基本认识。《周礼》提出了"藏"的概念,书中几乎每一官职,都收藏执掌职权范围的典籍。所以,清人阮元说:"《周官》诸府掌官契以治藏,《史记》老子为周守藏室之史,藏书曰'藏',古矣。"(《杭州灵隐书藏记》)《周礼》还提出"辟藏"的概念。"辟",在这里是启、开取的意思。有"藏"必有"辟藏"。这种"辟藏说"是我国早期的图书馆观念。《周礼》还明确提出了古代图书馆的社会职能问题。西周"藏室"皆设于周天子的国家中央机构内,并为其组成部分,它的社会职能是稽考国务之疑难。所以谓之"治考"、"以考政事"。《周礼》的记载,还反映了图书分类、图书典藏、图书传播的思想的萌芽。

春秋伊始,封建生产关系的幼芽,伴随社会生产力的进步破土而出,维护旧制度与建立新制度的斗争双方,都乞求于思想武库。诸侯王国打破了周王室垄断典籍的局面,纷纷设史官,藏典册。春秋时代图书馆的发展,促进了人们对图书馆认识的进步。孔子"西观周室",到周王室图书馆查阅文献;"问礼于老子",向周王室图书馆长老聘请教。孔子还发动他的学生向各诸侯国访求图书,终于"得百二十国宝书"。春秋时代,反映了当时少数人利用图书馆的情况。

战国诸子争鸣,学派蜂起,私人开始藏书,人们对图书馆获得了新的认识。在《荀子·荣辱》中,对诸侯以下的官吏图书馆有过简明记载。他认为,这种图书馆利用典籍的特征,是"谨守其数,慎不敢损益";其藏书的传播范围,只在贵族内部"父子相传";藏书目的,则在于"以持王公",使他们懂得统治的方法,借以延续他们的政治权利。尤其可贵的是,荀子提出"三代虽亡,治法犹存"的思想。这种"亡存说",朦胧地反映了人们对古代图书馆的历史作用的认识。集先秦思想之大成者韩非(约公元前280—前233年),是提倡私人藏书的。在《韩非子·喻老》中,他说:"知者不以言谈教,而慧者不以藏书箧,此世之所过也。"智慧者不说教、不藏书,这是世人所指责的。我们的古人在两千多年前,就知道私人藏书的重要,这是难能可贵的。

二、两汉时期

汉武帝下令全国征求图书,政府图书馆"百年之间,书积如丘山",我国古代图书馆的发展,从汉代起,进入一个新的阶段;人们对图书馆的认识,也有了长足的进步。西汉末期光禄大夫兼司籍刘向(公元前77—公元6年)及其子刘歆(约公元前53—公元23年)所撰《别录》、《七略》和东汉前期兰台令史兼司籍班固(公元32—92年)所撰《汉志》,是两汉政府图书馆发展的辉煌成果。尤其是《七略》和《汉志》,不仅详细地记载了政府图书馆藏书的校雠过程和办法,分类编目的体系与内容,而且比较全面地记载了当时图书馆的基本活动。如汉政府"建藏书之策",设外藏内府,以及

"献书"、"求书"、"校雠"、"写书"、"条其篇目"、"司籍"等活动内容。《七略》《汉志》不仅是中国古代目录学的辉煌成就,而且在中国图书馆学思想史上也有其重要的地位。

两汉又出现了图书馆学知识的早期的论述性专论。著名科学家张衡(公元78—139年)曾向东汉王朝申请当政府图书馆"东观"的"官守"。在《请专事东观收检遗文表》中,他认为图书馆可比于天地日月,"昭示万嗣,永永不朽"。

三、魏晋南北朝时期

图书馆藏书的校勘,从汉到晋梁诸朝,都受到重视。西晋秘书监荀勖(?—公元289年)在《让乐事表》中,说自己已"复校籍误十万余卷书"。在藏书的分类编目方面,魏秘书郎郑默《中经》改汉刘氏之"六分"为"四部",而宋之秘书丞王俭"又别撰《七志》",梁阮孝绪撰《七录》,隋秘书丞许善心复撰《七林》。到唐初,《隋志》推倒"七分",将"经史子集"四部分类体系再次确定下来。

四、隋唐

隋秘书监牛弘(公元545—610年)写《请开献书之路表》。"开献书之路"成为政府图书馆从民间征集图书的一种行之有效的办法,从汉初至清代,莫不仿效。该表第一次总结了春秋以来图书馆史上的"五厄"及其发生的原因。

唐之学者著述日益增多,抄书业和书肆的发展,以及雕版印刷的发明,为唐代图书馆的发展提供了物质条件;人们对图书馆的认识,也由局部知识向整体观念前进。著名政治家、秘书监魏征(公元580—643年)所撰《隋书经籍志总序》开宗明义提出:"夫经籍也者,机神之妙旨,圣哲之能事。所以经天地,纬阴阳,正纲纪,弘道德,显仁足以利物,藏用足以独善。"他从书籍的内涵和它的莫大威力出发,把图书馆看成人类智慧的宝库,变通世界的利器。魏征提出"藏用"的概念,他指出:"'不疾而速,不行而至'。今之所以知古,后之所以知今,其斯之谓也。"传递古今人类知识,则是图书馆的基本职能。在系统考察上古至唐初历代图书馆的建设和它的活动内容的发展之后,魏征进一步指出:"夫仁义礼智,所以治国也。方技数术,所以治身也。诸子经籍之鼓吹,文章乃政化之黼黻,皆为治之具也。"他把图书馆看成经世济民、治理国家的不可缺少的工具。魏征提出"藏用为治说",把一个图书馆的完全概念明晰表述出来。"藏用为治说",是先秦以来古代图书馆发展和人们对图书馆学的认识的总结。

等二节 经验图书馆学思想的形成

两宋是中国经验图书馆学思想形成的重要时期。随着科学文化的发展,我国人民推动整个人类历史进程的三大发明:火药、罗盘与活字印刷术诞生了;学术上集儒家之大成的程朱理学也问世了。宋代著述多至"非前代之所及"(《宋史·艺文志》),图书刻印业的发展,使"宋世民间文献远过汉唐"(胡应麟《经籍会通》)。因此,宋代图书馆得到大发展,政府、书院和私人等类型图书馆已经形成并日益发展,图书馆内部的购求、整理、流通和管理等各部门组织基本形成,一大批学者开展了图书馆学术活动。南宋初年的程俱、郑樵以及金代的孔天监是其代表人物。他们的贡献在于,对前代积累的图书馆学思想资料进行较为系统的总结,又根据图书馆活动的新经验,概括出初具图书馆学的科学内容,提出了"藏"的基本知识,为中国图书馆学的发展奠定了一个坚实的基础。

一、程俱

程俱(公元 1078—1144 年)"身出入麟台①者十四年",懂得图书馆在治理封建国家中的作用。公元 1131 年春,他第三次被宋王朝诏入秘书省,任南宋首任秘书少监,向最高统治者赵构撰进《麟台故事》,乞望朝廷照北宋"祖宗之制",复兴政府图书馆。在这部五卷十二篇的专著中,他系统地表述了自己的图书馆学思想,第一次对我国古代图书馆学的基本知识做了较为全面的概括。

程俱认为图书馆是十分重要的。他说,"典籍之府,宪章所由",而"千古治乱之道,并在其中矣"。把图书馆看成经世济民、治理国家的依据和先决条件。他认为图书馆是养育人才的场所,"祖宗以来,馆阁之职所,以养人才";认为图书馆"聚天下贤才长育成就","当有通明边防攻御之宜,国家利弊之要者然",视图书馆培养人才如同扞敌守土而关系国家利弊一样重要。他认为图书馆还在于资政参考,"复兴馆阁,国有大礼大事,于兹有考焉"。他建议应当像北宋时期那样,国家"有大典礼政事","则三馆之士,必令预议。如范仲淹议职田状,苏轼议贡举者"。这就是"合群英之议,考古今之宜"。程俱认为,图书馆就是"待贤隽而备讨论",为朝廷"深思治乱,指陈得失"的,政府图书馆应是朝廷的参谋部。此外,他认为利用国家藏书进行修纂工作也是政府图书馆的重要职能之一。

关于图书馆的基本内容,程俱在书中全面论及,他总结了北宋购求图书的许多方法。他认为校勘应当精详,并按"经史子集"四部类分图书。他主张按图书的内容、使用范围和图书的类型而分别典藏。对图书的利用,他认为除供朝廷国务参考外,应允许官员

---

① 麟台,唐武则天改秘书省为麟台,即其政府图书馆。这里借指北宋政府图书馆,即"三馆秘阁"。

私借,但必须加强管理。

程俱专门探讨了图书馆馆址选择、馆舍的设计和建筑问题,提出馆舍应方便实用的思想。

程俱作为朝廷秘书少监,十分重视图书馆"馆职"即工作人员的管理。他阐述了图书馆官职的职责、选拔和升降的规定。提出"馆职"的选拔"必试而后命"的主张,认为"为众所推者召试",并"选其文行卓然者取","浮薄之人"不录,而"名实相称者居之",还反对"假借等第",抵制"以恩求试职",也就是不许开后门。程俱把"馆职"的优劣看成复兴图书馆的一个关键性问题。

《麟台故事》作为政策性的意见书,不仅为朝廷"既略施行"(陈振孙:《直斋书录解题》),而且南宋朝廷又下诏秘书省重行之。南宋历史家李焘确认:"六龙驻跸临安踰四十年,三省枢密院制度当稽复旧。惟三馆秘阁,岿然杰出,非百司比。"(《南宋馆阁录·序》)可见成就卓著。清高宗弘历曾高度赞扬程俱此书,并谕示清政府图书馆"文渊阁"也"设官兼掌,以副其实,自宜酌衷宋制"(《乾隆四十一年六月初一谕》)。足见程俱图书馆学思想的影响。

二、郑樵

南宋著名藏书家、学问家郑樵(公元1104—1162年)"三十年著书,十年搜访图书"。他在长期收集、整理和利用图书的过程中,逐渐领会和掌握了图书馆学的基本知识,并应用于治学之中。

郑樵在《通志》中阐述了他的图书馆学思想。首先,他认为图书馆领域的知识是"天下之大学术"。明确地把图书馆学列为一门学问,是郑樵的卓越创见。

郑樵这样写道:"册府之藏,不患无书;校雠之司,未闻其法。欲三馆无素餐之人,四库无蠹鱼之简;千章万卷,日见流通;故作《校雠略》。"这段话,是郑樵图书馆学思想的总纲。郑樵是以藏书的整理为核心,以"流通"为目的,来描述他的图书馆学思想的。

郑樵第一次使用了"流通"概念,并围绕"流通"这一目的展开他的图书馆学"整理说"。他提出的"求书八道"以及"五条注意",为明清两代著名图书馆学者所推崇。

关于藏书整理,郑樵称之为校雠,包括"校书"、"类书"和"编次"这三件事。他把书籍亡佚,类目混乱,都归咎于校雠不精、校雠不力。因此,他提出校雠之官,一要专任,二要久任。这是他的切身体会,是其精到见解。清人章学诚赞扬他"真得校雠之要义矣"(《校雠通义·内编第七》)。

郑樵首次论及分类编目的目的和意义。他说:"类例分,则百家九流,各有条理","学术自明,以其先后本末俱在。"郑樵还说:"古人编书,必究本末。上有源流,下有沿袭。故学者亦易学,求者亦易求。"根据这些正确的认识,郑樵提出许多科学可行的分类和编目的方法原则。对此,直到今天,蒋元卿先生仍言其"十分精深"(《中国图书分类之沿革》)。

三、孔天监

在唐宋图书馆学思想的影响下,金人孔天监别开生面、独树一帜,在《藏书记》中提出建公共书楼之议,真可谓一大发明。

孔天监认为,"虽家置书楼,人蓄文库",而量民间"受乏之士,有志而无书"。而公共书楼一旦建成,就像久渴者游泳于江水之中,饥饿者享用国家仓廪之粟一样,"书林学海,览华实而操源流,给其无穷之取、而尽读其未见之书、各足其才分之所当得"。他指出:"噫!是举也,不但便于己,盖以便于众;不特用于今,亦将传于后也。"他还设想,若各地"视而仿之,慕而效之",则公共书楼"蔚然礼义之乡,其为善利,岂易量哉?"其社会效果是无法估量的。

孔天监在十二—十三世纪之际,提出公共图书馆思想,这是十分宝贵的。但是,在当时社会生产力和社会的知识水平下,这一理想是难以普遍实现的。

第三节 经验图书馆学思想的发展

从明至清,我国经验图书馆学思想得到了进一步的发展。

一、邱浚

邱浚(公元 1420—1495 年),明朝廷礼部尚书兼文渊阁大学士。他面对明代前期政府图书馆衰落状况,给朝廷上疏说:"今内阁所藏,不能计一,数十年来,在内者未闻有所考校,在外者未闻有所购求,臣恐数十年之后,日渐损耗,失今不为整治,将有后时无及之悔。"(《访求遗书疏》)于是,他便博采群书典故,全面总结先秦至宋历代政府图书馆建设的经验和教训,于 1487 年前后,向明王朝撰进《论图籍之储》,接着又上《访求遗书疏》,全面地提出了整治明政府图书馆的意见,系统地表达了他的图书馆学思想。

邱浚比较客观地论述了图书馆的社会意义。他认定办好图书馆是"治国平天下"之"切要之务"。他认识到图书馆藏书是人类千万年认识世界的结晶,"非一人之事,亦非一日可成,累千百人之见,积千万年之久,而后备具者也"。他还把图书模糊地看成载体:"书之在天下,乃自古圣帝明王精神心术之所寓,天地、古今、生人、物类、义理、政治之所存。"他把图书、图书馆看成传递知识的工具:"是以古先圣王,莫不致谨于斯,以为今之所以知昔,后之所以知今者之具。"根据这些道理,他进一步指出:"惟经籍在天地间,为生人之元气,纪往古而示来今,不可一旦无焉者。无之,则生人贸贸然,如在冥途中行矣。其所系关,岂小小哉?"没有图书馆,人们就像处在愚昧之中,走在黑暗的路上。如置此要,怎么能把它看成小事情? 他还更深一层地说:"书籍之在世,犹天之有日月

158

也。天无日月,天之道废矣。世无书籍,人之事泯矣。"没有图书馆,就没有世界,没有人类的发展了。这种认识,说明邱浚已经朦胧地看到图书馆与人类社会发展的关系。

关于图书馆的基本内容,邱浚在评论汉代的图书馆制度时说:"夫献书之路不开,则民间有业无由上达;藏书之策不建,则官府有书易至散失;欲藏书而无写之者,则其传不多;既写书而无校之者,则其文易讹;既校之矣,苟不各以类聚而目分之,则其于检阅考究者无统矣。"他用清晰的文字,将图书馆一般内容及其相互关系进行了全面的概括。邱浚进一步提出了"整治"政府图书馆的系统意见:

其一,他认为"自古藏书之所,非止一处",建议增设政府图书馆,"如此,则一书有数本,藏贮而有异所,永无疏失之虞矣"。

其二,建议设法补充政府图书馆藏书。

其三,要求政府图书馆的藏书必须"严加校正",对那些"不究心者"即不认真工作的馆职,"坐以旷官之罪"。

其四,要加强藏书借阅手续,"内外大小衙门,因事欲有稽考者,必须请旨,违者治以违制之罪"。

其五,仿宋制重设图书馆官员,以专官专任。"如此,则葺理有官,而编简不至于脱误;考校有人,而之义不至于讹舛;考阅有时,而载籍不至于亡矣"。

二、祁承爜、孙庆增

祁承爜(公元1563—1628年)的《澹生堂藏书约》和《庚申整书小记》,孙庆增(约清前期人)的《藏书纪要》,是他们几十年辛勤采集、整理、考阅藏书所积累的经验之著,也是我国经验图书馆学的成熟之作。

作为私人藏书家,他们的藏书都是私产,为自己所利用的。孙庆增藏书是为了做学问,而祁承爜藏书则在于教养子弟。因此,他们经营各自藏书,皆以整理为务,他们阐述的经验也都出于此理。图书的购求与鉴别,藏书的校勘和分编,就是当时经验图书馆学的主要内容。

关于图书馆藏书的购求与鉴别,祁承爜提出了购书的三原则:"夫购书无他术,眼界欲宽,精神欲注,而心思欲巧"。他把郑樵的"求书八道"列为一巧,提出购书"六难"之说,要求"散帙勤收","残阙必收","鼠蠹并采"。这些购求方法,既全面又具体,实在是经验之谈,是私人藏书家苦衷的结晶。

孙、祁二人都十分重视图书的鉴别,孙庆增说:"夫藏书而不知鉴别,犹瞽之辨色,聋之听音。"他注意版本的鉴别,强调"眼力精熟,考究确切","版之古今,纸之新旧好歹,卷数之全与缺,不可轻率",尤需注意辨别真伪,"外国所刻之书"也不例外。祁承爜把自己的认识概括为五条原则:"识鉴所用者,在审轻重,辨真伪,覆名实,权缓急而别品类。"

在分类编目方面,祁承爜说:"架插七层,籍分四部,若卒旅漫野而什伍井然,如剑戟摩霄而旌旗不乱","目以类分,类由部统,暗中摸索,惟信手以探囊;造次取观,若执镜而照物。"他已看到分类对于排架和检索的作用。孙庆增对此亦有认识。他说:"善于编目者",须"不致错乱颠倒,遗漏草率,检阅清楚,门类分晰,有条有理"。

他们在分类编目的理论和实践方面,颇有许多新奇的创造。祁承爜根据当时知识和图书发展的需要,研究了历代和当时图书分类方法,以马端临《经籍考》的四部分类为基础,又借鉴陆深《江东藏书目录》之破四部体系,创立自己的"因四部之定例","益四部之所本无"的新体系。他又根据自己的经验,在前人的基础上,对编目进行了理论总结,提出"通"与"互"的学说。祁承爜的这些理论贡献,今人蒋元卿评价说:"体例之善,在明代可称佳作。"(《中国图书分类之沿革》)姚明达称颂他是明代分类学研究的"冠军"、"一大发明家"(《中国目录学史》)。孙庆增则提出了目录体系问题。他说:"藏书四库,编目最难","大凡收藏家编书目有四则"。这"四则"实是他的四套目录:"即一编大总目录";"二编宋元刻本钞本目录";"三编分类书柜目录";"四编书房架上书籍目录"。目录的著录,也十分精辟,如书名、卷帙、著者及其朝代、著作方式,何时著,何版本,校者,册数,套数等。在十六世纪末至十八世纪初年,作为私人藏书家,他们的分类编目之组织与著录达到如此程度,并从理论上加以概括,实为世所罕见。

祁承㸁和孙庆增关于图书馆学的整理学说,是我国经验图书馆学的成熟的理论,为后继者所研究和推崇。

三、弘历、周永年

弘历(公元 1711—1799 年)作为清王朝的最高封建统治者,建造"七阁",贮"钦定《四库全书》",以"嘉惠士林",其主要目的是为了巩固其封建统治的。但是,这并不妨碍我们研究他对图书馆的深刻认识和对图书馆学的贡献。

弘历怎样认识图书馆呢?弘历指出:"夫岂铅椠简编云乎哉?然文固不离铅椠简编以化世,此四库之辑所由亟亟也。"(《文溯阁纪》)书籍就是传播文化于世间的载体,而传播文化就是建立图书馆的根本动因。

弘历提出建立公共图书馆的目的是:"欲以流传广播,沾溉艺林","非徒广金匮石室之藏,将以嘉惠士林,启牖后学,公天下之好也"(《乾隆四十一年六月初一谕》)。弘历当然是企图通过图书馆使天下人都接受封建地主阶级的思想文化,进而心甘情愿的接受封建统治的。但是,他吸取宋金以来的图书馆学"流通"思想,明确提出图书馆学的"传播说",就图书馆学而言,我们不能不说是他的一份功劳。

弘历不仅是言者,而且是行者,他下令"特建文渊、文溯、文

161

源、文津四阁"，为清政府之图书馆。又下令在江浙建文汇、文宗、文澜三阁，"俾江浙士子，得以就近观摩誊录用"(《乾隆四十七年七月初八谕》)。这就是有名的清代"七阁"。

弘历十分重视图书馆藏书的阅览和流通。对清政府图书馆的藏书，弘历是允许朝廷官员阅览的。他谕示："大臣官员中有嗜古勤学者，并许告之所司，赴阁观览。"对江浙三阁的藏书，弘历多次谕示地方官吏，要向民间知识分子开放。1784年，弘历"第恐地方大吏过于珍护，读书稽古之士，无由得窥美富、广布流传，是千箱万帙，徒为插架之供，无裨观摩之实"。于是，他谕示各地，"如有愿读中秘书者，许其陆续领出，广为传写"(《乾隆四十九年三月谕》)。由此可见，当时是允许读者把图书借出馆外阅读或抄录的。1790年，弘历再次批评"地方有司，恐士子翻阅污损，或至过有珍秘，以阻争先快见之忱"，重申对"好学之士，准其赴阁检视录钞"。他还下令翰林院的藏书也对外开放。他谕示："文渊阁等禁地轰严，士子等固不便进内钞阅，但翰林院现有存贮底本，如有情殷诵习者，亦许其就近钞录，掌院不得勒阻留难"(《乾隆五十五年六月初一谕》)。

弘历认为，"如此广为传播"，就可使图书馆藏书"无不家弦户诵"。在那个时代"家弦户诵"是做不到的，但江南三阁和翰林院是向民间知识分子开放的。他的"传播说"是实践了的。

周永年(公元1730—1791年)也是图书馆学"传播说"的鼓动者和实行者。《儒藏说》是其代表作。

周永年认为，"书籍者，所以载道纪事，益人神智者也"。于是，他决心在民间乡里仿"释藏"、"道藏"而建"儒藏"。建"儒藏"旨在"自今日永无散失，以与天下万世共读之"，"使千里之内有儒藏数处，而异敏之士，或裹粮而至，或假馆以读，数年之间，可以略窥古人之大全，其才之成也，岂不事半而功倍哉！"这就是他的"儒藏"之理想。

162

"儒藏"怎样兴办呢？他亲自投书师友，"奔走四方"，以鼓励士大夫们捐建的。他提出："凡有志斯事者，或出其家藏，或捐金购买"，"力不论其厚薄，书不拘于多寡"，"始也积少而为多"，"续由半以窥全"；"人人可办，处处可行。一县之长官可劝一县共为之，一方之巨族可率一方共为之"（《儒藏条约》）。周永年的"儒藏"之说及其实践，都是成功的。据史载，他"开借书园，聚古今书籍十万卷，供人阅览传钞，以广流传"（清史稿《儒林列传》）。

四、早期新学派

十八世纪末和十九世纪初，清王朝日趋腐败，社会危机四伏。鸦片战争以后，中国陷入被奴役被蹂躏的半封建半殖民地深渊，仁人志士无不痛心疾首。从封建地主阶级中分化出来的具有初步资产阶级思想倾向的知识分子，在政治上主张改良，在思想上宣传新学，希望"改良"和"新学"能挽救危亡，使中国富强。这个早期的新学派看到西方图书馆的巨大作用，便把图书馆作为"教育救国"的工具。王韬（公元1828—1897年）认为："不佞尝见欧洲各国藏书之库如林，缥函绿绨，几乎连屋充栋，怀铅椠而入稽考者，口案相接，此学之日盛也。"（《征设香海藏书楼序》）郑观应（公元1842—1921年）则指出："泰西各国""藏书院"遍立都市，独是中国，幅员广大，人民众多，而藏书仅达数处，何以遍惠士林？"他告诫说："苟强分吾域，墨守陈规为因陋昏蒙，甘受人制，则印度、琉球、越南、缅甸其已事也。前车已覆，来轸方遒。有识之君子，将何择焉。"（《藏书》）足见其认识之深刻，心情之急切。

五、维新派

在早期新学派思潮的启发和引导下，不久，维新派登上了政治舞台。

维新派十分重视建设图书馆。康有为一面上书在"州县、乡镇、皆设书藏"，"以开民之智"(《上清帝第二书》)，一面上书"请皇上大开便殿，广陈图书，每日办事之暇"，"访以中外之故，古今之宜"(《上清帝请大开便殿广陈图书书》)。孙家鼐，李端棻奏请变法，皆将建"藏书楼"设为第一条。梁启超、汪康年则在《时务报》上声言"书籍馆"是"兴国"的三大"盛举"之一。

维新派为什么大力提倡图书馆呢？康有为说："吾中国地合欧洲，民众倍之，可谓庞大魁巨矣，而吞割于日本，盖散而不群，愚而不学之过也。"他认为"学则强，群则强"；主张"群中外图书器艺，群南北之通人志士"(《上海强学会后序》)。梁启超则明确指出，设图书馆旨在"冀输入世界知识于国民"(《论学会》)。

受维新思想影响，徐树兰(公元1837—1902年)毅然捐建"古越藏书楼"，以实现"存古"与"开新"之宏图，"为造就人才之一助"(《为捐建给郡古越藏书楼恳请奏咨立案文》)。

第九章 中国现代和当代图书馆学发展概述

在长达3000年之久的中国封建社会里,古代图书馆学思想以封建藏书楼实践为主体研究对象,以经验图书馆学为基本特征,经历了从萌芽和积累到形成和发展的过程,图书馆学作为一种古老的学术思想到了清代康、雍、乾时代臻于成熟。19世纪中叶以后,由于外国资本主义的侵入,中国社会发生了重大的变化,图书馆学也开始向以开放性的图书馆实践为主体研究对象,以现代科学的思想方法为基本特征的学术领域迈进。如果从现代科学意义上来看图书馆学,古代中国的图书馆学思想尚属于"潜科学"范畴。那么,自本世纪初以来随着"西学渐进"的潮流,向公众开放的图书馆事业的形成和发展,西方图书馆学思想传入我国,并且与我国经验图书馆学传统相结合,我国图书馆学也开始向"显科学"领域过渡。作为一门新兴的学科,它又经历了百多年的发展,逐渐形成了具有中国特色的图书馆学体系。

第一节 中国现代图书馆学研究的主要成果

一、五四以前的图书馆学家及主要著述

本世纪初,随着京师和各地图书馆的陆续建立,我国的图书馆

学研究逐步开展起来。最早出现的图书馆学论著是孙毓修 1909 年 10 月至 11 月连载于《教育杂志》上的长文《图书馆》。此文"仿密士藏书之约,庆增纪要之篇,参以日本文部之成书,美国联邦图书之报告"而成。最早的图书馆学译著是谢荫昌译日本户野周二郎著《图书馆教育》(1910 年奉天图书发行所印行)。

辛亥革命以后,中国图书馆走上了初步发展的道路,一大批图书馆学者用他们的理论与实践为我国图书馆学的建设作出了各自的贡献。

1917 年,朱亢善编《图书馆管理法》,作为教育丛书第三集第十一编由上海商务印书馆印行。1918 年顾实编《图书馆指南》,由上海医学书局出版。

沈祖荣(1883--1976 年)早年辅佐韦棣华女士创办文华公书林,1914 年留美研究图书馆学,1917 年学成归国。1918 年 3 月,沈祖荣在《教育公报》上发表了《中国全国图书馆调查表》,反映了十六个省市三十三所图书馆的基本情况。在调查研究的基础上,沈祖荣分析了中国图书馆落后的现状与原因,提出了发展图书馆事业的积极主张。他指出:"国内图书馆少,国内阅书人必少,与国家文化之进步有无形之障碍。故欲增长国民之程度,则图书馆之教育,较学校之设置,其效力尤能普及。……盖图书馆为公共求学之所,应持开放主义,不取分文以资提倡。……国家富强,其表在政治,实际在学问。图书馆为造就各种学问之机关,为富强之基础。"他十分强调图书馆的教育职能,认为"学校外之教育机关甚多,其性质属于根本的,其效果属于永远的,莫如图书馆"。图书馆"故有市民大学之徽号焉"。沈祖荣作为中国图书馆学教育的先驱者和"新图书馆运动"的倡导者,对我国图书馆学的发展是有推动作用的。

李大钊(1889—1927 年),中国最早的马克思主义者,中国共产党的创始人之一。1917 年 11 月李大钊出任北京大学图书馆主任,他积极宣传新思想、新文化,传播马克思主义。李大钊十分重视图书馆事业与图书馆教育的发展。1919 年他在北京高等师范图书馆二周年纪念会上发表演说,指出图书馆是"教育的机关","图书馆和教育有密切的关系,想教育发展,一定要使全国人民不论何时何地都有研究学问的机会","要想达到这种完美教育方针,还是依赖图书馆不可","现代图书馆是教育机关,其任务不但要保存图书,还要使各种图书发生很大的效用"。李大钊有关图书馆工作的理论与实践,是我国现代图书馆学史上的宝贵财富。

二、杨昭悊、洪有丰、马宗荣、李小缘

杨昭悊的《图书馆学》(1923 年商务印书馆出版),全书分上下两册共八篇五十章,蔡元培为之作序。该书第一篇总论阐述了图书馆学的基本理论问题,比较详细地讨论了图书馆和图书馆学的定义,在谈到二者关系时指出:照历史上看来,事业发生在先,学问发生在后。先有图书馆,然后有图书馆学。必定图书馆发达,然后图书馆学才能发达。但是照统计上看来,学问发达事业才发达。图书馆学最发达的国家,就是图书馆事业最发达的国家。……我们要使中国图书馆发达,非先得研究图书馆学。至于研究图书馆学的作用,书中指出,第一可以增进办理图书馆的人能力;第二可以增进利用图书馆的人知识。该书分别论述了图书馆学与社会学、心理学、经济学的相互关系,划定了图书馆学的范围和分科。

《图书馆学》一书还首次论及了图书馆学的研究方法,主要有(一)归纳法,由特殊到一般,用历史法和统计法从纵(时间)横(空间)两方面考察个别事实,从中得出结果。(二)演绎法,由一般到特殊,将所搜集和观察的事实精细考察,用抽象的方法加以分类,使之有组织、有系统。(三)证实法,将理论学说应用于实际,检验二者关系。

书中关于图书馆的种类的划分和对东西方图书馆历史和现状

的介绍，比较简略扼要。除总论部分外，图书馆和教育、图书馆经营法、图书馆组织法、图书馆管理法等各篇也都各具特色。

1926年商务印书馆出版的洪有丰的《图书馆组织与管理》一书，关于图书馆的目的、作用及图书馆定义有一定独到的见解。该书第一章"图书馆学之意义"，认为："图书馆以库藏图书，供众阅览为职志。此为图书馆目的。""图书之在馆，犹五金之在矿，愈采愈深，则所得愈多，而贡献于社会国家也亦重。"此为图书馆的作用。何谓图书馆学？书中指出："图书馆对于图书若何处理，对于阅览者若何指导，以及一切事业，若何推广、若何改进，研究其原理而应用适当之方法，此种学术，是谓之图书馆学。"

马宗荣在二、三十年代先后发表了《现代图书馆序说》、《现代图书馆经营论》、《现代图书馆事务论》和《现代图书馆教育论》等多部论著，对当时图书馆的发展起了推动作用。

李小缘（1897—1959年），二十年代初留学美国。"与其临渊羡鱼，不如归而结网"，这是他在美国国会图书馆访客留言簿上的留言，充分表达了他发展祖国图书馆事业的决心。1925年学成归国后，就任金陵大学图书馆西文编目部主任、教授，在金陵大学创办了我国大学中第一个图书馆学系，是我国图书馆学高等教育的奠基人。李小缘还是中华图书馆协会的发起人之一，主持出版了第一份全国性图书馆学刊物《图书馆学季刊》。李小缘图书馆学思想的核心是"启民智、伸民权、利民生"，他从这个总目标出发，认为图书馆应是"巍峨学术府库，智识泉源，国家优秀学者之宫殿，民众义务大学，其为用也宏，全体民众可受其裨益；其为效也深，成全多数学者之精深巨著，可垂久远"（《中国图书馆事业十年之进步》，载《图书馆学季刊》10卷4期）。强调图书馆的教育职能，把图书馆看作学校教育的扩大和继续，是李小缘图书馆学思想的另一方面。他指出："学校教育以人生教育之一小阶段，而图书馆教育以人生各阶段之总教育机关，实为根本所在。"（出处同前）

三、杜定友图书馆学思想

比较系统表述图书馆学思想的是杜定友（1898—1967 年）。他在《图书馆通论》(1925 年商务印书馆出版)这部编译著作中，从管理的角度划定了图书馆学的范围：

A. 专门的——关于图书馆学的专门学识。

(1)理论方面

(a)图书馆学之种种原理；(b)图书馆学及图书馆史。

(2)实用方面

(a)关于行政管理诸手续；(b)关于处理书籍诸手续；

(c)关于指导阅览诸手续；(d)关于教育联络诸手续。

B. 附助的——关于与图书馆学有连带关系之学识。

(1)专门科学

(a)印刷术；(b)装订法；(c)统计学；(d)新闻学；(e)博物院管理法。

(2)普通科学

(a)文学；(b)哲学；(c)教育学；(d)社会学(史地)；(e)心理学；(f)演讲术；(g)广告术；(h)论理术；(i)外国语三四种。

1926 年,杜定友在《图书馆学的内容和方法》(载《教育杂志》18 卷 9—10 期)一文中指出："人类没有记载,就没有文明,没有进步",而"图书馆学专研究人类学问记载的产生、保存和应用"。这一观点,将图书馆学与知识联系起来加以研究,颇有见地。

1928 年,杜定友在《研究图书馆学的心得》(载《中大图书馆周刊》1 卷 1 期)一文中,将图书馆比作人的大脑,他说："图书馆成为一个活机关,好像人的脑子,本应记忆许多事情,但一切事物都要这脑子记忆是不可能的；而图书馆的功能,就是社会上一切人的记忆,实际上就是社会上一切人的公共脑子。一个人不可能完全地记着一切,而图书馆可以记忆并解答一切。"这一绝妙的比喻,形象地说明了图书馆的功能。由此,使我们联想到美国图书馆学家巴特勒在《图书馆学导论》中的名言,"图书馆是将人类的记忆移植到现在人们意识中的一种社会机构。"二者十分相像。

在1932年发表的《图书馆管理法上之新观点》(载《浙江图书馆月报》1卷9期)一文中,杜定友提出了"三位一体"的图书馆事业的理论基础。所谓三位,一为"书",包括图与书等一切文化记载;次为"人",即阅览者;三为"法",图书馆一切设备及管理方法、管理人才。三者结合,构成了图书馆。至此,杜定友已形成了他的图书馆"要素说"的思想。他的要素说是一个有联系的统一体,这种"理论与事业随时变迁,故此理论中心乃亦有转移"。他把这种"转移"分为三个时期,第一个时期是以"书"为最注意;第二个时期是以"法"为重;第三个时期"书"既实,法亦讲究,于是转应着重于"人"。"若以人为目标办图书馆,则事业能生动而切合实际,且有继续进行深潜研究之余地也。"

1934年杜定友发表了他的图书馆学代表作——《图书馆学概论》,指出,图书馆"是一个文化机关",是"利用书籍以发扬文化"的"现代新进事业之一"。进一步强调:"图书馆学是专门研究人类学问的记载、产生、保存和应用的"学问。杜定友是我国图书馆学界把图书馆学与知识学联系起来加以研究的第一人。杜定友认为图书馆的进化分成三个时期,即(一)保守时期,(二)被动时期,(三)自动时期。三个时期图书馆的特点分别是:第一,保守时期的图书馆只是保存图书,不能活用图书,这一时期还没有形成图书馆管理法。第二,被动时期的图书馆提倡图书流通,形成了一系列图书管理方法,图书馆逐渐成为一种学术。第三,自动时期的图书馆成为一个自动的教育机关,图书馆在社会上具有真正的独立性,图书馆教育与学校教育、社会教育并驾齐驱。杜定友还阐述了图书馆的三大要素及其相互关系。所谓图书馆的三大要素是:(1)能够积极的保存;(2)要有科学的方法处理之;(3)要能够活用图书馆,以增进人民的智识和修养。他从文学、学术和社会三方面分析了图书馆的作用:(一)图书馆与文化——考求一时代文化,最主要来源是图书,图书馆是保存图书的唯一机构,所以图书馆是间接地保存文化的机关;保存文化的目的是为了普及文化;通过保存、流通各国各时代文化,可以交流思想,调和文化,提高文化。(二)图书馆与学术——学者研究学术首赖图书,学术发扬全靠图书流通,而图书馆可以博览群书,图书馆与教育更是密不可分,它是人们的自学的场所。(三)图书馆与社会——图书馆是人们修养中心、普及教育中心和游乐中心,阅读是一种高尚的消遣方法。《概论》中关于图书馆员教育的理论也很有见解。书中提出图书馆员的品质要求是:头脑清楚,办事敏捷,有条理,有秩序,要沈静、细心、耐久、恒心,存心忠厚,和蔼可亲,有学者态度,每日至少有一定时间研究学问。对图书馆员的文化要求是,最起码中学毕业以上文化,具有专门的知识和图书馆学知识,订一种专业杂志,每月读一本书。《概论》还对图书馆类型、图书订购、收受、登记、分类、编目、典藏、流通阅览、参考等一系列图书馆工作的实际问题一一详述。从以上讨论中可以看出,杜定友图书馆学思想达到了一定的理论高度,他提出了当时图书馆尚未曾提出的许多先进学术思想,令人耳目一新。可惜,好多理论在后来并没有丰富发展起来,不能不说是一种莫大的遗憾。

四、刘国钧图书馆学思想

刘国钧(1898—1980年)为我国图书馆学理论建设做出了杰出的贡献。1919年9月刘国钧在《世教新潮》上以衡如笔名发表《近代图书馆之性质》论文,开始了他六十余年的图书馆学研究生涯。三年之后,他在《金陵光》杂志上发表的《近代图书馆之性质及功能》一文,反映了他早年的图书馆学思想。文中指出近代图书馆的八个主要特征,即"①公立;②自由阅览;③自由出入书库或书库一部分;④特设儿童阅览部;⑤与学校协作;⑥设立分馆或巡回图书馆;⑦科学的管理;⑧推广之运动。"该文提出了近代图书馆的三个性质:1. 自动的,认为近代图书馆最大的职责在于使人读书,要利用各种方法引起读者的兴趣,使人人都来读图书馆的藏书。2. 社会化,应将注重对象由书籍而变为其所服务之人,使图书馆成为社会之中心。3. 平民化,强调"近代图书馆为多数人设立,而非为少数人者","其目的在使凡有阅读能力者……皆得其适当之读物"。刘国钧还阐述了近代图书馆的四个方面的作用,即1.教育上的价值。2. 修养的价值。3. 社会的价值。4. 经济的价值。

1923 年,刘国钧在《美国公共图书馆概况》(载《新教育》7 卷1 期)中认为,图书馆是公共教育的一部分。"图书馆在教育上的价值,有时竟过于学校"。因为"学校之教育,止于在校之人数,图书馆之教育,则遍于社会;学校之教育迄于毕业之年,图书馆之教育则无年数之限制;学校之教育,有规定课程之限制,而图书馆之教育则可涉及一切人类所应有之知识;学校教育常易趋于专门,而图书馆教育则为常识之源泉"。"社会之人,在学校者少。人之一生,在学校时少。然则图书馆教育,苟善用之,其影响于社会、于人生者,且甚于学校"。

刘国钧在从事图书馆学基础理论建设的同时还着手图书分类与编目方面的理论建设,并取得巨大成就。他编制的《中国图书分类法》和《中文图书编目条例草案》(1929 年中华图书馆协会印行)是新中国成立以前使用最广、影响最大的分类法和编目条例,并且一直影响着今天的分类和编目的理论与实践。

与杜定友《图书馆学概论》同年出版的《图书馆学要旨》(1934年中华书局出版,1949 年再版)集中反映了刘国钧的图书馆学思想。在该书"例言"中,阐明了写作宗旨:"目的在于说明图书馆学的原理,偏重理论阐发。"可见这是一部理论色彩较浓的著作。《要旨》全书共分八章。其第一章"图书馆学的意义与范围"写得很有特色。刘国钧指出："现在出版的图书馆学书也有好几种,它们大都是所谓"概论"一流的著作,对于图书馆的各方面工作都有讨论,可以不必重复,所以本书只就图书馆学的基本原理加以说明。"

关于图书馆学的意义,刘国钧说:要明了什么是图书馆学,首先要明了什么是图书馆? 他认为,图书馆自古以来就是一种制度,到了近代,它成为一种"教育的利器,社会的动力"。图书馆的特征是"用种种方法以谋使用图书的便利"。刘国钧给图书馆下了如下定义:"是以搜罗人类一切思想与活动之记载为目的,用最科学最经济的方法保存它们,整理它们,以便利社会上一切人使用的机关。"本章谈到了现代图书馆与传统图书馆的区别,指出:现代图书馆的目的是使人和书发生有机的关系,要使社会上无不读书的人,馆内无不被人读的书。这一章还提出了图书馆的四种要素:(一)图书;(二)人员;(三)设备;(四)方法。其中图书是原料;人员是整理和保存原料的;设备包括房屋在内,乃是储蓄原料、工作人员和使用图书的场所;方法是图书能与人发生关系的媒介,是将图书、人员和设备打成一片的联络针。分别研究这四种要素,便成为图书馆学的各种专门学问。刘国钧在复杂的图书馆现象中概括、抽象出它们的本质特征以构成图书馆学的研究对象,是他对图书馆学理论的重要贡献之一。《要旨》从四要素角度划分了图书馆学的分科和研究内容。关于图书的研究分为三个方面。第一方面研究图书的实质,即书籍的形式、制作和原料等,包括书史的研究及原料、印刷、装订、工艺的研究(后者虽不是图书馆学所能包括的,但图书馆学者要有这方面的浅近知识)。第二方面是研究书籍的一般内容,包括版本学的研究、校勘学的研究和目录学的研究。第三方面是研究收藏图书的历史。关于图书馆人员的研究包括人员培养方法和图书馆人员资格标准的研究。关于图书馆设备的研究分成器具和建筑两项。关于图书馆管理方法的研究,分为行政、采访、整理、使用四个方面。

刘国钧的"要素说",是在三十年代这个特定的历史时期对图书馆和图书馆学研究对象所作的概括。因为当时的图书馆事业是以分散的、个体的图书馆作为活动的基础,在这种实践基础上产生的图书馆学,很自然以图书馆的各项构成要素作为研究对象。五十年代,刘国钧进一步阐发了"要素说"。至今我们进行图书馆学微观研究,仍然从要素说的角度认识问题。

五、李景新和程伯群

1935 年第一期《武昌文化图书馆学专科学校季刊》上刊载了李景新的重要论文《图书馆学能成一独立科学吗?》。该文认为,图多馆学是人类学问的一部分,是以有系统的科学方法,专研究人类知识学问及一切动态的记载的产生、保存与应用,使它成为教育化、学术化、社会化、科学化的一种科学。文章表述了图书馆学的研究范围。认为图书馆学的科学体系主要由两部分构成,即"历史的图书馆学"和"系统的图书馆学"。历史图书馆学包括图书、图书馆和图书馆学史三个方面;系统图书馆学包括理论的图书馆学和实际的图书馆学两个分支。理论的图书馆学的内容主要有:图书馆学的原理、图书馆学研究的方法、图书馆学的目的与价值、图书馆学和其它科学的关系。实际的图书馆学分成行政论、经营论、形式论等三论。行政论包括组织、建筑、设备、管理、法规、馆员训练等项内容;经营论包括图书馆业务工作所及各种方法;形式论包括儿童、学校、公立、私立等各类型图书馆。

同年出版的《图书学大辞典》(卢震京编,商务印书馆出版)反映出与以上内容相同的图书馆学体系。这个体系在国外产生了较大影响,日本大佐三四五著《图书馆学的展开》(1954 年丸善株式会社出版),在"近代图书馆学的体系"一章中详细介绍了这个体系。

三十年代,我国图书馆学研究的又一成果是程伯群编著、杜定友校订的《比较图书馆学》(1935年,世界书局出版)的问世。该书"采取东西图书馆学之所长,说明图书馆行政管理,比较各家分类方法,兼述图书馆学与书志目录学之关系"。首先该书对不同文化、不同社会的国家的图书馆学进行比较研究,用大量篇幅介绍美、英、日等国图书馆学研究成果,这属于比较图书馆学研究中的跨国(或跨文化)研究类型。其次,该书本着"以中为主,以西为副"的原则,取人之长补己之短,目的是为了发展我国的图书馆学。这种以一个国家图书馆问题为重点探讨对象的研究方法,在比较图书馆学研究中称为典型研究。第三,程著的内容结构与当今国外比较图书馆学的研究范畴基本相符。足见程著是一部具有相当水平的比较图书馆学专著。

以上介绍的是新中国成立以前的几位著名图书馆学家及其图书馆学理论。

第二节　中国现代图书馆学发展的主要经验

一、研究成果的数量分析

图书馆学研究成果,主要以论文和专著的形式发表,而以论文居多。据李钟履编《图书馆学论文索引》著录,清末至1949年9月,我国共发表图书馆学论文5,358篇,分类统计见《中国现代图书馆学研究论文统计表》。

中国现代图书馆学研究论文统计表

类　　　别	论文数	所占%
图书馆学名词术语、书目索引等	47	0.877
图书馆学总论	432	8.063
各种图书馆专论	399	7.447
图书馆法规	193	3.602
图书馆行政	116	2.183
图书馆建筑	356	0.653
图书馆设备、用品	35	0.653
图书补充工作(含图书学等)	676	12.616
图书登录工作	14	0.261
图书分类工作	266	4.965
图书编目工作(含目录学等)	518	9.668
图书典藏工作	33	0.616
图书借阅工作	253	4.722
参考工作	92	1.717
推广工作	146	2.725
图书馆利用法	65	1.213
特种书刊资料管理法	61	1.138
图书馆史	1681	31.374
图书馆学教育研究	59	1.101
图书馆学、目录学、书评、序跋	237	4.423
合计	5,358	100.00

从该表可以看出,研究成果较多的五个方面依次是:①图书馆史,②图书补充工作,③图书编目工作,④图书馆学总论,⑤各种图书馆专论。有关图书馆史的论文中,中国图书馆史有1,316篇,占图书馆史论文的78.29%,占全部成果的24.56%,足见中国图书馆史研究一直是新中国成立前图书馆学研究的热门话题。重视历史研究,应该说是这一时期图书馆学研究的一个突出特点。在图书补充工作论文中,附录了图书学论文516篇,真正讨论图书补充

的论文仅有 160 篇,图书学论文占全部成果的 9.63%。列居第三位的图书编目工作 518 篇论文中,含目录学、索引法等方面的论文 385 篇,图书编目工作方面论文仅有 133 篇。这样,图书馆史、图书学以及目录学等方面的论文占全部成果的 48.19%。有关技术方面的论文总计 1,223 篇,占全部成果的 22.83%,仅次于图书馆史研究成果。说明技术方法研究在这一时期的图书馆学研究中占有相当重要的地位。图书馆学总论(即图书馆学基础理论研究)方面的论文数量不是很多,尚不足 10%,可见基础理论研究薄弱,是这一时期图书馆学研究的一个突出问题。

从以上的数量分析中,我们得出三点认识:第一,历史研究盛行;第二,技术方法为主;第三,理论研究薄弱。用这三句话可以大致概括新中国成立前图书馆学研究的一般特点。

年份	1901 | 1911	1912 | 1918	1919 | 1926	1927 | 1937	1938 | 1945	1946 | 1949.9
论文数	46	73	569	3,972	498	200
年平均论文数	约4	约10	71	361	62	50

上表按不同历史时期统计论文数量和年平均发表论文数量。为说明一些重大历史事件对图书馆学发展的影响,我们以辛亥革命、五四运动、第二次国内革命战争、抗日战争和解放战争作为年代划分的界限。辛亥革命前图书馆学论文 46 篇,年平均发表论文 5 篇。五四运动以后,以每年平均 71 篇的速度增长,到抗日战争爆发前发展到最高潮,年平均发表论文 361 篇,而 1935 年一年竟发表 671 篇,是这一时期平均数的 1.86 倍。日本的入侵,给中华民族带来了空前灾难,也使我国的图书馆事业和图书馆学研究备受摧残。抗战八年中,年平均发表论文仅 62 篇,而 1945 年跌至 29 篇,图书馆学研究几乎是止步不前了。以上统计分析表明,图

书馆学的发展历来受到社会政治、经济、文化等各方面的影响,我们应从社会环境这个大背景出发,去考察图书馆学发展问题,而不应单纯地从学科自身发展去找原因。

二、几点值得总结的经验

1.30年代:我国图书馆学发展的第一个"黄金时代"

本世纪初,是我国图书馆学由经验图书馆学向现代图书馆学过渡阶段,辛亥革命前后,是现代图书馆学形成的关键时期。西方图书馆学从日、英、美等国传入,与我国传统的经验图书馆学迅速融合,在较短的时间内完成了历史过渡。随着图书馆事业的发展和图书馆学教育的兴起,图书馆学研究广泛开展,并且推出了一批可观的研究成果。到30年代,形成了图书馆学研究的第一个高峰。1927—1937年,十年研究成果累计3,972件,占新中国成立前五十年间全部研究成果的74%。这一时期,不仅研究论文大丰收,而且出版了一批颇有分量的学术专著,如前节所述,杜定友的《图书馆学概论》、刘国钧的《图书馆学要旨》、程伯群的《比较图书馆学》,以及俞爽迷的《图书馆学通论》、喻友言的《实用图书馆学》等。这一时期,图书馆学相关学科如图书学、目录学的研究亦十分活跃。

30年代我国图书馆学研究质量较高,与同期国外图书馆学研究处于同一水平上。一方面,吸取了当时国外图书馆学的最新研究成果;另一方面,我国的许多图书馆学家做出了各自的贡献,为世界图书馆学宝库增添了财富。例如,杜定友从知识的角度探讨图书馆和图书馆学的本质,刘国钧的要素说,李景新等人关于图书馆学体系结构的认识,都达到了相当高的理论水准,令西方图书馆学界刮目相看。

2.背景:世界图书馆学处于上升成熟阶段

我国现代图书馆学的形成和发展,从一开始便受到国外图书馆学的影响。30 年代,西方图书馆学在欧美已经有了将近半个世纪的历史。在美国以杜威为代表的实用主义图书馆学有了长足的发展。

1931 年,印度著名图书馆学家阮冈纳赞(Raganathan,S. R.)发表了《图书馆学五原则》,他以精练的语言表达了深刻的内涵,系统地阐述了自己的图书馆学主张。

1933 年,美国芝加哥大学图书馆学教授巴特勒(Butler,P.)的《图书馆学导论》出版,使图书馆学研究开始向理论方面深入。而理论图书馆学的崛起,给图书馆学研究注入了活力,带来了新的气象。与此同时,实用主义图书馆学也在不断充实、发展,整个图书馆学日臻成熟。在这样的背景条件下,中国图书馆学才出现了第一个"黄金时代"。

3. 群星灿灿:造就了一代图书馆学家

现代图书馆学的形成和发展过程中,造就了一批图书馆学家。几十年间,他们勤奋耕耘,殷实收获,著述宏富。他们中间有:沈祖荣、戴志骞、马宗荣、袁同礼、李小缘、洪有丰、杜定友、刘国钧、吕绍虞、王重民、何多源、蒋复璁、程伯群、陈训慈、于震寰、裘开明、金敏甫、皮高品、钱亚新、汪长炳……。他们有的精于理论概括,有的注重技术方法,有的理论实践并重,研究领域宽广,在基础理论研究、分类、编目、书史、目录学等方面均有建树。他们所处的时代,正是新旧思想交替、中外文化相互渗透的时期,"中西合璧"是他们从事图书馆学研究的基本方法。西方图书馆学由他们引入国内,我国传统的图书馆学遗产又由他们继承弘扬。经过这一代人的共同努力,使得现代图书馆学在中国的土地上生根、成长。这一代人的业绩将载入我国图书馆学史册,值得后人景仰。

4. 主要倾向:历史研究 + 技术方法

从前面的研究论文数量分析中得出结论,新中国成立以前我国图书馆学研究的主要倾向是图书馆历史研究和各种技术方法研究。这一主要潮流的产生,大概有四个方面的原因。

第一,我国现代图书馆学是在传统的经验图书馆学的根基上,与西方图书馆学相汇合的产物。发展现代图书馆学,离不开对传统图书馆学思想的继承和总结,因而图书馆史(特别是中国图书馆史)的研究,受到当时学者们的广泛关注。

第二,大多数学者受中国传统文化影响较深,他们的思维方式和研究方法同样反映出时代的特征,历史的方法很自然地成为他们研究图书馆学的主要方法。

第三,从当时国外图书馆学发展趋势看,实用主义图书馆学仍占据主导地位。我国二、三十年代的图书馆学家中有些人曾留学国外,直接接受欧美图书馆学教育,主要接受实用主义图书馆学的影响,比较看重技术方法研究。

第四,从图书馆工作实践看,迫切需要提供先进的技术方法。具有现代意义的图书馆刚刚建立,有关图书选购、整理、分类、编目和流通、保管等方面的知识对于图书馆员来说十分重要,因此技术方法研究显得十分活跃。

第三节　中国当代图书馆学发展概述

社会主义制度的建立,为中国图书馆事业的建设和图书馆学的发展开辟了广阔的道路。由于近四十来年来我国一直自觉或不自觉地以图书馆事业作为图书馆学的主要研究对象,所以在讨论图书馆学发展的同时,不得不联系图书馆事业的发展状况。一个国家图书馆事业的发展,必然受到整个社会经济、政治等方面因素的制约。建国近40年来,我国图书馆学研究走过了不寻常的历程,有前进、有波折、有成绩、有失误,但总的趋势是向前发展的。我们将建国以来我国图书馆学发展的历史划分为四个时期:(一)

恢复时期(1949—1955年);(二)成长时期(1956—1965年);(三)萧条时期(1966—1977年);(四)繁荣时期(1978年以后)。以下分述各时期图书馆学研究概况。

一、恢复时期(1949—1955年)

建国之初,我国的图书馆事业相当落后,图书馆数目少,条件差,布局不合理,发展不平衡,图书馆学研究几乎处于停顿状态。在党和政府的领导下,开始着手旧馆的改造和新馆的建设,图书馆事业建设在较短的时间内得以恢复,图书馆学研究开始起步。应该承认,解放前夕我国图书馆学研究状况很不景气。1949年全国仅发表图书馆学论文7篇,足见此时我国图书馆学研究,几乎处于停顿状态。

这一时期的图书馆学研究围绕图书馆事业建设和图书馆业务工作展开,重点是总结基层图书馆办馆经验和为人民大众服务的工作经验。这一时期编制的《东北法》、《山东法》和《人大法》等几部图书分类法,虽未完全脱离旧分类法的体例,但为新型图书分类法的编制积累了经验。这一时期图书馆学研究的另一特征是苏联图书馆学的引进,翻译出版了一批苏联图书馆学论著。

二、成长时期(1956—1965年)

1956年,党中央发出"向科学进军"的号召,给图书馆事业发展创造了良好的条件。同年7月,文化部召开全国图书馆工作会议,明确了图书馆承担为科学研究和人民大众服务的任务;12月高教部召开高等学校图书馆工作会议,明确了高等学校图书馆的性质和任务。

1957年,国务院发布《全国图书协调方案》,在北京、上海等地建立了全国性中心图书馆委员会,各省、市、自治区也相继成立了地区性中心图书馆委员会。全国性和地区性的图书馆协调和协作工作有一定进展。

同年,北京大学图书馆学系"关于什么是图书馆学"的讨论,拉开了图书馆学基本原理研究的序幕。刘国钧在《中国科学院图书馆通讯》1957年1期上发表题为"什么是图书馆学?"的论文,发展了自己三十年代提出的要素说,指出图书馆事业有五项组成要素,即(1)图书,(2)读者,(3)领导和干部,(4)建筑与设备,(5)工作方法。这五项要素缺一不可,否则就不能有图书馆的存在。谈到图书馆学研究对象,刘国钧指出,图书馆学所研究的对象就是图书馆事业及其各个组成要素。应该注意到,刘国钧此时提出的要素说,已经包含了"事业说"和"规律说"的成分。他在该文中给图书馆学所下的定义是:"图书馆学就是关于图书馆的科学。也就是研究图书馆事业的性质和规律及其各个组成要素的性质和规律的科学。"谈到图书馆学的研究内容,刘国钧提出包括关于图书的研究,关于读者的研究,关于领导和干部的研究,关于房屋和设备的研究,关于图书馆工作方法的研究。以上种种研究合起来构成图书馆学的整个内容。刘国钧文章发表后,在北京大学图书馆学系引起了热烈讨论,朱天俊在《中国科学院图书馆通讯》1957年8期上发表文章,详细介绍了这场讨论的情况。讨论中,周文骏对刘国钧的某些观点提出不同意见,认为刘国钧主张图书馆学研究对象是图书馆事业及其组成要素的提法不完全妥当,因为这只能说明图书馆事业不能缺少什么,却不能说明图书馆事业是什么,同时他还分析了刘国钧提出的图书馆学内容过于复杂,是由于将图书馆学的对象割裂成许多部分,并且把它们孤立于图书馆事业之外来进行研究的结果。

同年,周文骏发表《我国图书馆学的对象和内容管见》论文(《载学术月刊》1957年9期),指出:图书馆学的对象是图书馆事业。图书馆学是一门研究各个历史时期的和当前的图书馆事业全部活动的科学。

1960 年,黄宗忠等在《武大学报》上发表《关于图书馆学的对象和任务》一文,认为图书馆学的研究对象是图书馆事业。图书馆学的研究内容包括图书馆事业的建设原理、图书馆工作、图书馆事业史和图书馆建筑与设备等四个方面。

1960 年出版的《社会主义图书馆学概论》(文化学院图书馆研究班第 1 期学员集体编写,文化学院出版),认为图书馆学"应当研究整个图书馆事业和它的全部活动规律"。

1963 年,北京大学、武汉大学、文化学院合编的《图书馆学引论》,认为图书馆学的对象就是图书馆事业和图书馆工作,从错杂纷纭的图书馆事业与图书馆工作的现象中揭示客观规律,并掌握客观规律以指导图书馆事业与图书馆工作的实践的整个过程中形成的正确的知识体系便是图书馆学。

50 年代末、60 年代初,关于图书馆学研究对象的认识还有一种新观点,即根据毛泽东在《矛盾论》中阐述的科学对象区分的原理,对图书馆领域中的特殊矛盾加以分析,得出图书馆工作中的收藏图书与读者利用图书这一对特殊矛盾的统一体,这一特殊矛盾,便是图书馆学的研究对象。

"要素说"、"事业说"、"事业与工作说"、"矛盾说"的提出和进一步充实完善,是这一时期图书馆学理论建设的重要成果。

至于图书馆学的学科归属,一般认为它属于社会科学范畴。在"关于什么是图书馆学"的大讨论中,关懿娴认为,图书馆学在整个科学系统中,应是综合性的科学,因为图书馆学自身的内容十分广博,已远远超出了社会科学的范围之外。当然,她的意见在当时属于少数派。

1958 年以后,图书集中编目有了较大规模发展,大大提高了文献著录和分类标引的质量,为文献工作标准化奠定了基础。

60 年代初期,陆续出版了一批较有质量的教材和论文,图书馆目录、藏书建设、读者工作、干部培训等方面的探索积累了一定的经验,并取得了一定成果。《中小型图书分类表》、《科图法》、《武大法》、《大型法》在这一时期相继问世。

三、萧条时期(1966—1977 年)

"文化大革命"开始后,图书馆被当作"无产阶级专政的工具",而图书馆里的藏书却成为专政的对象,文献资源遭到一场空前浩劫。许多图书馆工作人员被迫下放或改行;全国仅有的两个图书馆学系停止招生;图书馆学刊物停刊……图书馆学的研究处于停顿状态。

在这一时期,《中图法》和《汉语主题词表》编制完成,值得提及的还有刘国钧率先研究和介绍国外图书馆自动化的情况,为我国图书馆学研究开辟了新的领域。

四、繁荣时期(1978 年以后)

粉碎"四人帮"以后,我国的图书馆学研究得以迅速发展,特别是党的十一届三中全会以来,图书馆学有了空前规模的大发展。1979 年以来,中国图书馆学会和各省、市、自治区图书馆学会相继成立,使图书馆学研究有了组织上的保证;全国和地方学会创办的几十种专业刊物为图书馆学研究开辟了广阔的园地,短短几年内发表了数千篇学术文章,反映了图书馆学空前繁荣的喜人景象。

第十章　中国新时期图书馆学的研究

党的十一届三中全会以后,中国进入了社会主义现代化建设的新时期。广大图书馆工作者和图书馆学研究者,解放思想,大胆探索,开创了图书馆学研究的新局面。纵观 1979 以来我国图书馆学研究,有这样几个特点:

一是研究成果激增。安定团结的政治局面和欣欣向荣的经济形势为图书馆事业的发展和图书馆学研究提供了良好的条件,这一时期是我国图书馆学发展的最好时期。据统计,1970—1983年,四年内共发表图书馆学论文 8,410 篇,是 1949—1979 三十年间论文数量的 1.8 倍。

二是研究课题广泛。这一时期,专门图书馆学研究受到重视,应用图书馆学研究继续发展,理论图书馆学研究十分活跃,新理论、新观念、新观点层出不穷。在传统课题研究的基础上,又开辟了新的研究课题,图书馆现代化、自动化研究,图书馆发展战略研究,图书馆改革研究等领域取得了可喜成果。

三是研究手段多样。现代科学交叉渗透、综合发展的趋势,给图书馆学研究提供了新的手段。有人利用哲学的方法,从宏观的角度考察图书馆活动的全过程,试图得出规律性的认识;有人借鉴社会学、心理学的方法研究读者心理;有人应用数学的方法对图书馆学问题进行定量的分析与描述,并从信息论、系统论、控制论角度审视图书馆学问题。研究手段与研究方法的更新,使图书馆学研究进入到更深的层次。

四是研究队伍年轻化。从几家专业刊物"作者介绍"栏目和历届学术讨论会与会者的年龄构成看,中青年已成为图书馆学研究的主力军,这是我国图书馆学研究兴旺发达的标志之一。

第一节　基础理论研究的新进展

一、图书馆学基础理论研究概况

进入80年代,我国图书馆学研究开始了蓬勃发展的第二个"黄金时代"。这一时期图书馆学研究最主要的特点,是图书馆学基础理论的新突破和大发展。

图书馆学基础理论研究首先是批判和肃清"文革""左"的影响及其给图书馆学带来的灾难,经过痛定思痛的政治性反思之后,开始从整体上对图书馆学的基础理论问题加以深刻的反省。人们意识到,基础理论方面的薄弱,影响着整个图书馆学的形象。图书馆学欲屹立于科学之林,理论根基必须牢固,否则其学科地位一定会发生动摇。经过三、四年的准备,从1984年开始,基础理论研究全面展开,逐渐形成了一股"理论热",这在中国和世界图书馆学史上将产生深远影响。

1. 摆脱封闭式的研究方法,学术研究日趋开放和活跃

长期以来,图书馆学停留在对图书馆工作和方法研究上,理论研究一直受到冷落,即使已有的基础理论研究,也由于缺少与外界的交流,不注意吸收和引进新的科学理论知识,而显得贫乏和枯涩。学术理论界的这种封闭状态,严重地阻碍了图书馆学理论的发展。1979年以后,这种沉闷局面被打破,理论研究的学术交流十分活跃。《图书馆学研究》(其前身为《吉林省图书馆学会会

刊》)、《四川图书馆学报》等刊物在 80 年代初便开辟基础理论研究专栏,推出了一批较有分量的论文,在学术界产生较强烈的反响。

　　"什么是图书馆学?"这一老问题引起了人们的新兴趣。只有搞清楚了这一最基本的问题,才能对图书馆学有一个正确的认识。于是,围绕着图书馆学研究对象、图书馆的属性等问题展开了专题讨论。1983 年中国图书馆学会在昆明召开第二届会员代表大会和学术年会,围绕基础理论展开的讨论引人注目。1983 年教育部在长春召开《图书馆学基础》课程讨论会,就《图书馆学基础》课程的教学内容进行了广泛讨论,并取得了基本一致的意见。1984 年秋在杭州召开的中国图书馆学会图书馆学基础理论研讨会,是建国以来首次召开的基础理论专题研讨会,会议就图书馆学的研究对象、学科性质、新技术革命对图书馆的影响等问题展开热烈讨论,有一些新的理论突破。此后,基础理论研究论文陆续发表,特别是图书馆学的宏观研究,对建立图书馆学的理论体系起到了重要推动作用。

　　2. 宏观图书馆学研究的开展为图书馆学开辟了广阔的研究领域

　　所谓宏观图书馆学,是从图书馆事业的整体去研究各项业务的社会化问题,研究图书馆与社会的关系,图书馆与信息系统的关系以及图书馆事业的同族关系。传统的图书馆学则注重微观图书馆学的研究,即主要研究图书馆业务的技术方法。微观研究是图书馆学存在的基础,是图书馆学科特点的体现。发展图书馆学,仅有微观研究是不够的。而宏观研究的深入开展,可以提高图书馆学的地位,增强其社会影响。宏观图书馆学研究的第一个方面是图书馆与社会的关系,社会对图书馆有何需求? 图书馆对这种需求的满足程度如何? 社会对图书馆是否理解? 图书馆在人们的社会生活中将发挥什么作用? 研究图书馆与社会的关系,使两者之间的结合处于最佳状态,为图书馆事业建设寻求正确方案。图书馆与社会的研究,最近一、二年出现热潮,第三届全国中青年图书馆学、情报学学术讨论会就是以此为主题的。

宏观图书馆学研究的第二个方面是研究图书馆与文献信息系统的关系。文献信息系统是一个较大规模的社会系统,它包括文献的生产、发行、引进、收集、整理、贮存、报导、传递、开发、利用等环节,涉及新闻、出版、发行、图书馆、情报所、档案馆等许多部门。按照系统论的观点,文献信息系统是现代社会结构中的有机组成部分,是整个社会赖以存在的一种基础结构,是在空间和时间内记录与传递知识的重要手段,是人类向大自然索取财富不可缺少的劳动工具。图书馆是文献信息系统的一个子系统,它的主要职能是向社会提供知识信息。实现这一社会职能,单凭图书馆的力量是难以办到的,需要全系统整体功能的发挥,要理顺图书馆与情报部门、档案部门和出版发行部门的关系。各部门之间协同动作,克服各自为政的陋习,实现图书情报一体化,在文献资源的共享、共建方面广泛合作,最终建成国家文献资源保障体制,充分发挥文献资源在国家现代化建设中的作用。在研究图书馆与文献信息系统关系的同时,有人另辟新径,探讨目录学、图书馆学、情报学之间的关系,寻求三者之间的共同本质,得出文献信息理论是这三门学科的共同本质的结论。这种观点认为,书目工作、图书馆工作和情报工作,均为转移文献信息的工作。目录学、图书馆学、情报学一方面要对书目工作、图书馆工作和情报工作实践经验加以概括总结,另一方面要研究文献信息的运动情况,前者构成这三门学科的应用科学部分,后者构成了其理论部分。三门学科的共同本质是研究文献信息及其运动规律,即文献信息理论。文献信息理论要研究文献信息处理能力与人类创造性活动的关系,以及文献信息处理能力与人类学习能力的关系。最近几年,文献信息理论研究取得了一批成果,较有代表性的是"文献信息管理系名实论"(载《大学图书馆通讯》1986年1—2期),上海大学文学院图书馆学系更名文献信息管理系也是一个例证。

宏观图书馆学研究的第三方面内容,是关于图书馆网络建设的理论。80年代以来,关于图书馆网络化建设的研究持续不断,突破了传统建网理论,提出了一些新见解、新方案。当然这些理论尚需实践的检验,网络建设是由点到网还是由网到点?是建设中心式还是分布式网络?是以业务网为主还是以计算机网为主?对上述问题仍需进一步探讨。

总之,宏观图书馆学研究的开展,无疑会开拓我们的视野,深化图书馆学研究层次,提高研究水平,促进本学科的理论发展和事业建设。

3. 推出一批研究成果,丰富了图书馆学的知识体系

80年代以来,图书馆学基础理论研究的重要成果首先表现在出版了一批较有影响的学术专著。1981年商务印书馆出版了北京大学图书馆学系与武汉大学图书馆学系合编的《图书馆学基础》。作为建国后正式出版的第一部图书馆学理论专著,代表了70年代末图书馆学研究的水平。该书中40%的篇幅阐述图书馆学基础理论问题。在分析图书馆学的诸种定义后,得出图书馆学是研究图书馆事业的发生发展、组织形式以及它的工作规律的一门科学的结论。这一定义被概括为"规律说",是一种较有影响的观点。关于图书馆学的内容,"基础"一书概括为五个方面,包括(1)基本理论的研究,(2)事业建设的研究,(3)业务工作的内容和方法的研究,(4)科学管理的研究,(5)事业史的研究。关于图书馆学的体系,该书表述为:(1)普通图书馆学,包括理论图书馆学和应用图书馆学,主要研究图书馆学理论和图书馆的组织、技术、使用等基本问题;(2)专门图书馆学,研究国家的、城市的或地区的图书馆事业以及各种专门图书馆;(3)比较图书馆学,研究世界各国的图书馆事业。书中关于图书馆的性质、职能的总结较有新

意,图书馆具有社会性、科学性、教育性、服务性等四重性质,其职能表现为传递科学情报的职能、提高科学文化水平的职能、思想教育的职能、保存图书文化遗产的职能。应该指出的是,"基础"一书用了较大的篇幅讨论图书馆藏书、目录、读者、业务辅导和管理等具体的业务工作和技术方法,淡化了该书的理论色彩。在基础理论研究日趋深化的情况下,又有一批图书馆学理论新著问世,有吴慰慈、邵巍合著的《图书馆学概论》(下称《概论》)、南开大学图书馆学系主编的《理论图书馆学教程》(下称《教程》)、宓浩等编著的《图书馆学原理》(下称《原理》)、黄宗忠等编著的《图书馆学导论》(下称《导论》)。这批专著,反映了近年来图书馆学理论研究的最新成果。其中《概论》坚持图书馆学的研究对象是图书馆事业及其相关因素,认为它的学科属性具有多重性,在现阶段,主要属于社会科学范畴,未来该学科的性质可能是综合性的。在讨论图书馆的本质属性时,着重强调了它的"中介性",认为图书馆在文献交流过程中处于一个中介物的地位,图书馆帮助人们利用文献,进行间接交流。图书馆的中介作用,就是充分揭示文献的形式信息,从而使文献的内容信息得以传播。《教程》和《原理》则从信息、知识、文献分析入手,揭示文献信息交流和图书馆学的关系,进而阐述图书馆学的基础理论问题,对图书馆工作及技术方法很少论及,因而理论色彩较为浓厚。《导论》一书对图书馆学基础理论的研究较为深入,引证材料比较充分。

上述图书馆学基础理论著作,一般是以图书馆学专业的大专教材的形式出现的。它们作为专业教学用书对各自的教学起到了应有的作用。此外,近年来,为适应图书馆在职工作人员的培训,还出版了几套理论与实践结合的,便于函授、自学的图书馆学丛书,这些丛书以完整的体系,系统地探讨了图书馆学基础理论。影响比较大的有:

吉林省图书馆学会丛书《图书馆业务自学大全》,金恩晖、江乃武、曹殿举等主编,共 15 种著作,其中《图书馆学引论》一书为梁林德、孟广均、辛希孟、况能富、杨沛超等编著。

四川省图书馆学报丛刊,彭长登、孙述万、注应文、程仰琦等主编,共 16 种著作,其中《图书馆学概论》一书为汪恩来编著。

广东、广西、河南、湖北、湖南五省(区)的图书馆专业进修教材,张遵俭、言海存、何卜吉、梁仁居等主编,共 8 种,其中《图书馆工作概论》一书为喻子兵编著。

上述著作除理论与实际联系紧密外,思想解放,清除了极左思潮对图书馆学基本理论问题的影响,有广泛的适用性和较大的弹性,又汲取了国内外图书馆学、情报学的新的研究成果,因而受到了广大读者的欢迎。

这一时期,国外著名图书馆学家的重要理论著作开始系统翻译出版。如丘巴梁的《普通图书馆学》、阮冈纳赞的《图书馆学五原则》以及巴特勒、谢拉等人的理论观点,同时还出现了专门介绍国外图书馆学的刊物,使得国内学者有机会了解国外图书馆学基础理论研究状况,学习借鉴其中有益的东西。

4.认识水平深入到新的层次,研究内容不断丰富和充实

许多研究者在研究图书馆学的一些基本理论问题时,注意运用现代科学理论和方法,从新的角度作了探索。例如从现代科学分类理论、信息科学、传播学的角度研究图书馆学学科性质,利用现代科学结构理论研究图书馆学体系,以耗散结构理论和系统方法寻求图书馆工作的机理。也有人从知识学角度对图书馆活动内容加以分析,提出知识交流论的观点。也有人提出图书馆是情报交流的工具,是文献这个交流工具的贮存者、组织者和利用者,图书馆工作的任务就是通过交流使社会更加合理的组织、存贮和使用知识、情报和文献。从这个意义上说,图书馆学的理论基础是情报交流。在图书馆学研究对象这个问题上,有新的突破。

二、关于图书馆学研究对象的新认识

图书馆学研究对象问题,一直为广大研究者所关注。继"要素说"、"矛盾说"、"规律说"、"事业说"、"工作说"之后,又出现了"交流说"、"知识说"等观点。1984 年杭州基础理论讨论会上,又提出了一些新观点,主要有:

1.图书馆学对象就是图书馆。其实这种观点早已存在。马宗荣、刘国钧早有论述,不过没有引起人们的普遍重视。作为图书馆学研究对象的图书馆,不是具体的实体,而是一个抽象的概念。首先,它不是古今中外的具体的图书馆形态,而是一个历史的集合概念,它是认识活动的客体,是个整体目标。以往人们讨论图书馆学对象时,无论是图书馆事业还是图书馆工作乃至图书馆要素,都是立足于"图书馆"这一基本要素的,都在"图书馆"这个总系统的范畴之内。因此,他们认为,将图书馆学对象表述为"图书馆"是合适的,没有必要在其后附加"事业"、"活动"、"要素"等。

2.图书馆学对象是对图书馆活动的本质概括。这种观点认为,以图书馆作为图书馆学对象过于笼统、简单,没有回答图书馆学究竟要研究图书馆的什么问题。图书馆是图书馆学的认识客体,而图书馆学的对象则是对图书馆这个研究客体本质的揭示。在对图书馆活动的本质的科学抽象上,又有诸种意见分歧:

(1)图书馆学对象是知识交流;

(2)文献资源的开发与利用是图书馆学研究对象;

(3)图书馆学对象是利用知识载体传播知识的规律;

(4)图书馆学对象是文献传递;

(5)图书馆学对象是知识贮存和利用;

(6)图书馆学对象应从图书馆的"中介性"剖析。

还有人主张,要注意图书馆学对象的层次性,并将图书馆学对象区分为图书馆工作和文献信息这样两个层次。前者为图书馆所固有,是区别于其他机构、组织的特殊的质;后者则属于上位系统,是社会信息系统中的一部分。作为图书馆学自身的对象,它应当研究图书馆工作,即研究图书馆在社会信息交流系统中所采取的一系列方法、手段,并以此区别于其它学科;而作为图书馆学所要从属的上位学科,则要研究文献信息,即研究文献的内容信息和形式信息,研究文献的产生、传播、存贮及其交流方式。

我们相信,随着图书馆学基础理论研究的深入,对图书馆学研究对象的研究,一定接近真理性的认识。

三、关于图书馆学理论基础的研究

科学的理论基础,是人们认识和改造研究对象的世界观,即认识论和方法论。作为一门具体科学的理论基础,应能正确地揭示研究对象的本质属性;反映认识对象的客观规律,指引科学理论建设的发展方向,奠定认识基础,提供科学方法;同时,应能正确地指导科学研究活动,并贯穿于研究过程的始终。图书馆学的理论基础,也应具备上述条件。那么用什么作为图书馆学的理论基础呢?人们首先想到了马克思主义哲学——辩证唯物主义和历史唯物主义。马克思主义哲学是科学的世界观和方法论,用于指导图书学研究,对本学科的发展起到巨大作用。在图书馆学界,以马克思主义哲学作为图书馆理论基础的认识是十分明确的。

那么,除了马克思主义哲学之外,还有哪些理论体系、哲学思想可以作为图书馆学的理论基础呢? 对此有人进行了探索。1983年,周文骏在《概论图书馆学》(载《图书馆学研究》1983 年第 3 期)一文中提出,图书馆学的理论基础是情报交流。

1982 年以来的几年间,英国科学哲学波普尔(K. Popper)的"世界 1、2、3"理论,在我国图书馆学界引起了不小的震动。有人根据英国图书馆学家、情报学家布鲁克斯(B. C. Brookes)的观点——波普尔的"世界 3"理论为图书馆学家和情报学家的职业活动提供理论基础,提出以客观知识世界(世界3)理论作为图书馆学和情报学理论的共同基础。持支持态度者认为,图书馆学长期以来缺乏一个强有力的理论基础能够统摄图书馆学中所有分支学科,使图书馆学真正具备完整的科学体系。波普尔的"世界1、2、3"哲学理论,为图书馆学第一次提供了新的理论基础。而多数研究者认为,"世界3"理论上有比较严重的唯心主义的反马克思主义观点,不能作为图书馆学的理论基础。

也有人在讨论图书馆学理论基础时注意到其层次性问题,即以马克思主义哲学作为最高层次的理论基础,以革命导师列宁关于图书馆事业的一系列论述作为理论基础的第二层次,以信息论作为第三层次的理论基础。还有人提出以哲学、信息论、控制论、数学、社会学、教育学、心理学等学科群体作为图书馆学的理论基础。另外,有人认为马列主义哲学、信息科学、数学是图书馆学的理论基础。

四、关于图书馆学方法论的研究

80年代以来,我国图书馆学界开始重视图书馆学方法论的研究,而在此之前,这一课题的研究几乎是空白。所谓方法,是"表示研究或认识的途径、理论或学说",即"从实践上或理论上把握现实的,为解决具体课题而采取的手段或操作的总和","方法是达到目的的手段"。科学研究的方法,就是人们发现新现象,提出新理论的手段。方法论可以理解为关于方法的学说或理论。科学的方法论具有一定的层次性,一般划分成三个层次:(1)哲学方法;(2)一般科学方法;(3)特殊科学方法。哲学的方法即唯物辩证法,它是适用于一切科学方法的理论基础。我们不论从事任何科学研究,都必须坚持马克思主义,以马克思主义哲学的唯物论和辩证法为指导原则。一般科学方法是从个别学科研究方法中提炼概括出来的具有普遍意义的方法。诸如逻辑的方法、历史的方法、

194

数学方法、系统方法和控制论等,这些方法均属一般科学方法,不但在自然科学,而且在社会科学中日益成为广泛应用的方法。特殊方法是具体学科领域中所采用的特殊研究方法。其特点在于它将各种一般科学方法和具体的研究者、具体的研究对象和具体的研究过程结合起来,在最高层次的哲学方法指导下,形成一个特定领域里的方法论体系。图书馆学方法论就是这样的一种特殊的科学方法。

一些论文讨论了图书馆学方法论的意义、性质与作用。认为,重视图书馆学方法论的研究,可以帮助图书馆学迈进真正科学的境界,要建立科学的图书馆学,首先要建立图书馆学方法论体系。其道理很简单,"工欲善其事,必先利其器",只有掌握了正确的方法,才能使我们的研究不至于误入歧途。图书馆学方法论是一个科学方法的综合体,而不是单一的、孤立的、静止的方法。许多研究者同意将图书馆学方法区分为三个层次,即(1)图书馆学研究的哲学方法,主要指辩证唯物主义和历史唯物主义的方法。这种方法是我们认识世界、改造世界的法宝。(2)图书馆学研究的一般方法,包括系统方法、数学方法、逻辑方法、调查法、观察法、实验法、历史法、比较法等。(3)图书馆研究的特殊方法,如读者记录卡分析法、借出记录分析法、藏书情况分析法以及各项业务活动的分析法等。有的论著将图书馆学方法论体系表述为四个方面:其一,研究课题的选择法;其二,信息的获取方法,包括调查研究法、观察方法、实验法、统计法;其三,科学抽象与逻辑思维方法,包括(1)科学抽象,(2)比较方法,(3)分类方法,(4)类比方法,(5)分析与综合方法,(6)归纳和演绎方法,(7)假说方法,(8)数学方法,(9)历史方法;其四,图书馆学研究的综合方法,包括(1)系统论方法,(2)控制论方法,(3)信息论方法,(4)移植方法。随着图书馆学的发展,图书馆学方法论将会不断完善;图书馆学方法论的成熟,将为图书馆学的发展提供动力,对此我们深信不疑。

五、关于比较图书馆学的研究动态

某些教科书和论文认为比较图书馆学起源于美国,1954 年由戴恩(Chase Dane)第一次提出比较图书馆学概念。其实这种看法是站不住脚的。早在 1935 年,我国学者程伯群就出版了《比较图书馆学》一书,比戴恩的论文《比较图书馆学的益处》要早二十年。可惜的是,程伯群之后,比较图书馆学研究没有新的突破,这块园地几乎荒芜了。八十年代以后,我国比较图书馆学研究成为图书馆学研究的一个热点。首先,国外比较图书馆学的研究成果介绍到国内,翻译出版了 P. 丹顿的《比较图书馆学概论》。其次,国内学者的研究成果不断涌现,《理论图书馆学教程》一书设专章讲授比较图书馆学,另有近 20 篇比较图书馆学论文发表,在一些基本理论问题上展开讨论。

关于比较图书馆学的定义,多数研究者都是引用国外权威人士对比较图书馆学所下的定义,并在此基础上分析研究、比较鉴别,进而提出各自的观点。主要有:①比较图书馆学是用比较分析的方法,研究当代世界各国图书馆事业建设的理论和实践,找出图书馆事业发展的共同规律和发展趋势,并揭示经济、社会政治和哲学基础以及各自的民族特性,以作为发展本国图书馆事业的借鉴。②比较图书馆学是比较研究各时间和各空间的图书馆学理论与实践的状况和发展趋势的差异性、矛盾性,并揭示其政治、经济、文化、思想和历史等等的基础及其规律性。③比较图书馆学主要研究多社会、多国度、多文化背景下的各学科同图书馆学相互交叉、渗透的领域。④比较图书馆学是对不同环境下受各种因素影响或制约的图书馆事业和工作进行系统比较评价,以解释图书馆体制的差异,归纳制定图书馆各种准则的学科。当然,这些定义分歧比较明显,譬如,跨国研究与地域研究的矛盾,多国研究与国际研究的矛盾,现实问题研究与历史问题研究的矛盾等等。如此众说纷绘,至今尚无被各方面广泛接受的定义。还有的研究者注意到,比较图书馆学本身并不是什么图书馆学的分支,而是一种图书馆学研究方法的名称。

比较图书馆学的目的主要有三,一是"报导——描述"的目的,提供各国家发展图书馆事业的情报;二是"历史——功能"的目的,把图书馆事业同国家的经济、政治和科学文化教育等背景因素结合起来研究,指出图书馆在具体社会的功能;三是"借鉴——改善"的目的,对本国图书馆事业与国外图书馆事业的区别和差距有比较深刻的认识,加深对图书馆事业发展规律的理解,借鉴国外经验,改善我们的事业建设。

比较图书馆学的研究,给我们打开了了解国外图书馆学的窗口;改革、开放的良好环境,为比较图书馆学研究提供了便利条件,比较图书馆学研究方兴未艾,前景广阔。

第二节　改革大潮下图书馆学研究的新特点

一、联系图书馆改革实际,发展图书馆学理论

我国图书馆改革已进行多年,给图书馆界带来了新的气象。联系图书馆改革实际,解决改革中出现的新问题,是近年来图书馆学研究的一个新特点。

1. 图书馆改革,首先是图书馆观念的改革

研究变革中的图书馆观念,是图书馆学研究的一个新课题。有的同志明确提出,观念的转变是图书馆改革的前提,要改革图书馆事业,首先要改变陈腐的旧观念,树立新观念。有的同志从理论上阐述了图书馆观念变革的意义,指出,图书馆观念属于意识形态范畴。从宏观上讲,它是社会文化观念中对图书馆工作或图书馆

事业的态度和看法,是图书馆一般理论的外化认识形式。图书馆观念也是一种价值观,它分为传统观念和现代观念。传统图书馆观念指对历史上图书馆事业所形成的看法,图书馆的新观念是现实发展变革中的图书馆观念。处在急剧的社会变革之中,新、旧图书馆观念必然发生激烈碰撞。在改革中涌现出来的图书馆新观念,与传统图书馆观念形成鲜明对照,两者孰优孰劣,一辨即明。

(1)开放型图书馆观念,主张变封闭型图书馆为开放型图书馆。封闭型图书馆主要表现为重藏轻用,闭馆锁库,人为地将读者与藏书隔绝开来,在其间设置重重障碍,严重限制了文献流通利用;馆际之间缺乏必要的横向联系,馆自为政,搞"大而全"或"小而全";服务方式单一,服务手段落后,服务质量低下。开放型图书馆的主要特征是注重图书馆资源的开发,努力实现管理科学化、技术现代化、服务社会化,加强馆际协作,促进资源共享,变馆藏为"公藏"、"国藏"。开放型图书馆是一个观念开放、设施开放、人才开放、藏书开放的多元开放的图书馆体系。

(2)图书馆科学管理观念。传统的图书馆管理观念,多表现为单纯的行政管理、经验管理,管理水平低下。图书馆科学管理观念,是遵循图书馆发展规律的管理,提倡集中、民主、计划、效益和自动化管理原则,重视管理主体的科学管理素质与决策能力,变"被动管理"为"主动管理"。

(3)图书馆竞争观念。传统的图书馆观念的一个突出表现是"无为"、"无争",反映出图书馆工作中的一种典型心态。图书馆新观念之一就是将竞争机制引入图书馆,鼓励竞争、促进竞争,在竞争中出效益、出成果、出人才。图书馆之间的竞争,图书馆员之间的竞争,图书馆与其它文献工作部门的竞争,对开创图书馆事业新局面起到了促进的作用。在强调竞争的同时,加强协调与协作,使系统内部、系统之间与外部环境协调一致,充分体现了图书馆的整体功能。

(4)经济效益观念。传统的观念认为,图书馆是单纯的事业型机构,是社会公益事业。而图书馆新观念则认为,图书馆兼有知识产业和事业单位的双重性质,图书馆活动要讲求效益,实行有偿服务和无偿服务相结合的服务原则,采取适当的方式"以文养文",随着知识商品的扩大和增值,把图书馆这一非盈利的社会文化事业变为知识产业与事业相结合的知识输出部门。

(5)情报信息观念。变传统"文献服务型"图书馆为"情报信息多元服务型"图书馆,变"文化教育型"图书馆为"综合情报信息型"图书馆,充分吸收现代情报科学、信息科学的新观点、新成果,把图书馆办成文献情报交流的中心、信息服务与咨询中心,强化图书馆的情报职能,实行"图书情报一体化",在体制上改变传统图书馆的形象。

(6)读者第一观念。"读者至上"、"读者第一"、"一切为了读者"的口号在图书馆提倡很久,但是由于传统观念的偏见,忽视读者、轻视读者工作的错误一直没有彻底纠正。突出读者在图书馆中的地位,尊重读者意志,满足读者需求,以读者工作为中心开展各项业务工作,是新的读者观念的表现。

观念的更新,为图书馆改革铺平了道路,在举国上下全面改革的背景下,图书馆改革亦迈出了坚实的步伐。

2. 有偿服务,是图书馆改革中的一个敏感问题

图书馆改革中,有偿服务很快成为一个热门话题。在图书馆观念变革中,讲求经济效益的观念开始被图书馆界接受,在实践中实行有偿服务,各方面的反响不一。有人主张试试看,持观望态度;有人主张应快快来,尽快把图书馆办成"经济实体";而来自领导层的意见,则对有偿服务持不大赞同的态度。改革的实践,要求理论界对此作出答复。几年来,围绕有偿服务展开争鸣讨论的文章达数十篇之多,或主张有偿服务,或主张无偿服务,仁者见仁,智者见智,各抒己见,观点分明。

在"有偿服务"与"无偿服务"的理论基础方面,"有偿"论者从知识的特性出发,认为知识是生产力,能够创造价值。在商品社会中,知识产品具有商品的属性,在交换中,凝结在其中的劳动应该得到补偿。图书馆积累传递的图书情报资料中凝结着人类的知识,因此,图书馆所致力的知识服务应该是有偿的。从图书馆的性质来看,图书馆不仅属于上层建筑,而且还属于生产力,图书馆具有服务性,也具有生产性,它是服务性与生产性、事业性与产业性的有机统一。图书馆创造了物质财富,它通过自己的活动收取一定的报酬应该是合理的。"无偿"论者主张,社会主义制度下的图书馆是国家文化、教育、科学事业的一个组成部分,属事业单位。开展有偿服务,将违背图书馆的性质。图书馆是国家兴办的公益事业,其建筑设备、藏书、人员工资都由社会承担,由社会支付,供社会享用,因此图书馆不应对其服务对象收费。从事业发展方面找原因,"有偿"论者认为,在图书馆工作中只强调社会效益,忽视经济效益,将使事业建设受到影响。为了发展图书馆事业,应改变图书馆工作的劳动成果长期被湮没的现象,可以实行有偿服务。"无偿"论者认为,如果实行有偿服务,将会限制读者利用图书馆,造成社会读者队伍萎缩,影响图书馆事业的发展。

在有偿服务的范围方面,出现"有限有偿服务"和"全部有偿服务"两种意见。前者主张,有偿服务应该在不损害"公益事业"这一前提和有条件的基础上进行。所谓有条件,就是要限制在一定范围之内,要确定有偿服务的范围,统一收费标准。在现阶段,图书馆只能开展部分有偿服务,实行有偿服务与无偿服务相结合,文献复制、代查、代译、咨询服务等服务项目,可以列为有偿服务项目,收取一定费用。另一种意见认为,图书馆的全部服务都应该是有偿的,因为图书馆将成为人类知识贮存和开发的机构,成为"经济实体",图书馆要企业化、商业化、产业化。看来这种观点还难以让人理解和接受。

谈到开展有偿服务的意义作用,大体上有这几方面的看法:一是有偿服务可以缓解图书馆经费紧张局面,加速图书馆事业建设;二是通过有偿服务引起的竞争,有利于各图书馆提高服务效益和社会地位,加强横向联合,开展馆际协作;三是有偿服务的收入改善职工的生活福利条件,有利于调动工作人员的积极性和创造性;四是有利于改善馆员的知识结构,使他们钻研业务,掌握真才实学,以适应开展有偿服务的需要。

当然,有偿服务的开展,也会在图书馆产生一些副作用,例如分不清有偿与无偿的界限,处理不好二者的关系,可能会分散业务精力,或片面追求创收,一切"向钱看",导致服务水平的下降。

目前图书馆有偿服务问题仍在讨论之中,从总的情况看,研究还有待深入,还缺乏有分量、有说服力的文章,特别应该指出的是,来自经济学方面的理论支持尚不够,来自图书馆实践的例证也不够充分。随着图书馆改革的深入和有偿服务的适度开展,人们在认识上将有新的突破。

二、研究图书馆发展战略,促进图书馆事业发展

改革和发展的关系十分密切,发展的动力来自改革,改革的目的是促进事业发展。在各方面改革发展到一定阶段的时候,发展问题自然提上议程。最近几年,发展战略研究为各行各业普遍关注,经济发展战略、文化发展战略的讨论逐步深入。随之而来,图书馆事业发展战略研究引起了广大图书馆工作者和图书馆学研究者极大兴趣,在较短时间内推出一批研究成果,各种规模的图书馆发展战略研讨会相继召开,陆续提出了有关一个地区、一个系统乃至全国图书馆事业发展战略构想。而更多的研究者则把目光放在如何研究发展战略上。

发展战略研究属于开发研究。它要求研究者将理论知识和整个事业发展中的宏观现实问题结合起来,总结经验教训,科学地预

测未来,提出和论证决策方案。图书馆事业发展战略研究的兴起,为图书馆学找到了理论与实践的结合点,提供了一个参与社会发展决策的机会。黄纯元《我国图书馆事业发展战略的若干问题》(载《图书馆学通讯》1986年第3期)可谓发展战略研究的上乘之作。在谈到图书馆事业发展的含义和尺度时,作者从图书馆的社会地位和作用这一逻辑起点来探讨发展问题,把图书馆看作是组织和传递文献信息载体的交流机构,它的活动是开发和利用社会文献信息资源的社会工程。确认图书馆的信息活动范畴的性质,有助于区别图书馆事业发展与其它社会事业发展所存在的不同社会要求。图书馆对社会发展往往起着间接作用,即通过图书馆事业来促进科学、文化、教育、经济以及其它事业,从而推动社会发展。图书馆事业发展与否的唯一依据是图书馆的外部作用,而不仅仅反映其自身的状态。看图书馆事业是否发展,不能单纯看图书馆有多少藏书、多少读者、多少设备、多少人员、多少馆舍,而应注重图书馆整体效益发挥程度如何。数量的发展仅仅是为了实现某种目标而采取的手段,它不是事业发展的目的,不能成为衡量事业发展的唯一依据。基于这种考虑,我国图书馆发展应该走质量型的发展道路。发展道路有两条,一条是数量型道路,一条是质量型道路。我国近四十年来图书馆事业发展基本上走的是数量型道路。在图书馆事业发展到一定规模的时候,不应继续沿着数量型道路走下去,而应实行战略转移,选择质量型发展道路。以提高图书馆的社会效益为核心,以满足社会需要为目的,以改善图书馆管理和工作效率、提高服务质量为手段,去提高图书馆内在素质,这是质的主要特征。任何发展总是在一定基础上的发展,图书馆事业发展同样如此。那么,我国图书馆事业现有的基础如何呢?研究图书馆发展战略要了解现状,做到心中有数。了解现状,要从两个方面着手,一是中国的国情,二是中国图书馆的馆情。图书馆事业发展不是一项单纯的发展,它受到社会政治、经济、文化、教育、

202

科学、人口等各种因素的制约。图书馆事业发展一定要符合中国的国情。我们的国情是：人口众多，幅员辽阔，经济文化发展不平衡，科技落后；人民的文化素质偏低，文盲占有相当比重，公民的图书情报意识不高；改革虽初见成效但任重道远，实现经济振兴腾飞还要付出相当长时期的艰苦努力。在这种背景下制定图书馆发展战略要实事求是，一切从实际出发，按照社会发展的总体需要安排图书馆事业的规划，既不要"超前"，又不要"拖后"，协调稳步地发展图书馆事业。某些发展方案提出××年内实现全地区图书馆自动化的目标，不管大馆小馆，不管需要与可能，不管基础与条件的盲目发展，其目标是很难实现的。设想，在经济、文化比较落后的地区，图书馆事业经费相当紧张，连正常的职工工资和最低的购书经费都难以维持，现代化设备几乎是空白，而且毫无干部、技术准备，在这种情况下实现计算机化，岂不是一句空话吗？我们应当依照循序渐进的原则，扎扎实实搞好基础工作，在有限适度的范围内寻求一定规模的发展。

制订一份图书馆事业发展规划，具体内容应该包括：

（一）战略目标；（二）战略重点；（三）战略步骤；（四）战略措施。其中，战略目标是指在一个较长时期内图书馆事业的发展方向和所要达到的主要目标；战略重点是为实现战略目标所选择的突破口；战略步骤是为实现总目标而分阶段实施的具体计划和工作步骤；战略措施是完成工作步骤、保证战略重点、实现战略目标所采取的手段和方法。

当前图书馆事业发展战略研究，尚存在这样一些亟待解决的问题。

第一，泛泛讨论发展战略研究意义的多，很少拿出一些可行性方案。

第二，讨论战略问题的少，讨论战术问题的多。

第三，现有的图书馆学理论，能够为发展战略方案提供科学论证显得力不从心,一方面数据准备不足,另一方面方法准备也不足。

第四,把发展战略研究搞成纯学术研究,失去了战略研究应有的意义和作用。

第三节　中国当代图书馆学发展趋势

一、在反思中认识、发展图书馆学

近两年图书馆学研究中出现一种新思潮,人们自觉地反省图书馆学研究中的问题,寻求图书馆学发展道路。通过反思,分析图书馆学研究中的种种弊端,找出障碍图书馆学发展的症结所在,无疑将会促进本学科的发展。

当前的图书馆学研究中存在的主要问题是:

(1)研究方向的某种偏离。图书馆学的研究方向,决定了图书馆学发展的路向,欲使图书馆学健康发展,把住正确的研究方向是至关重要的。图书馆学研究方向与图书馆学研究对象有着密切联系,在某种意义上讲,图书馆学研究对象的确定,直接影响着图书馆学研究方向。在一段时期内,图书馆学研究对象确定为"图书馆的组织、工作内容和工作方法",具体研究内容被确定为基本理论研究、事业建设研究和业务工作的内容和方法的研究、科学管理的研究和事业史的研究。事实上,各项研究所投入的力量是不均等的。据张树华、邵巍统计,1980—1983 年间,图书馆学基础理论研究仅占全部研究成果的 3.35%,图书馆读者、藏书、分编和管理等应用图书馆学研究占 38.68%,专门图书馆学研究占 25.3%。这些数字表明,应用图书馆学和专门图书馆学研究成为整个图书馆学研究的主攻方向,而理论图书馆学研究的不景气,势必影响图书馆学成熟和发展。有人认为,我国图书馆学发展缓慢,与它纠缠于表象,缺乏系统性、逻辑性和思辨性有关系,研究者从具体的工作环节中找课题,不能对图书馆学进行多角度、多层次的宏观解剖。微观研究多于宏观研究,导致研究方向上偏离。

(2)图书馆学研究的虚假繁荣。从表面上看,近几年图书馆学研究可谓轰轰烈烈,一派繁荣:研究论文数以万计,层出不穷;学术专著纷纷问世,屡见不鲜;新名词、新概念成批涌现,接应不暇;图书馆学的分支学科似雨后春笋,谱系庞大;图书馆学研究队伍不断壮大,后继有人;图书馆学教育急剧发展,遍地开花……。有的研究者透过表面现象,一针见血地提出,这种虚假的繁荣,恰恰是图书馆学的悲剧所在。适当地给图书馆学研究的过热现象降降温,冷静地思索一下虚假繁荣背后潜藏的危机,尽量避免不切实际的夸夸其谈,脚踏实地的做学问、搞研究,多一点实事求是,少一点哗众取宠。研究者要深入钻研,少做表面文章,不要言必称学,标新立异,空发议论。应该面对改革现实,为图书馆的改革与发展提供理论支持,解决实践中出现的新问题。

自觉地对学科发展中的问题加以反思,是一个学科成熟的标志。通过反思和批判,可以帮助我们矫正学科发展方向,扫清学科发展中的种种障碍。图书馆学研究中的反思,也一定能够起到这样的作用。

二、现代化图书馆的理论与实践问题

当代图书馆的发展趋势是图书馆的现代化。提起图书馆现代化,人们很自然联想到图书馆自动化,即以电子计算技术装备图书馆,实现各种操作过程的自动化。其实,图书馆自动化仅仅是现代化图书馆的一个标志,图书馆现代化的全部内容应该包括:

1.图书馆观念的现代化。冲破传统图书馆观念的束缚,树立现代观念,诸如系统观念、竞争观念、效益观念、开放观念、创新观念、人才观念、情报信息观念、资源共享观念、网络观念、读者第一观念等等。观念的现代化是图书馆现代化的重要标志之一。

2. 馆藏文献多样化。现代化图书馆不仅继续收藏传统的印刷型文献,还越来越多的收藏非印刷型文献,图书馆藏书的载体成分由单一性变为多样性。多样化的知识载体包括以纸张为载体的印刷型文献,以感光材料为载体的缩微资料,以磁性材料为载体的声像材料、机读材料,以及其它新型知识载体,如直感图书、电视唱片、光盘等。国外图书馆学家、情报学家曾预言,未来社会将是"无纸社会",将出现"三无"图书馆。不过在现代化图书馆中,印刷型文献不会被非印刷文献完全取代,在相当长时间内,仍将是多种知识载体并存。知识载体多样化,给文献的收集、整理、加工、传递带来了一系列新课题。

3. 信息处理自动化。传统的手工操作被电子计算机取代,广泛应用电子计算机是现代化图书馆的重要特征。电子计算机技术在图书馆业务工作的各个领域都有广阔的应用前景,从采购分编到流通、保管以及文献检索、参考咨询等。各项工作均可由计算机操作,并且大大提高了工作效率。

4. 工作人员专业化。人的现代化是图书馆现代化的保证。随着图书馆现代化程度的提高,对图书馆工作人员提出了更多的要求,无论是知识水平还是人员结构都要适应现代化图书馆的要求。图书馆工作人员再不是图书馆的"守摊人"、"看门人",而是知识开发与利用的"工程师"。图书馆工作人员要有扎实的图书馆学、情报学知识,还应具有某一学科知识的背景,以适应专业化工作的需要。

5. 业务工作标准化。标准化是现代化的基础和先决条件。没有图书馆工作的标准化,不可能实现图书馆工作的现代化。因为,多载体文献的利用、知识信息的自动化处理都是以标准化为依据的。图书馆工作标准化,就是通过制订标准,实施标准,使图书馆技术及其设备达到规范化、统一化。图书馆业务工作标准有管理标准、设备标准、书目标准等。

6. 资源共享网络化。资源共享是被普遍接受的现代办馆思想。传统图书馆各自为政分散经营,彼此间缺乏必要合作、协作,在人力资源、财力资源、藏书资源和设备资源等方面造成很大浪费。现代化图书馆要在最大程度上实现资源共享,现代科学技术为图书馆资源共享提供了强有力的保障,电子计算机和现代通信技术的结合,使图书馆的自动化系统连成网络,实现了联机采购、联机编目和联机检索,借助自动化网络,真正实现了资源共享。

当前,我国图书馆正处在由传统图书馆向现代化图书馆过渡时期。了解现代化图书馆的特征,把握图书馆的发展趋势,可以使我们找出差距,看准目标,一步一个脚印地向现代化图书馆迈进。

三、图书馆学研究的发展趋势

基于对图书馆学发展史的回顾和对图书馆学研究现状的分析,结合图书馆事业发展战略的考虑以及图书馆现代化建设的需要,我们认为中国当代图书馆学研究存在如下发展趋势:

1. 图书馆学研究紧密结合图书馆改革与发展的实际,研究的重点将是图书馆改革与发展所面临的现实问题。以往图书馆学研究理论与实践脱离的局面将有所改观,从实践中选题,研究服务于实践,是图书馆学研究的新趋势之一。

2. 图书馆学基础理论研究呈上升趋势。多年来一直争论不休的研究对象等问题,经过一段时间的讨论之后,可望趋于平稳。其它基础理论问题的研究将以多层次的形态发展,图书馆学研究内容得到进一步充实。

3. 图书馆学学科体系将得以完善,其纵向结构和横向结构相结合,形成完整的体系。图书馆学学科体系的研究将以注重内部结构转向外部联系的研究。图书馆学与其它学科相结合,产生出来一批新兴学科,其中一些学科可能在不太长时间内走向成熟。

4.图书馆学方法论进一步发展,并逐渐形成完整体系。传统图书馆学研究以定性描述为主,而今后定量研究在图书馆学研究中将被广泛采用,建立数学模型,提出严格的公式,对图书馆学的各种问题作抽象的概括和理论的认识。

5.技术方法研究继续受到重视,应用图书馆学研究会持续发展。在新技术革命影响下,图书馆工作手段将发生根本性的变革,电子计算机技术、缩微技术、声像技术等将改变传统的图书馆工作方法。新技术、新方法的研究,大大丰富应用图书馆学的内容。

6.图书馆学术交流进一步开展,特别是各国图书馆学界的交往日益频繁,促进了各国图书馆学的发展。可以相信,在不久的将来,中国图书馆学研究成果受到图书馆学界的重视,我国图书馆学研究者也将从国外同行那里吸收营养,促进本国的学术研究。

7.形成图书馆学派,造就理论大家。随着图书馆学研究的深入,可能导致各种学术流派的建立。各种学术流派的建立,无疑是图书馆学成熟的又一标志。三十年代的图书馆学研究,造就了杜定友、刘国钧等一代图书馆学前辈,八十年代和今后的图书馆学研究也会造就一大批图书馆学新人,出现群星灿烂、百家争鸣的大好局面。

第十一章 国外图书馆学发展历史概述

第一节 古代图书馆学思想

人类自古以来,就以其聪明的才智创造了文明。在古代,巴比伦、希腊、罗马都是人类科学文化的摇篮之一。巴比伦人不但创造了"楔形文字",还制成了泥版文书;希腊人崇尚科学,注重理论,给后世留下的是宝贵的科学遗产;罗马人崇尚技术,重视应用,传与后人的是宏伟的土木工程和具有实用价值的百科全书。就这样,在他们艰辛的探索下,终于凝聚成古代科学技术的灿烂结晶。

文字的产生、书籍的出现、人类思维的开发以及科学技术的巨大成就不仅为古代图书馆的产生、发展创造了物质条件和精神产品,而且催促着古代朴素的图书馆学思想的诞生。

在国外,大约公元前三十世纪便出现了古代图书馆,而古代图书馆学思想的产生则追溯到公元前三世纪。据古文献记载,生活在公元前300—前240年的伽利玛库斯是著名哲学家、诗人,他为当时希腊著名的亚历山大里亚图书馆编成了著名目录《抄本》,又名为《在全部学术领域里指引人们写作之表记》,从书名可以看出,他认为目录具有"指引写作"的作用,这就是迄今为止国外古代图书馆学思想的最早记载。在公元前二世纪,当时被称为"最博学的"瓦罗(M. T. Varro,公元前116—前27年)不但拥有了大规模的私人图书馆,而且他还撰写了三卷本《论图书馆》一书,但早已失传。公元前一世纪,罗马著名建筑家维特鲁维厄斯(Marcus Vitruvius Pollio)在他撰写的十卷本著作《论建筑》一书中,谈到了私人图书馆的建筑、设计问题,他认为"图书室应当光线充足,一要便于阅读,二要防潮,以利于纸草纸的保存。"这是最早的有关图书馆建筑的图书馆学思想,至今乃有借鉴意义。在古罗马,兴起了一段藏书之风,他们藏书的目的是为了装饰私邸,当时的罗马哲学家、政治家塞涅卡(Lucius Annaeus Seneca,公元前4—公元65年)讽之曰:"他们拥有数不清的图书和图书馆,但在自己的一生中连这些书的书名也都没有看过,那么这些书和图书馆对他们究竟有什么用处呢?"由此可见,他认为藏书的目的是为了利用,而不是为了装点门面。另外,作家路西安于公元一世纪,贬讽一些大建私人图书馆来标榜富裕的奴隶主是"无知的藏书者",并以此为篇名撰写了文章,指出"尔辈藏书,究竟为何?"如前所述,他也提出了藏书目的性问题。还有,基督教思想家奥古斯丁(Aurelius Augustinus,354—430年)建了私人图书馆,并在去世之前,把图书馆交给教会,还交待了"如何组织和利用这个图书馆"。

综上所述,古代西方不但有人提出并间接解释了藏书目的这一图书馆学应回答的根本性问题,而且还提出了目录的"指引写作"作用及图书馆建筑应注意采光、防潮、便于阅读等图书馆学思想,并且,在当时还有了图书馆组织与利用之法。这些思想与方法是对当时图书馆经验的初步总结。

第二节 中世纪图书馆学思想

中世纪前期,由于战争的劫掠、政教合一的愚民统治,致使科学衰落、人民愚昧无知、社会停滞不前。在这样的环境下,图书馆学思想也受时代的影响,被蒙上了一层时代的灰尘。

公元 529 年,贵族出身的本尼狄克特(Benedictus of Nursia,约480—543 年)在罗马建立了修道院,院内设立了图书馆,并为修道院制定了严格的《本尼狄克特法规》。从法规中可窥见出本尼狄克特的图书馆学思想。法规中规定:首先,"读书对有罪的可鄙的人来说是一种义务,它可以使他们感知神的存在"。从这一条规则可以看出,他虽然认为书是为用的,但却把书当成了使人信教修行的一种手段。其次,"人数不少的修道士每人都要分到一本书,所以需要一定数量的复本",也便于个人阅读。他认为为了达到每人有其书,必须保持一定的复本量,但目的还是为了帮助僧侣们修行。再次,"阅读其它那些可以教诲聆听者的书籍"。他虽然认为书籍能教育人,但还是出于使僧侣们修行得更好这一目的。

与本尼狄克特同时代的卡西奥多尔(Flavius Magnus Aurelius Cassiodorus,约487—约583 年)认为:世俗文献对基督教徒是重要的;修道院的图书馆必须兼收文法历史、地理、音乐、农业等方面的书籍。从这一点看出,他强调藏书的综合性;书籍抄写要准确;书籍装订要优质、美观。他还在自撰的《神性文献和世俗文献提要》中编了一份解题书目,这份目录在后来的若干世纪一直被作为修道院图书馆的藏书标准。

另一需要提及的人物是法国基督教徒卡西道拉斯,他在自己撰写的《圣规与古籍》一书中,不仅阐述了日常宗教生活细节规则,还谈及了他自己的修道院图书馆的写本的抄写、校订、管理和修补内容,并在书末附有馆藏解题目录。他的贡献在于:提供了修道院图书馆的管理方法、图书复制技术、图书校订方法、图书保护技术。但这些方法、技术都只能适于修道院图书馆。他所提出的内容后来都属于图书馆学的研究范畴。

总之,在中世纪前期,尽管提出了许多不乏光泽的图书馆学思想,但由于都是在修道院环境中滋生出来的,故难免渗进宗教的色彩。

中世纪后期,资产阶级的兴起,促进了生产的飞速发展。中国造纸、印刷术的输入、应用和推广,大大促进了欧洲科学文化的普及与提高。正如马克思所说:"印刷术却变成新教的工具,并且一般地说,变成科学复兴的手段,变成创造精神发展的必要前提的最强大的推动力。"(马克思《1861—1863年经济学手稿》)在新的政治、经济、科学、文化环境的影响下,使欧洲进入了前所未有的科学文化繁荣的文艺复兴时代。文艺复兴推动了图书馆事业的巨大发展,进而使这一时期的图书馆学思想摆脱了前期宗教的篱笆,走上了健康的发展道路。

在十二世纪,有个叫提邦的法国人,他不仅把藏书传给了儿子,也把多年的藏书管理经验也传给了儿子,这些经验就是提邦关于图书馆管理的图书馆学思想。

在英国,有个叫里查德·伯里(Richardde Bury,1281—1345年)的藏书家,他在1334年撰写了《爱书》一书,该书体现了里查德·伯里的许多图书馆学思想。他认为:①书是智慧的载体,智慧是人类的无价财富,因此,书是无价之宝。他在书中指出:"智慧瑰宝主要蕴藏在书中",并在"如何看待书的价格"一章中指出:"如果是由书的内含智慧构成书的价格,智慧是人类的无价财富,又如果书的各项条件已充分证明价格高到难以付出。既然是购买无限宝贵的东西,何以能说明要价太高呢?"这一思想也是他本人重视知识的深刻体现。②藏书的意义在于满足众多读者的需求,而非个人享用。他认为藏书者应该做到:"向你祈求的人,皆有所获;……有勇气叩阅者,皆遂所愿。"又指出"我们收集大量图书是为了学者的共同利益而非个人享受。"③书不但有益于人,而且能保存文明。他在书中写道:"人们对书的忱爱是受益于书",又指出:"若非上帝把一切必然消逝的事物皆载于卷册之中,那么,世上所有的辉煌成就均将被遗忘和湮灭。"另外,书中还阐述了图书保护和借书管理问题。在谈到图书保护问题时,他指出:"开合书必须轻柔,不要急剧地猛然打开,看完后必须好好合上,放置一边";"沾有油腻的手指不应打开书或翻弄书页";"只有干净利落的人方许阅览珍贵的书";"发现书有破损应随时修复"等等,这些思想至今对读书人仍具有教育意义。在借阅管理方面,他提出了一系列"出借全部图书的办法",如:"任何希望借书的学生,不论是教会的还是非教会的,均一视同仁。""若要借的书经查并无复本,则不能借与任何人,……"等等,在此不一一足之。

生活在十五世纪的费德里戈·达·蒙特菲尔特罗(Federigo da Montefeltro,1422—1482年)是意大利著名私人藏书家,在论及图书馆馆长的素质时,他指出,馆长应当是"学识渊博,神采奕奕,和蔼可亲,精通文学与语言",他必须管好图书,编好目录,保护图书,以免损坏,让读者容易接近图书,还要仔细办理出借手续,不得遗漏等等。可见,当时的馆长亦为图书馆管理员。

总之,与中世纪前期比较,其后期的图书馆学思想确实取得了很大的进展,从藏书目的到藏书管理,从藏书保护到借书管理,从图书的作用到馆长的素质,涉及面很广,这些图书馆学思想对当时以至后来的图书馆学的发展起到了重要的推动作用。

第三节　十七—十八世纪的图书馆学思想

十七—十八世纪,由于欧洲资产阶级力量的壮大,并建立了资本主义社会,使欧洲政治、经济、科技、文化都获得了巨大发展,尤其在第一次科学革命和产业革命的推动下,带来了科学的重大突破和技术的极大发展。英国、法国和德国相继成为科学发展中心。

欧洲的飞跃发展,为那里的图书馆学思想的产生创造了良好条件。这一时期的图书馆学思想主要来自法国、德国、荷兰、英国和俄国,代表人物是诺德和莱布尼茨。

一、诺德的图书馆学思想

诺德(Gabriel Naude,1600—1653 年)是十七世纪法国最著名的图书馆学家。多年的图书馆实践,使他不仅积累了丰富经验,而且对图书馆的基本问题有了深刻的认识,进而提出了许多闪光的图书馆学思想。诺德的图书馆学思想在他撰写的《关于创建图书馆的建议书》中得到充分体现。该书出版于 1627 年,是国外最早的图书馆学著作之一,被称为欧洲"最早的图书馆学概论","近代图书馆思想源泉","确定了图书馆学的一般原理"。

诺德的图书馆学思想主要表现在以下几个方面:

藏书目的方面,图书馆藏书的目的是向公众开放,服务于社会。经营图书馆的目的决不在于提高图书馆所有者的声誉。他在书中陈述道:"如果不打算将书提供给公众使用,那么一切执行本建议前述方法的努力,一切巨大的购出开支,全属徒劳。"

对待读者方面,图书馆不应专为特权阶级服务,对读者不应分地位尊卑,一律平等对待。他指出,迄今的图书馆多半是权贵游玩的场所,他们之所以经营图书馆,主要是为了欣赏馆内的珍本和古董,这一情况必须改变。他还指出:"即使对最卑微的能多少获益的人也不要限制,要让人们借阅。"

馆员素质方面,图书馆员具备必要的素质才能更好地服务于读者。如,他指出:"为了要求文明礼貌地搞好公众服务,同时又具备必要的警惕性,就应该选择正直的、有学问的、懂得书的人当图书馆的工作人员……。"

藏书建设方面,他认为,图书馆是保管全人类文化遗产的人类知识宝库,故在进行图书的选择和搜集时,不能只藏古代珍本或装帧精美的图书,应当着眼于新学科,应大量收集近代文献;藏书要全面,不应有倾向性和排他性,不管新书还是旧书,异教书或非异教书,宗教书或普通书,要一视同仁。

藏书管理方面,要科学地管理藏书,对图书要经过很好的分类和编目。

馆员待遇方面,在论及图书馆管理员的待遇、地位时,他指出:应当"付以相应的工资,授以相当于多数著名图书馆的职称和头衔。"

图书馆地位方面,认为图书馆事业是崇高的事业。他指出:"相信再没有比建立一座蔚为壮观为世人所用的图书馆更高尚,更能普遍赢得荣誉的事业了!"

图书分类方面,图书分类要建立在科学分类的基础上,同时又要充分考虑其应用性,即图书分类必须是最自然、最方便的,分类表必须具备合理的细目。

图书馆建筑方面,图书馆应建在自然采光、不潮湿、无噪音的地方。

藏书利用方面,应允许学者入库选书。这一思想为后来的"开架借阅"的实行奠定了基础。

另外,他还论及了藏书数量、目录编制、装潢等方面的问题。

总之,诺德不但回答了图书馆学中的基本问题,即图书馆及其目的、任务,而且还就有关图书馆建设的各个方面发表了自己的独到见解。可见,他已经触及了图书馆学的边缘,真不愧为欧洲"图书馆学思想开山鼻祖"。诺德的思想不仅在欧洲产生了深远影响,而且为图书馆科学的最后建立奠定了思想基础。

后来,受诺德图书馆学思想影响的有:英国的约·杜尔、理·本特里和法国的尼·克莱门特、戴·克莱门特、爱·巴鲁兹等等,此不赘述。但其中值得提及的是法国的克劳德·克莱门特和英国皇家图书馆馆长约翰·戴利。克莱门特(1599—1642年)在他1635年出版的《图书馆组织论》中也主张图书馆应向社会公民开放。戴利(1596—1680年)不但继承了诺德的图书馆学思想,而且在他1650年发表的《新图书馆员》一书中指出:"图书馆员应该是学问的向导,文化的传播者,读者和图书的媒介。"并且他"最先提出了图书馆职业及其教育问题"。

二、莱布尼茨的图书馆学思想

莱布尼茨(1646—1716年)是德国著名图书馆学家,也是对多门学科有伟大建树的著名科学家。他的图书馆学思想主要散见在回忆录、书信、请愿书中,主要表现在以下几个方面:

首先,他认为,图书馆应当是人类全部思想的宝库,并把图书馆称为人类的"百科全书"、"一切科学的宝库"、"全人类的百科辞典"、"人类灵魂的宝库"。他还提出建立"万象图书馆"建议,使其收藏全人类的所有知识。

其次,他认为,科学的进步,需要学者们之间自由交流信息,图书馆应成为"与一切时代的伟大人物进行交谈的场所",并应提供和开辟科学交流渠道。这一思想在后来的图书馆建设中起到了深刻的指导作用,如"为科研服务"已成为图书馆的任务之一。并且,目前有的图书馆已经设立了"读者协会",开辟了科研室,为科研人员之间进行交流、探讨提供了方便条件。

再次,他建议在各国科学院建立并设有图书馆的前提下,组建世界性图书馆网络。他不仅仅是提出,而且付诸实践了,他曾给中国的康熙皇帝写信,建议在北京成立科学院。这一思想虽然在当时的条件下难以实现,但后人却做到了,如目前已建立了许多世界性情报检索网络。由此可见这一思想的深远影响。

另外,他提出了图书馆办馆水平的评估标准。他认为,不应该以数量、珍本或高级装订术来衡量图书馆,而应看所收藏的资料是否有价值,是否全面,是否新颖,这一思想对我们现实的藏书建设仍有参考价值。

他还强调,应及时、连续、均衡地补充有学术价值的新出书刊,并尽早设法提供利用,为此,必须配备完备的目录;他认为,对学者来说,全国性的图书目录组织能提供他们所需的图书情报,并指出,科研工作进展如何,在很大程度上取决于图书馆提供资料的多寡;他主张尽可能延长开馆时间,对图书出借不要规定过严,还要求馆内安有照明与取暖设备;他还认为,图书馆必须有固定的经费。经费问题是图书馆事业赖以发展的重要因素之一,目前国内外图书馆经费不足现象大有存在。故这一思想仍有其现实意义。

莱布尼茨的图书馆学思想不仅对当时,就是对当代也仍具有启发意义,如全国性乃至世界性网络建设、资源共享仍然是当前图书馆学所注目的重大问题。

三、利普西乌斯的图书馆学思想

利普西乌斯(Justus Lispius,1547—1606 年)是荷兰的拉丁语学者,他在1595 年出版的《论图书馆的结构》中强调了图书馆的功用。他指出:"关于图书馆这一题目,我再也没有更多的话要说了。我只想补充一点,即图书馆的功用问题。如果图书馆无人光顾或仅偶尔来些参观者,如果图书馆不能经常地被学生所利用,那么又何必建立这样的图书馆呢?这种图书馆同塞涅卡所说的'披着学问外衣的懒惰的奢侈'又有什么两样呢?"这一思想虽然在以前早有人提及过,但在当时资本主义初期学术研究刚刚兴起的情况下,重新提出是有现实意义的。

四、杜里的图书馆学思想

杜里(John Durie,1596—1680 年)是英国人,曾任皇家图书馆馆长。于1650 年撰写了《新式图书馆的管理者》一书,他强调,图书馆是凭借图书帮助读者学习的中间人,并指出图书馆员的任务是"管理学术的公共库存,增加这些库存并采用对所有人最有用的方式使这些库存成为有用的东西",可见,其中体现了建立公共图书馆的思想。

五、十八世纪的俄国图书馆学思想

俄国的图书馆学思想形成于十八世纪初,在当时,最先产生了建立公共图书馆的想法,即图书馆的建立不仅是为了藏书,而是为了让全体国民使用图书;有人认为图书馆具有启蒙的任务;图书馆的使用应当是广泛的和免费的;出版物应当留一保存本,并为读者编制俄国图书总目创造条件。这些思想可见诸于当时的俄国图书馆方面的文献。十八世纪中叶,B. H. 塔吉谢夫在他编纂的《辞典》中,最先给"图书馆"和"图书馆管理员"这两个概念下了概括性定义,并认为图书馆的任务在于"为全体国民的利益"服务。M. B. 罗蒙诺索夫认为图书馆具有传播科学知识的作用。这些认识就是俄国早期的处于萌芽状态的图书馆学思想。

与欧洲其它国家图书馆学思想相比,俄国的图书馆学思想形成是相当晚的。然而,在其形成之初,就从一定的高度来俯瞰图书馆,把图书馆与社会联结起来,不但把图书馆作为向社会提供图书服务的场所,而且把它当成向社会传播科学知识的基地,并且也探讨了图书馆学的基本问题。可见,虽然起步很晚,但收获是颇丰的。

第四节　十九世纪的图书馆学

十九世纪,由于西方政治、经济、文化环境又发生了重大变化,使科学大发展的条件已经成熟,因而,出现了第二次科学革命。这一次大大地超过了前一次,使各门科学都获得了惊人的发展,图书馆学也正是在这一大背景下,出现了实质性的飞跃,即从零散的经验总结上升到理论的概括,从"潜科学"阶段向"显科学"过渡,也就是说,真正现代意义的图书馆学才得以产生和发展。

一、图书馆学的产生

1. 关于图书馆学是何时产生的这一问题,目前国内外尚无统一的认识,大致有以下几种说法:

①把设置图书馆学校作为起始时期。从此观点出发,当以美国图书馆学家杜威 1887 年创建哥伦比亚大学图书馆学校为图书馆学的产生时期。

②必须在讲台上教授图书馆学课程。依此说法,有人提出图书馆学正式被承认并作为系统的研究,应该是从 1887 年开始,因该年是德国格丁根大学狄札兹克(Karl Dziatzko,1842—1903 年)教授开设图书馆讲座课的一年。

③有人认为图书馆学在两千多年前就产生了。理由是图书馆学是研究图书和图书馆的学科,伴随着图书的产生、图书馆的出现,便产生了图书馆学。

④图书馆学的产生当以"图书馆学"这一概念的提出为标志。因此,图书馆学应产生在 1807 年,因该年,德国著名图书馆学家施莱廷格首次提出"图书馆学"的概念。

⑤以综合研究图书馆经营方法作为图书馆学的起始时期。持此种观点的是普瑞的克(Albert Predeek),他认为图书馆学诞生的年代应为 1836 年,理由是帕尼兹(Antonio Panizzi,1797—1879 年)在此年改善了当时大英博物院的目录,并规定了目录的特征和概念,且制定了目录规则,此举为今天的目录规则奠定了良好基础。

⑥有人把确定图书馆的技术程序作为起始时期。持此种观点的是桑顿(Johol Thornton),他认为图书馆学的起始年应是 1601 年,因为曾一度协助包德雷(sir Thomas Bodley,1545—1613 年)整理牛津大学图书馆,并担任实际管理工作而颇有功效的学者杰姆斯(Thomas James)曾于该年编制了主题目录,他认为这一成就对以后目录的发展产生了深远影响,并为之奠定了目录基础。

⑦以图书馆学专著的出现为图书馆学产生标志,依此看法,德国学者柯其纳(Joachim Kirchner)将图书馆学创始时间确定为1808年。理由是,该年德国图书馆学家施莱廷格(Martwilibald Schrettingr,1772—1851年)完成了《试用图书馆学教科书大全》一书,书中强调了图书馆员的专业化问题,并认为学识渊博的人未必能成为合格的图书馆员,图书馆工作并非一蹴而就的职业,图书馆功能要靠人来发挥,如果没有受过图书馆专业技术训练,是难以胜任图书馆工作的。因此,必须设立专门的训练机构,用以传授有关管理方面的知识与技能。故此,该书可称为是第一本图书馆学专著。

⑧还有人认为当以格丁根大学狄札兹克创设图书馆学讲座与哥伦比亚大学杜威建立图书馆学校这一年(同是1887年)为图书馆学诞生之日。理由是:图书馆学被纳入大学的正规研究科目之中,并公开招收学生,邀聘各科专任教师,且规定修业年限,采取学校的正规教育方式,并将各学科作综合的教授与研究。自此以后,图书馆员教育途径方见畅通,在此同时,图书馆学亦逐渐为社会人士所承认。

⑨认为图书馆学产生于十七世纪,是由诺德创立的。理由是:"图书馆学的研究对象已被基本上确定了所存在的范畴";"对于图书馆活动这一对象(事物)的研究,社会上已提出了较为迫切的要求";"对于图书馆活动这一对象(事物)已经进行了初步的、理性的概括与抽象"。

我们认为,作为一门科学,它的产生必须具备两个基本条件,一是形式的确立,即学科名称的提出,二是确定研究对象。基于此,我们认为,图书馆学产生于十九世纪初,理由是,1807年,施莱廷格首次提出"图书馆学"这一名词,翌年,他又提出了图书馆学的研究对象。

2.施莱廷格的图书馆学思想。施莱廷格是德国著名的图书馆学家。他从1800年便开始从事图书馆事业。长期而深刻的图书馆工作实践，再加上他本人的智慧，使他逐渐对图书馆的本质有了较深刻的认识。他认为图书馆就是"将收集的相当数量的图书加以整理，并根据求知者的各种要求，尽快地提供他们利用"。这一概念的确定为"图书馆学"定义的产生打下了良好基础。他在1808年出版的《试用图书馆学教科书大全》一书中，在给"图书馆学"下定义过程中确定了图书馆学的研究对象，他认为图书馆学可定义为"符合图书馆目的的整理方面所必要的一切命题的总和"。显然，他把图书馆学的研究对象确定为图书馆藏书的整理，其内容是图书的配备和图书目录的编制。这一思想实际上是他实践经验的总结。由于当时图书馆活动面很小，而他在图书馆的主要经历就是整理图书，故他的图书馆学的研究对象的提出完全出自对其业务活动的理性概括。他的这一思想在1834年出版的《图书馆学总览》一书中又作了进一步重申，"所谓图书馆学，是在正确原则之下，系统地确立符合图书馆目的的整理所必要的原理。"

施莱廷格的贡献在于：他首创了图书馆学，使孕育了近二十二个世纪的图书馆学思想种子终于破土萌发了。他的图书馆学说是国外图书馆学思想发展史上的第一个里程碑。

施莱廷格的图书馆学说提出之后，就有人提出疑议，从此，图书馆学在不同思想的撞击争辩中获得了长足的发展。

二、图书馆学的发展

1. 艾伯特的图书馆学思想及其影响

艾伯特(1791.7.9—1834年)是十九世纪德国图书馆学家，曾从事图书馆工作二十余年。

1821年，艾伯特在一篇匿名文章中批评了施莱廷格的"整理"学说，认为他所确立的图书馆学内容范畴过于狭窄。并在1820年出版的《图书馆员的教育》一书中指出，图书馆收藏所有学科图书,在加工整理这方面图书时,需要相应掌握一些各学科知识,如文学史、书志学、图书学、外语、图书馆管理学等方面的知识。因此,他提出,图书馆学还应包括管理学,即图书馆学是图书整理与图书馆管理之和,并进而指出,图书馆学是"图书馆员执行图书馆工作任务所需要的一切知识和技巧的总和"。

艾伯特的思想赢得了丹麦人莫尔贝希的支持,莫尔贝希在1829年撰写出版的《论公共图书馆》一书中,对艾伯特的思想加以系统化,这就是被西方图书馆史学家所称的艾伯特—莫尔贝希体系。这一体系后来为佐勒和海斯所继承,并分别在他们各自撰写的《图书馆学概要》(1846年)和《图书馆管理学》中得到进一步提高和最后完善。

2. 图书馆管理学派的诞生和发展

图书馆管理学的正式产生应归功于法国图书馆学家海斯(L. A. C. Hesse),他在《图书馆管理学》一书中,明确指出图书馆学解决的问题是图书馆管理。可见,他把艾伯特图书馆学部分内容即图书馆管理抽出,并将其作为图书馆学的唯一研究对象,于是,便产生了图书馆管理学派。

继海斯之后,对图书馆管理的研究和继承、发展图书馆管理学作出重大贡献的是英国的安东尼·帕尼茨和爱德华·爱德华兹。

(1)帕尼茨的图书馆管理学思想

帕尼茨出生于意大利,后来到了英国,被誉为"英国博物馆史上最富有创造性的力量"、"图书馆世界最伟大的立法者之一"。他对图书馆学的贡献在于对图书馆管理的研究和实施上。他坚决实行了呈缴本法;并亲自研究设计了当时最大的书库和圆形阅览大厅,而且首次引进了法国的铁书架;还研究了用新编目条例编制一部手稿形式字顺目录的必要性和可能性,并编出了被誉为世界目录学史上的"大宪章"现代编目法开端的《九十一条编目规则》,即《大英博物馆图书编目条例》;而且主张图书馆要免费向读者开放,还制定了借书规则,并反对读者借书特权。帕尼茨对图书馆工作虽有不少论述,但没留下图书馆学专著,他已将自己的图书馆管理学思想融入了图书馆工作实践之中。

(2)爱德华兹的图书馆管理学思想

被誉为"公共图书馆运动之父"的爱德华兹(Edward Edwards,1812—1886年)是英国著名的图书馆学家。他的一份报告为1850年首次颁布公共图书馆法奠定了基础。他一生著述甚丰,其中,反映他的图书馆管理学思想的著作是1859年出版的《图书馆纪要》,书中概括了他的图书馆管理学思想以及有关建立全国公共图书馆的一切设想。该书的第二部《图书馆管理学》论及了许多他的管理学方面的内容,其中,第一篇是藏书方面,以六章论述了藏书原则、国际交换、采购、寄赠等;第二篇是图书馆建筑,此篇论述了公共图书馆建筑的原则、设备、采光、温度控制等;第三篇是分类与目录,包括目录概论、分类组织、规则、索引等;第四篇是公共服务和内部管理,包括图书馆管理员、开架制度、图书馆管理委员会、内部管理、装订等;另外,他还从哲学与实用角度论述了许多分类法。他在第一部十七章"公共图书馆的基本原则"一节中提出了公共图书馆管理的两原则:一是以天主教的精神为基础形成此原则,意味着图书馆不受政党影响,并且不涉及读者的政治信仰和宗教信仰;二是接受寄赠或依靠捐赠来维持,此原则意味着公共图书馆应靠居民纳税维持。这两个原则必然造成读者在利用图书馆方面自由平等的局面。另外,他在当中还论及了公共图书馆法及实施方面的问题。

爱德华兹的图书馆管理学思想不仅对十九世纪图书馆的建设以及图书馆人员的修养起到了广泛的指导作用,而且一直影响到当今的西方图书馆。此书出版后,得到了极高的评价,不列颠博物院长邦德说:"在公共图书馆管理方面,我不知道其他具有如此广泛丰富见解的人",有人称他的《图书馆纪要》为"对图书馆人不可缺少的（著作）",从评价中也可窥见出他在当时的地位及他的图书馆管理学的影响。

3. 格雷塞尔、雷丁格尔与米尔考的图书馆学思想

格雷塞尔（Arnim Graese,1849—1917年）是德国著名的图书馆学家。他在1890年出版的《图书馆学纲要》中,提出了新的图书馆学内容。他认为艾伯特—莫尔贝希体系过于狭窄,还应包括图书馆史和图书馆分类学内容,由此形成了他的图书馆学体系。其内容包括图书整理学、图书馆管理学、图书分类学、图书馆史学四个方面,他发展了以往学说,并拓宽了图书馆学的研究领域。后来,戈廷根大学嘉茨科教授认为,图书学也应属于图书馆学范畴,他的看法在雷丁格尔的图书馆学思想体系中得到了体现。

雷丁格尔（G. Leidinger）在十九世纪二十年代提出图书馆学应包括图书馆管理学、图书学、目录学、图书馆史四个内容,他摒弃了格雷塞尔体系中的图书馆分类学和图书整理学,加进了目录学、图书学内容。

三十年代,米尔考在其所编的《图书馆学大全》一书中继承前述成果,并提出了图书馆学包括"文字与书籍"'、"图书馆行政"、"图书馆史"、"民众图书馆"。

尽管以上三位图书馆学家都只是围绕图书馆学内容范畴问题进行研究,但他们的成果为以后图书馆学的相关学科和分支学科的产生奠定了基础。

4. 杜威的图书馆学思想

杜威（Melvil Dewey,1851—1931年）是美国著名的图书馆学家。他的图书馆学思想表现为图书馆管理学,其核心是"实际的效用和经济"。他声称自己不是追求什么理论上的完整体系,而只是从实用的观点出发来设法解决一个实际问题。并指出:"最重要"的是"能以轻而易举的分类排列并指出架上的图书、小册子、目录里的卡片,剪贴的零星资料和札记,以及时对这些文献进

行标引。"他还认为"无论在任何问题上,哲学上理论的正确性都让位给实际应用。"由以上观点可以看出,杜威的图书馆学思想实际上是实用的图书馆管理学。有人称他的图书馆管理学为"实用主义图书馆学"或"实用派图书馆学",不是没有道理的。

杜威的图书馆学思想自产生之日起,便在世界范围内产生了相当大的影响,但我们如果对他的思想作一下客观分析的话,不难看出,他的思想既有可取之处,也有其局限性。可取的地方是他注重图书馆学的应用研究,不足的是没有认识到理论的重要性。作为一门学科,它的研究内容应包括理论研究、应用研究和开发研究三个方面,忽视哪一方面,都会导致学科的畸形发展。因此,杜威一味强调实用,而无视理论对应用研究的指导作用,在当时也是不利于图书馆学发展的。

纵观十九世纪图书馆学的发展,可以看出,自图书馆学建立以来,从施莱廷格的"整理说"到艾伯特和莫尔贝希的"管理说",乃至杜威的"应用研究"等等,从总体来看,他们都是在探讨图书馆学的研究对象问题,这一点体现了学科发展的初期特征。尽管都是把图书馆学研究中的部分问题作为图书馆学研究对象,但仍有其时代的合理性。他们对图书馆学研究对象的初步探讨为后来图书馆学的进一步发展创造了条件。

第五节　二十世纪的图书馆学

二十世纪的科学是十九世纪的继续和发展。如果说十九世纪是"科学的世纪",那么,二十世纪就是科学全面空前革命和迅猛发展的时代。处在这样的时代,图书馆学也跳动着本世纪的脉搏,进入了一个大发展的时期。

一、阮冈纳赞的《图书馆学五定律》

被誉为"印度图书馆学之父"的印度著名图书馆学家阮冈纳赞(S. R. Ranganathan,1892—1972年),对图书馆学的重大贡献在于:他创造了图书馆学五定律,把图书馆学推向了一个新的高度。他在1931年发表了图书馆学专著《图书馆学五定律》,现分述如下:

第一定律:"书是为了用的"。本定律的宗旨是图书馆活动的目的不是为藏而藏,图书收集、加工、整理等工作的目的都在于图书的充分利用。他认为要贯彻这一定律,必须做到以下方面:选择便于读者的馆址;确定便于读者的开馆时间;创造吸引读者的环境;添置必要设备;大力提高馆员素质;改善馆员待遇;提高馆员社会地位;针对需要提供个别服务。

第二定律:"每个读者有其书"。此定律要求,对读者不论其什么情况都一律平等对待,图书馆应使每位读者都能得到他们所需的图书。他认为,要实现第二定律,必须采取以下措施:国家职责方面,国家应制定图书馆法,保证图书馆经费,建立必要的协调网络;图书馆应做好图书选择和工作人员选择工作;图书馆员必须在了解读者、了解书籍基础上,采取一切必要的手段(如参考服务等),尽力帮助读者查找、利用所需文献,以履行自己的职责;读者必须服从图书馆的规章制度,记住他不是唯一利用图书馆的人,要不妨碍他人利用馆藏。

第三定律:每本书有其读者。其含义是,要让每本书都得到利用,图书馆人员应为书找到其潜在读者,以实现图书馆的根本目的。要达到这一目的,图书馆必须主动揭示馆藏,让读者了解馆藏。这一定律的主要实现手段是实行开架服务,这样,读者能不受其它因素影响,自由地利用图书,以做到读者真正成为图书馆的主人。阮冈纳赞认为,开架借阅、有效排架、完善目录、参考咨询以及

226

宣传,都是实现每本书有其读者的必不可少的先决条件。如果我们把这一定律做一下客观分析,不难看出,实际上真正实现这一定律是很难的。随着图书馆事业的纵深发展以及读者需求的多样化,影响图书利用率的因素越来越多,越来越复杂化,图书馆中大都存在部分书无人问津的现象,故实现这一定律是很不容易的。但第三定律作为图书馆的奋斗目标,是有其深远的指导意义的。

第四定律:节省读者时间。为了做到这一点,他认为,图书馆必须实行开架制,改革排架,书库中应提供有效的指引系统,做好分析参照目录卡,进行用户教育以及配备足够的参考人员等等。

第五定律:图书馆是一个生长着的有机体。这一定律的内涵是,有关图书馆的诸要素,如读者、图书、工作人员都是在不断变化着的,图书馆是一个动态系统。

阮冈纳赞的这些图书馆学思想在国外图书馆学的发展阶段上达到了顶峰,但他的图书馆学思想还不成熟,用日本图书馆学家椎名的话来说,就是"概念性地规定了图书馆的目的、机能、功能。法则与法则之间,没有内在的必然联系,表现了图书馆各种现象,而没有说明图书馆的本质。"可见,他的思想还未系统化,还未真正形成图书馆学的完整体系。

二、巴特勒的图书馆学思想

巴特勒(Pierce Butler,1886—1953年)是美国著名的图书馆学理论家,他所处的时代是,世界经济已由资本主义自由竞争阶段进入垄断阶段,科学中心已移到美国。当时,人们已经认识到理论建设能推动科学的进一步发展,并着手进行了理论探索。在图书馆学领域,从施莱廷格到杜威的图书馆学思想,一直沿着应用研究的脉络发展,当时,理论研究方面近于空白。在时代科学思潮发展的影响下,促使巴特勒步入了图书馆学研究的理论耕耘领域。

巴特勒的图书馆学思想可见诸于1931年出版的《图书馆学引

论》一书,在书中,他从历史、社会、心理的角度审视了图书馆现象,指出图书馆学理论研究对图书馆实践活动的指导意义,并对图书馆的性质和研究对象等提出了独到见解,而且首次探讨了图书馆与社会的关系。其核心是提出图书馆的本质及"读书论"。

在该书第二章"社会学问题"中,他提出了图书和图书馆的概念,指出:"图书是保存人类记忆的装置,图书馆则是在现代人类意识中,传播这种人类记忆的一种社会机构。"在探讨图书馆学的研究对象时,他指出:"所谓科学都仅仅是对待知识,图书馆学尤其仅仅是对待通过图书这种媒体把图书馆工作,即社会积蓄的经验传递给社会的每个人,这种理论、书面记录不管对谁都给予与其他人所知道、坚信、感觉到的(知识)相同的知识。这样的记录也可以在同一人物身上再现相同的信念或感情。这样,获得知识的过程是可以用科学方法调查的问题,但再现主体的反应是不能通过调查的。"可见,他认为图书馆学是研究"图书"和读书现象。可以肯定,巴特勒对图书和图书馆的本质及图书馆学的研究对象的探讨是较为深刻的。此外,他还对知识的社会性质、知识载体图书的社会性质及知识传播现象的社会性质作了深入研究,并将图书、阅读、教育放在一起加以探讨。这是因为"通过读书传递知识是教育的重要手段,也是教育的一部分",并把知识称为"社会的精神作用"或"社会的拟似精神"。在"科学问题"一章里,首先论述了科学的本质和意义,然后,探讨了读者与图书的关系。

在该书第三章"心理学问题"中,他指出,图书馆学应研究有关读者的一些问题。巴特勒把图书和阅读现象放在社会中加以考察,并强调"阅读现象"的社会性和个人特点,他强调"图书馆学应该研究图书对读者心理的影响,社会对读者阅读的影响"。"阅读活动——表现了最为复杂的心理活动。阅读,原则上是由感性知觉和反射记忆共同实现的,二者的结合,上升到知识的概念","图书馆明确了读者心理,那么,图书馆读者的阅读效果就会提高。在这里,对于阅读行为来说,最重要的问题当然是阅读动机问题。由此所产生的阅读现象也当然是千差万别的"。

在该书第四章"历史学问题中",他认为"智力的历史应该成为由图书馆学来说明的最重要的领域,即各个地区社会的学术发展状况决定了当地图书馆的性质;社会集团的各自历史规定了图书馆的服务。"且认为"每个人的学识,决定了他的阅读质量和范围。"他还论述了图书馆在社会历史发展和人类文明进步中的伟大作用,并从历史角度研究了"图书与阅读现象"。在"实践问题"一章中,论述了作为一门科学图书馆学的发展,对图书馆事业和职业的健全及整个社会的进步,都有着极其重要的意义。

巴特勒的思想在国外图书馆学理论研究史上是个质的飞跃。但他认为"科学是有限度的,科学对现象是关心的,但不能陷入到事物的本质中去,科学只面向抽象化了的一般性,对个别的特殊性也不关心。"可见,他对科学的认识是不够完整的。由于他对科学认识的不足导致了他的图书馆学思想的局限。其局限性表现在以下几个方面:其一,他强调图书馆学的理性思维,正像杜威没有认识到理论研究的重要性那样,巴特勒却没有认识到图书馆的技术方法及其理论研究的重大作用。其二,在图书馆学研究方法上,他仅仅"用社会科学方法去研究图书馆学",只采用定性分析,没有引进其他研究方法,致使研究无法深入。其三,由于他倾向理论研究,抛弃实际研究,导致在教学中,只传授图书馆事业的理论,而没有使学生学到实际工作方面的知识。其四,把图书馆看作"社会制度"、"社会设施",而没有认识到图书馆活动是实现信息交流的手段。

三、谢拉的图书馆学思想

谢拉(J. H. Shera,1903—1981 年)是美国著名的图书馆学家。他继承和发展了巴特勒所创立的芝加哥学派的思想,不仅从信息、通讯、生理、文化、社会等领域的关联来认识图书馆,而站在社会、哲学、历史的高度来探讨阐述图书馆学理论。他在 1965 年出版的《社会认识论》一书中指出:文化是社会知识和信仰的总和,并首次提出"社会认识论"学说。他认为应该建立一门研究知识发展过程、知识通讯、知识与社会的关系的学科,即"社会认识论",并"应该有效地研究社会的知识发展这个复杂的问题,通过对整个社会的研究,来探索它与所有环境的关系",从而提出"社会认识论是图书馆学理论知识的基础","图书馆学是在社会认识论的基础上发展起来的"。并在其 1970 年撰写出版的《图书馆学序说》中指出:"图书馆学涉及到所有的学科,但又以其知识性和专业性独立于所有的学科。"并预言:"随着图书馆学基本原理的发展,它必须包括所有的形式的人类活动,不管是物质的,还是精神的。"

谢拉的思想在苏联图书馆学界产生了深远影响,被认为"是美国图书馆学界迈出的具有重大理论意义的一步"。

从谢拉的思想中可以看出:人们已不再孤立地看待图书馆学了,而是从联系的观点出发,来探讨图书馆学与其它科学的关系,并试图把图书馆学置于更广阔的领域来加以研究。可见,在当时,人们对科学研究的认识已提到了一定的高度。

四、克鲁普斯卡娅的图书馆学思想

克鲁普斯卡娅(1869—1939 年)是苏联著名的人民教育家,也是图书馆的杰出领导人和图书馆理论的奠基人。在她的论著中,不仅总结了苏联图书馆建设的丰富经验,而且阐述了图书馆理论中诸多重要的原理。她的图书馆学思想主要表现以下几个方面:

①建立图书馆事业的科学基础是解决图书为劳动人民服务方面的许多复杂问题的重要条件。

②"图书馆事业是社会主义建设的重要部分"。1933 年 11 月,她在给中等师范学校图书馆学系主任和图书馆中等技术学校

230

校长的信中指出:"图书馆事业是社会主义建设的重要部分,它具有极其重大的意义。"1926年底,她又在给"第二次全俄科学图书馆代表会议"的信中指出:"正确安排科学图书馆的工作无疑将有助于科学事业的发展。"在1934年2月《致全苏列宁图书馆》的信中又强调指出:"图书馆乃是进行文化传播和宣传工作的强有力的武器之一。"同年7月,她又指出:"图书馆工作乃是劳动人民切身的事业。"她还指出:"没有书籍,没有图书馆,没有读者巧妙地使用图书,便没有文化革命。"从她的言论中可以看出,她已把图书馆事业作为社会主义事业建设的重要组成部分。这是她长期实践的理论总结。

③"图书馆员是图书馆事业的灵魂"。她认为人是图书馆事业中最重要的因素,要想搞好图书馆事业建设,必须有良好素质的图书馆员。她在《社会主义建设的重要部分》一文中指出:"没有图书馆员就不能工作,图书馆员是图书馆事业的灵魂。依靠于图书馆员的工作非常多。"她认为"要想把它(图书馆事业)提到列宁所要求达到的高度,提到共产党和苏维埃政府所要求达到的高度,就必须拥有一支很有素养——无论在理论上抑或实践上——的队伍。"可见,她非常强调人在图书馆事业建设中的核心作用。因此,她经常关心为图书馆配备干部,并强调图书馆员的任务和应该达到的标准。她指出:"现在,全体群众都极端渴望求得知识……向无阶级的新社会建设者提供所需要的图书,保证这些图书得到最大限度地利用,组织他们阅读,教他们学会读书——这就是图书馆管理员的任务。"并指出:"一个有才干的图书馆管理员比任何别的人都能更好地帮助读者独立阅读",图书馆管理员"不仅应该熟悉图书情况,不仅应成为政治上很有修养,文化上很有水平的人,而且还要成为能够对读者进行个别指导,了解他们的要求和愿望的人,"还应做到"不应该只是一个忙于事务的工作人员,也不应该只是一个机械地分发图书的人员。他应该是布尔什维克文化

的宣传员和鼓动员。"可见,她的这一理论是在对图书馆管理员作用的深刻认识的基础上提出来的。

④"应把改进农村图书馆工作当作一项突出任务,开展一场运动。"克鲁普斯卡娅认为,不断提高全民科学文化水准是发展社会主义生产力的重要条件。她在实践中发现,农村文化建设直接影响着苏维埃社会主义建设的发展。因此,她多次强调"党和政府应创造一切条件以便最快地提高农村图书馆工作。"1924 年 10月,她在给友人的信中写道:"现在应该面向农村,搞好图书馆工作,特别是农村的流动图书站,具有极为重大的意义。图书馆管理处需要一位专门从事此项工作的人。当前应把改进农村的图书馆工作当作一项突击任务,开展一场运动。……目前,这一工作已是刻不容缓。"又曾指出:"立即对农村图书馆管理员进行培训。各区图书馆应定期举行工作方法会议,检查农村图书馆图书供应人员的工作,保证农村图书馆的购置,采取措施保证提供图书技术设备,在报刊上广泛宣传农村图书馆工作。"可见,克鲁普斯卡娅不但强调农村图书馆工作,而且把它作为提高全民文化水准,从而推动社会主义生产力发展的重要条件,这一思想对任何制度的国家建设都有着深刻的指导意义。

⑤发展和巩固儿童图书馆是一件很重要的事情。1937 年,她在《关心儿童的全面发展》一文中指出:"我们必须启发学生的觉悟,在这方面,书籍将会给我们一些帮助。目前,发展和巩固儿童图书馆已经成了一件很重要的事情。"另外,1933 年 11 月,她在全俄儿童图书馆工作人员大会上强调指出:"必须采取一系列的措施来使社会人士关心儿童图书馆的工作。……人人都要关心,全国都要关心图书馆工作,尤其是儿童图书馆工作,并把它提到应有的高度。"她不仅是强调加强儿童图书馆工作,而且认为儿童图书馆工作是培养有知识、有觉悟的一代新人的重要手段。这一思想是她对儿童教育深入研究的结果,这一理论不仅对图书馆事业建

设,而且对开展儿童教育都将有着积极的指导意义。

五、列宁的图书馆学思想

列宁(1870—1924年)是伟大的无产阶级革命家、卓越的马克思主义者。他一生与图书馆事业有着极为密切的联系,在图书馆事业理论方面作出了重大贡献,从而丰富了图书馆学思想宝库。列宁的图书馆学思想主要表现在以下几个方面:

其一,图书馆事业的党性原则。列宁认为,图书馆是党的机构,应该成为党进行宣传教育的助手,应在党的领导下开展工作,受党的领导和监督,并向党汇报工作,图书馆事业是无产阶级事业的重要组成部分。他在1905年发表的《党的组织和党的出版物》一文中明确指出:"出版社和发行所、书店和阅览室、图书馆和各种书报营业所,都应该成为党的机构,向党报告工作。"

其二,图书馆事业的建设是一个国家文化水平的标志之一。他认为,图书馆工作对于改造社会生活具有重大意义,图书馆的建设应作为提高劳动人民文化水平的一个重要手段,因此,党必须关怀、重视图书馆事业。

其三,图书馆是一种文化教育机关。列宁非常重视图书馆的教育作用。他指出:"图书馆和农村图书室将在长期里是对群众进行政治教育的主要场所和几乎是唯一的机关,在农村里尤其是这样⋯⋯。"

其四,主张建立图书馆网。他认为,应该建立有组织、有计划的全国性图书馆网络,使图书馆事业形成一个整体,以便于社会的广泛利用。列宁指出:"我们应当利用现有的书籍,着手建立有组织的图书馆网来帮助人民利用我们现有的每一本书,应当建立一个有计划的统一的组织,而不是建立许多平行的组织⋯⋯。"

其五,主张图书馆事业的集中管理、统一领导。他在1918年6月7日人民委员会《关于建立图书馆事业》的决议中指出:"对俄国图书馆事业实行集中管理。"他又在 1920 年 11 月 3 日签署的《人民委员会关于集中管理图书馆事业的命令》中指出："一切图书馆……一律宣布列入俄罗斯苏维埃联邦社会主义共和国的统一图书馆网内,并一律交由教育人民委员部管辖……。为了实现统一的图书馆网并使各图书馆的工作协调一致,特在中央政治委员会的管辖下设立中央联合图书馆委员会。"另外,他还强调了图书馆事业的集中统一领导的政治意义,他指出:"这件小事情反映出我国革命的基础任务,如果革命不解决这项任务,如果革命不走上建立真正有计划的统一的组织的道路,来代替我国的混乱状态和荒谬现象,那么这个革命仍然是资产阶级革命,因为走向共产主义的无产阶级革命的基本特点也就在这里。"可见他对集中统一管理图书馆事业的深谋远虑。

其六,强调用懂得图书馆事业的内行人来领导图书馆工作。

其七,主张图书馆要全面、系统、迅速地收藏图书资料,并主张出版部门保证对图书馆的图书供应。而且要求"必须努力做到使报纸和书籍通常只免费分配给各图书馆和阅览室"。

其八,强调藏书的利用。他指出:"一所图书馆的价值不在于它拥有多少珍本书,有多少十六世纪的版本或十世纪的手稿,而在于如何使图书在人民中间广泛地流传,吸引了多少新读者,如何迅速地满足读者对图书的一切要求,有多少图书被读者带回家去,有多少儿童来阅读图书和利用图书馆……。"为了充分发挥藏书作用,必须"帮助人民利用我们现有的每一本书"。

由上看出,列宁对图书馆事业的认识并不是围绕图书馆这个狭小的范围,而是把图书馆事业融入社会主义事业之中,并且从政治、国家等更高的角度来审视图书馆事业。可见,他对图书馆事业的理解是相当深刻的,他的图书馆学思想不仅对苏联,而且对所有社会主义国家都具有重大的现实意义。

六、鲁巴金的图书馆学思想

鲁巴金（Nicholas Aleksandrovich Rubbakin，1862—1946 年）是俄国著名的图书馆学家。他对图书馆学的最大贡献就是首创"阅读心理学"。他指出：阅读心理学的宗旨是为了改进图书的出版、发行和利用。他认为有四个要素影响着读者的阅读动机：①图书生产、加工者（包括作者、出版者、图书馆员）。②读者自身的因素。③书籍。④环境（时间和空间的状况）。他还认为，阅读心理学是一个庞大的交叉学科，它不仅涉及心理学、哲学、教育学、逻辑学，而且还涉及文学理论、文学史、版本学、文献目录学、书评学，并且要从这些学科中汲取营养以丰富阅读心理学的内容。鲁巴金不仅重视阅读心理学的理论研究，而且强调用理论来指导图书馆实践。他认为："一个图书馆员应该了解不同心理和社会类型的读者及各种不同的图书，以便满足读者的多种需求。"他强调用理论来指导实践是基于对科学的深刻理解，他认为理论、科学和实践没有截然的界线，三者是有机的整体。

鲁巴金的另一贡献是他第一次对俄国图书流通状况的研究。

鲁巴金首创"阅读心理学"，从而使人们从心理的角度来研究读者，这不仅为研究读者提供了新方法，而且也为图书馆学开辟了一块新的研究领域，并为今后的读者阅读心理研究奠定了理论基础。

七、丘巴梁的图书馆学思想

丘巴梁（1908—1976 年）是本世纪苏联著名的图书馆学家。他一生出版了 100 多部有关图书馆学、目录学及版本学等方面的著作。最能体现他的图书馆学思想的著作是《普通图书馆学》，该书阐述了图书馆学原理和发展阶段，并对图书馆事业在苏联社会中的作用作了最新解释，而且系统、详细地归纳并阐述了苏联图书馆发展的重要原则、图书馆事业的国家性质、图书馆对人民群众的作用、图书馆网络规划组织、图书馆事业的集中化及吸收人民群众代表参与图书馆及其管理工作。他是用马克思主义观点来论述图书馆学的本质及图书馆学在整个科学体系中的地位，并注重理论与实践结合，着重研究当前图书馆的发展及图书馆工作中存在的问题，而且强调图书馆的共同目标和任务。

八、美国奥尔的"通讯系统论"

奥尔在他 1977 年出版的著作《作为通讯系统的图书馆》一书中，以一般系统论为基础，确立了"通讯系统论"原理，他认为图书馆系统是人类社会组织系统的一部分，是人类通讯系统的补充系统，是知识的传递系统，它反映了人类本身的知识体系，认为图书馆的目的是收集和利用人类的文字的通讯。

九、布鲁克斯的"知识基础"

1980 年，布鲁克斯在其发表的《情报学基础》一文中指出，波普尔"世界 3 理论"应作为图书馆学和情报学的理论基础。认为图书馆学家和情报学家的"理论任务是研究第二世界和第三世界之间的相互作用，描述和解释它们，以有助于对知识进行组织，从而更有效地加以利用"。而图书馆的实际工作是"对第三世界的各种记录进行收集和组织，以便加以利用"。

第十二章　当代世界图书馆学的现状和发展趋势

第一节　国外图书馆学研究的现状

世界进入八十年代,科学正朝着高度分化和高度综合的方向演进。不仅学科内容不断分化,致使门户林立,学科之间交叉、渗透,涌现出众多边缘、横断、交叉学科,而且科学研究方法也互相移植。任何一门学科如果脱离了科学群体,都将无法继续发展。

科学的迅速发展带来了技术的巨大进步。当前,以电子计算机、通讯技术等为标志的新技术革命已席卷全球,从而使西方世界领先步入信息社会。

国外图书馆事业也面临新技术革命的挑战,正由手工服务与管理方式逐步向以计算机应用为标志的自动化方式过渡。

科学发展的新趋向以及图书馆工作的新变化,使图书馆学一方面要顺应科学发展规律,寻求与其它学科的融合点,探索自身的结构及研究方法,另一方面还必须解决新变化所带来的新问题,以求得图书馆事业的新发展。

目前,图书馆学界主要探讨以下几个问题:

一、书目控制

自本世纪五十年代以来,信息、知识已成为社会发展的重要再生资源,它仍可以转化为生产力、竞争力,成为世界竞争的关键。因此,信息行业获得惊人的发展。预计到 2000 年,信息产业在世界产业中的比重将达到40%。而科学技术的研究、开发是信息产业的核心。各国为了在世界竞争中获得一席之地,都竞相发展科学技术,如美国每年要花数以亿计的美元用在科学研究方面。信息产业的迅速发展,使世界每年信息量都成倍增长,进而出现了信息爆炸、信息泛滥。图书馆作为一种信息产业,也面临着信息危机的严峻挑战。近几年,出版物激增,预计到 1990 年,世界图书产量每年可达到一百万种。尽管图书馆由于信息膨胀而出现了空间紧张、利用不便等一系列问题,但是,计算机、光盘等信息处理技术的出现、推广,为解决这些问题创造了物质条件。因此,当今的世界图书馆学界十分关注用计算机等新技术来控制书目的问题,进而探讨网络化问题,以求达到资源共享。据统计,该项研究的比重,1986 年是 28.4%,1987 年是 30.9%,属图书馆学研究之首。

二、图书馆学与情报学关系

由于社会对情报需求的增多,最初,图书馆的情报职能又很薄弱,因而出现了文献情报工作,进而又出现了研究该领域的情报科学。信息开发及咨询业等信息产业的兴起及其地位的提高,大大加强了情报传递,也使图书馆受到了严重的冲击。因此,图书馆学界强烈呼吁图书馆应加强情报职能。从而出现了图书馆工作与情报工作的交叉、渗透,故迫使图书馆学不得不探讨图书馆学与情报学的关系问题。1984 年 9 月,英国图书馆协会年会召开,列为大会议题之一的就是探讨图书馆学与情报学的关系以及图书馆是否应搞科技情报工作等问题。有的与会者认为:"图书馆不应当只作事后解答,而要做事先解答,要了解社会需要,主动满足需要。信息是社会的需要,因此,科学情报工作是图书馆工作的重要组成部分。图书馆不搞科学情报工作,就不能存在,不向社会提供信息服务,社会上就不知道图书馆员在做什么。"另有的与会者认为"图书馆只能搞些参考工作,而没有搞科学情报的任务。""图书馆主要向读者提供书刊资料,向读者提供查找书刊资料的方法和辅导使用工具书,而不是提供科学情报服务。"英国另一些图书馆学界人士认为:图书馆学与情报学没有实质性区别,只是侧重点不同,情报学是图书馆学的延伸,是图书馆学在现代技术发展与广泛应用中的必然结果,而图书馆学是情报学的基础。二者难以区分,也不应人为地区别之。巴基斯坦学者认为,"现代图书馆学应是一个扩大了的概念,包括了情报学"等等,说法纷纭。

三、印刷型出版物是否会被其它载体所取代

随着科技发展,不仅情报传递手段获得加强,而且,文献载体越发多样,甚至出现了光盘等高密度存储技术。因此,人们开始怀疑印刷型出版物在将来的存在,并有人提出了"无纸社会"的概念。国外图书馆学界对这一问题看法不一,甚至出现相反的意见。英国萨福克郡图书馆馆长拉普顿认为:"研究项目需要的书刊资料,可能大部分出现在计算机的终端上。但书籍对人们还是很重要的。阅读用的书,不可能被其它载体所取代。虽然有人主张:将来会有没有书籍的图书馆。我认为:看书是一种享受。有些计算机专家也是这种观点,认为不能用电子计算机来读书。"在1985年印度阮冈纳赞哲学国际学术讨论会上,有人提出:"今后的发展趋势,有可能出现没有书籍,也可以进行信息的交流。"有位美国代表认为"书籍可以被其它载体所代替。"还有人认为"书籍是不可能被代替的,没有任何东西可以完全代替书。"

四、加强图书馆的情报职能

当今世界已进入信息时代,信息已成为社会各项建设的关键性因素。谁获取信息速度快,数量多,能力强,就有可能在竞争中

取胜。因此,为了满足社会对情报的广、快、精、准的需求,图书馆必须加强情报职能。所以,目前,国外图书馆学界正不断加强图书馆情报职能的研究。

五、馆际协作与资源共享

由于出版物激增、社会需求的复杂化以及图书馆财力、人力、空间的局限,致使目前图书馆界不得不走馆际协作道路,任何一所图书馆都无法依靠自己的力量来满足读者多种需求。当前,馆际协作已由地区、国家范围向国际化发展。为加强馆际协作,达到资源共享,以解决现实供需矛盾,目前,国外图书馆学界正注意此方面的研究。

六、计算机在图书馆应用的研究

当前,计算机已遍及世界各地,并由企业、单位开始走向家庭。计算机在图书馆各个环节的应用,大大加快了信息收集、加工、整理、传递速度。因此,计算机已成为图书馆界的得力助手,为解决供求矛盾创造了物质条件。为解决计算机在图书馆的应用问题,目前,国外图书馆学界正积极研究,探讨此方面问题。

七、书刊资料保护问题

由于造纸原料酸性过大,导致书籍寿命不长。目前,苏联、法国许多大图书馆的藏书,有三分之一已不能流通或将不能流通。因此,书刊资料保护问题已成为世界图书馆学界研究的核心问题之一。

八、没有馆舍的图书馆会不会出现

随着科学技术的发展,新的信息载体不断涌现,不但体积小、存储量大,而且携带方便。因此,有人推测图书馆会不会没有馆舍问题。这一问题目前也是国外图书馆学界的核心研究课题之一。

以上一系列问题都是国外图书馆学界所瞩目的核心问题,也是未来研究的重要课题。为了解决这些问题,各国学者不断出访,共同探讨、研究,因此,当代的图书馆学研究已出现国际化趋向。

第二节 国外图书馆学的发展趋势

一、苏联

在苏联,自十八世纪初图书馆学思想产生以来,到二十世纪六十年代,图书馆学研究才得到国家重视。1967 年,苏联文化部颁布了《有关图书馆学和书目理论科学研究活动的组织》这一法令性文件,它的颁布标志着国家开始注重图书馆学研究领域,并对图书馆学研究起了指导作用。自此,图书馆学研究机构也开始逐渐增多。

1970 年,苏联有近二十个机构,首先是大型图书馆和文化学院等从事图书馆学现状的研究。1971 年,苏联文化部又颁发了《关于图书馆学和目录学领域科学研究组织水平的规范》这一法令性文件。它的颁布又使苏联的图书馆学研究进一步得到加强。

到 1980 年,参与图书馆学和目录学研究的机构已超过三百个。这一时期研究活动特点是:研究地区扩大了,苏联各加盟共和国、各省甚至各区都在进行研究工作,科学研究活动已成为全国图书馆事业的一个有机组成部分;七十年代初,很多省图书馆都设立了专门的图书馆学研究机构;过去单纯按部门进行研究的组织形式正在消失,跨部门进行研究的组织形式已占据优势,这种组织形式可把国家图书馆、中心专业图书馆和部门图书馆等力量联合起来,这就保证了为满足读者的需求和图书馆为公众服务所需的多方面的知识,从而提高了研究效果。

目前,苏联的图书馆学方面的中心研究机构有八个,它是:全苏科技情报所、国立公共科技图书馆、国立列宁图书馆、国家萨尔特科夫——谢德林公共图书馆、基辅文化学院、苏联科学学会图书馆、莫斯科文化学院、克鲁普斯卡娅文化学院。这八个机构是决策单位,宗旨是指导各地研究部门。这些研究机构大都设置在莫斯科,所以这方面的学术活动都在莫斯科举办。

苏联政府对图书馆学研究活动也实行集中化的管理。一方面,苏联文化部下设一个跨部门的图书馆委员会,由设置图书馆系统的管理部门的著名科学家和副部长组成,是一个主要的协调机构。设置这样一个机构就能在跨部门的基础上根据国民经济的主要状况和对各经济、科学、文化领域的科学家提供图书馆书目或服务的观点,来解决图书馆学研究方面的问题。另一方面,文化部又下设一个协调图书馆学和目录学研究活动的理事会,它吸收一些著名图书馆学、目录学、情报学专家以及图书馆界、各州局机关、图书馆学教育机构的代表和领导及其他高级人员参加。理事会下设许多专门委员会,它主要进行研究课题的准备、控制、指导,并解决图书馆学的共同研究分散在不同的专家和研究机构问题以及与此有关的组织方面的问题。理事会是决策单位,负责指导各地研究部门。

苏联的图书馆学研究颇有计划性。为了组织、协调全国的图书馆学研究,苏联制定了第 11 个五年计划时期的协调计划和"1981—1985 年和直到 1990 年全国图书馆事业发展的主要动向"的文件。这个纲领性的文件系统阐述了图书馆发展的主要趋向和图书馆理论与实践的最迫切的问题。从协调计划和文件的相互关系中可挑选出需要立即研究的具有重要实际意义的课题。他们认为第 11 个五年计划时期的主要课题应是:

(1)阐明图书馆的社会作用,及其在文化和社会生活中的地位的研究,具体包括社会各阶层的阅读习惯和兴趣,阅读在某些地区的普及程度,图书馆在业余时间和群众性宣传网中的地位,图书馆传递形式和方法的改进,如何把书刊送到读者那里等等。

(2)图书馆学的一般问题、图书馆事业史、术语和标准化等方面的研究。

(3)图书馆公众服务系统的改进。

(4)跨部门集中化的发展。

(5)图书馆系统各部门的作用和任务,以及它们相互作用的原则和形式。

(6)图书馆和书目资源的合理利用与分配。这是帮助改进未来的计划和预测图书馆事业发展的一项措施。

在第十二个五年计划中,集中了以下几个综合性研究课题。

(1)图书馆帮助加速科技进步和社会生产集约化。

(2)促进经济、文化发展及共产主义教育。

(3)以现代技术与组织方法为基础的图书馆过程质量及效果提高问题。

(4)图书馆统一系统的形成与职能;统一图书馆藏书统一书目活动体系;图书馆事业整体化发展的现实问题。

(5)图书馆学问题的探讨,历史、发展的内部逻辑、方法基础,提高效果途径等。

另外,苏联各图书馆学研究机构分工明确,研究方向各有侧重。如,克鲁普斯卡娅文化学院研究范围主要集中在以下几方面:从社会学、技术、哲学角度探讨图书馆教育的改进;图书馆的社会作用;图书馆在科技发展中的职能;图书馆网及其最大效益。

苏联图书馆学研究机构虽各有侧重、各具特点,但在理论上一致强调图书馆学是一门社会科学,并注意理论与实践的相互作用。

在80年代最初几年,苏联着重研究以下图书馆学的几个问题:①图书与阅读在工、农劳动者及青少年生活中的作用;②不同类型图书馆之间的协调协作;③图书馆事业管理的改进;④藏书合理布局与利用;⑤发达社会主义社会中,居民阅读变化情况及其规律;⑥如何完善图书馆的科学情报和思想教育工作,提高其效率、质量及评估标准;⑦图书馆工作的标准化、机械化、自动化。

当前,苏联图书馆学主要研究以下几个问题:①图书馆在社会、经济、文化发展中的作用。②现代社会的读者与阅读指导,强调对不同层次和专业读者群对情报查询行为的调查。③图书馆与情报。包括适合未来的不同类型图书馆及其藏书定义;国外文献与复杂学术文献的采编;回溯性书目与当代书目情报研究;图书馆提供系统的发展;利用电子技术的最有效方法;建立最佳联合目录;为自动化管理及当代国内外文献建立回溯性专业化情报系统。④图书馆服务系统的一体化,包括高度集中的图书馆结构效果和图书馆及其书目服务一体化系统的创建与研究。⑤图书馆在促进科技发展方面的职能,包括有关图书馆投资的各方面经济问题。

目前,苏联图书馆学已"逐步形成了以马克思列宁主义文化理论为基础,以马克思主义哲学方法论作指导,以列宁制定的图书馆为人民群众服务的组织纲领为依据的完整的图书馆学理论体系"。图书馆学的研究已"由对图书馆事业个别的、局部问题的研究,向着促进图书馆事业理论基础完善的综合性基础研究发展"。并且"加强图书馆学研究与实践的联系,不断提高图书馆学研究的质量与效果"。但是,当前,苏联图书馆学研究仍面临许多问题,如很难组织复杂课题的集体研究;怎样汇集各种科研力量,避免课题重复和集中在小课题上,如何挖掘高校科研潜力等等。

二、英国

本世纪二十年代出现了数量分析方法,并应用到了英国图书馆研究中。当时,公共图书馆专家萨瓦基在《图书馆协会纪事》杂志上呼吁把分析性研究应用于图书馆。在三十年代和四十年代,布拉德福论述了文献的分散问题,他的方法后来成为著名的"布拉德福分散律",并发展为若干原理,全国科技外借图书馆就是根据这些原理成立的。这些原理是采用简单而又符合成本效益的方法建立全国外借文献藏书。

自五十年代以来,历届英国政府对图书馆的研究与发展都采取了积极的态度。教育与科学部内设有艺术与图书馆办公室,主管公共图书馆事务,包括研究与发展工作。但这段时间的研究多以分散研究形式进行,缺乏横向联系。

到六十年代,英国图书馆事业发生了明显变化,进而使图书馆学研究得以重视。这一时期的重大研究项目有兰开斯特大学学术图书馆进行的运筹研究,达勒姆等大学图书馆进行的成本效益研究,公共图书馆业务研究小组研究拟订了公共图书馆业务要达到的目标等。

七十年代初,政府在大量削减公共开支时仍表现出对图书馆的重视,宣布在伦敦开始施工建造不列颠图书馆的新馆舍,它的建成不仅改善了英国图书馆的组织学院和服务工作,而且大大推动了英国图书馆学的研究。自 1974 年,该馆设立了"研究与发展部",对图书馆事业进行研究。从 1974 年起,该部每年出版《不列颠图书馆研究与发展部消息》六期,专门报道国内图书馆学研究动态,也对图书馆学的研究工作起到了协调和指导作用。英国很重视图书馆学研究投资,以 1975—1977 年两个年度的财政计算为例,"研究与发展部"为 180 个科研项目提供了 200 多万英镑的科研经费。该部的研究内容是:电子计算机在图书馆的应用与发展;技术过程与管理的最优化问题;藏书保管的有效措施等等。其中重点课题有:藏书相对饱和研究;藏书利用研究;藏书剔旧方法研究;藏书利用最优化方法;区域分藏可行性研究等等。还有大型科研课题,如读者及其需求研究,读者利用图书馆的训练等。

近几年来,英国图书馆学、情报学的研究内容包括以下几方面：

（1）图书馆和情报过程的自动化,如自动化联机书目情报网络等；

（2）传递工具、非书资料、复制等问题；

（3）图书馆管理；

（4）资料登录与剔旧；

（5）大学图书馆与情报服务保证；

（6）公共图书馆科学研究工作；

（7）基础情报研究；

（8）用户研究,如改进为各类用户服务的问题,为地方政府提供情报服务问题；

（9）政策研究,如提供资料协助各级政府进行决策等；

（10）服务管理研究；

（11）基本通讯研究；

（12）情报经济效益研究；

（13）公共图书馆研究；

（14）馆际协作；

（15）藏书发展现状与前景；

（16）基础情报研究。

研究中存在的主要问题是:在研究工作迅速开展、工作量增加的情况下,没有对出现的各种问题进行规划、评价和回顾,对经费使用情况未能进行详细的审调,对研究成果的应用注意不够。

三、美国

美国图书馆学研究起步很早,并且对世界图书馆学的发展作出了突出贡献。自十九世纪以来,杜威的实用主义,巴特勒的纯理论研究乃至后来的应用研究都对世界图书馆和图书馆学界产生了深刻影响。

据七十年代初《国际图书馆评论》等资料报导,美国1959—1964年五年间有902个图书馆学研究项目,其中三分之二是图书馆学院等高校人员进行的,当时主要侧重:概论,占25%;组织、管理,占21%;技术加工,占20%。另外,还有人员培训、读者服务、各图书馆工作等。在研究方法上,六十年代后期,颇流行非传统的定量研究方法。

到七十年代,初期研究项目曾达900个,到1974年,研究项目只剩下800个。这一时期的图书馆学理论研究选题面宽泛,但侧重研究自动化、组织、管理等问题,相较而言,分编、藏书组织与保管、人员配备、读者服务等方面研究不多,尤其是一般理论问题的研究量甚小。据统计,60—70年代,应用研究占90%,理论研究占4.3%。这一时期研究目标是"力图改进交流方式(最优化),以便用户在需要的时候接收到相关而又准确、迅速而又费用适宜(对用户和系统双方都适宜)的事实或观点。在我们领域内,研究的是所拥有的情报的传递,而不是知识的增值。"可见,美国的研究倾向于实际方面。在研究方法方面,广泛采用运筹学、历史、数学、调查、分析、统计、模拟、实验、模型等等。七十年代末以来,美国图书馆界主要探讨图书馆学地位、研究对象、内部结构;图书研究的世界观及思想政治倾向性;图书馆道德。

八十年代,美国瓜特拉公司与美国联邦教育部图书馆与学术技术办公室签定合同,承担"八十年代美国图书馆与情报科学研究重点的"专题研究,并于1982年2月提出正式报告,确定了所研究的重点,包括五个领域,九个方面,20个具体项目。即:

一、情报的产生以及图书馆与情报服务的提供。包括:情报;电子生产、存储与传递;参考服务的自动化。

二、情报用户与情报使用。包括情报需求;情报检索行为;情报检索;情报的使用。

三、情报与图书馆经济学以及情报服务。包括:图书馆与情报服务的费用;公共图书馆的资金筹措;情报的价值。

四、教育与专业问题。

五、知识自由。

由此报告的研究重点可以看出,美国图书馆学研究注重实际方面,理论探讨很少。

近些年来的研究内容含以下几个方面:

自动化,侧重于应用计算机进行情报处理;图书馆和情报网络的发展;经济分析,如成本—效益分析等;用户研究,侧重于对"处于不利地位者"(未成年者、老年人、非讲英语等)的服务;对科学技术的情报服务;情报科学等。由此也可窥见出,美国的图书馆学研究偏重实用。

总之,美国图书馆研究具有自发性,重实用而轻理论且选题分散又具体狭窄,理论缺乏深度。

四、日本

本世纪五十年代,日本图书馆学界的理论探讨是在寻求图书馆学自身成立的理论基础。而且形成两种不同观念,一种观点认为图书馆学研究应集中在图书馆经营管理上,另一种观点认为应研究藏书技术。五十年代末至六十年代,图书馆学又遭受了文献资料工作尤其是情报学的冲击,由于图书馆的存在及能否满足新的情报需求受到怀疑,进而使图书馆学受到质疑。如加藤一英先生1965年撰写的《图书馆学能够作为学科成立吗?》,他认为通讯理论是图书馆学的基础。

到七十年代,图书馆学等的研究才开始被重视。

1977年设立了"情报学"类目,反映文部省终于承认该领域研究的重要性,其中包括图书馆、情报检索、计算机科学和所有与情报有关的研究项目。以前,图书馆或情报研究被归入教育或电气工程以及有关的医学、农业、经济等学科类目中,没有为其提供单独的类目。

1980 年在此类目中总共支持了 59 个研究项目 1 亿 4 千万日元,约为该年补助金总支出的 0.5%。此类目中的研究项目大部分与计算机科学有关。与此相对照,在图书馆、一次和二次文献、通讯等方面的研究则非常少。

日本文部省支持的一般研究项目主要集中在大学图书馆学系和有关的研究机构,偏重于理论研究。

文部省除了支持一般的研究工作外,还为许多特别项目提供资金。它在七十年代末才认识到有必要进一步研究图书馆学,特别是图书馆自动化。

80 年代以来,图书馆学研究主要侧重在现代化技术方面的应用研究上,而"关于图书馆学的基础理论和该学科的学术核心仍很少有一致的意见","关于图书馆学和情报学以及它的相互关系的定义也还有争论"(松村美多子"日本图书馆研究现状",《第 47 届国际图书馆协会联合大会论文译文集》,中国科学院图书馆译,1982 年)。

五、联邦德国

多年来德国高等学校图书馆的研究人员不足,研究课题不多,有些是初级业务人员研究的。为了促进图书馆学研究,联邦德国近几年建立了三个有关机构:

1. 德意志图书馆研究所:是联邦政府和州政府联合出资建立的,其职责是研究、发展和传播图书馆的技术和方法,并对其进行分析、发展和标准化;介绍和推广图书馆的系统和程序;收集、评价和处理有关图书馆事业的情报;发展自动化数据处理系统,如书目数据库等;发展和出版有关联合目录的出版物;为缩微胶片统一编目;发展图书馆公共服务系统的概念和方法。

2. 德意志研究学会:专门推动高等院校图书馆和研究图书馆

的研究项目,侧重于行政管理和用户研究。

3.情报文献学会:主要从事情报科学和情报应用领域内的研究与发展、技术服务、咨询服务、情报服务等。

联邦德国近些年已在下列课题的研究方面取得了进展:

(1)藏书的预算模型。如进行了外国文献的发展和比较价格的研究。

(2)工作程序研究。如关于高等院校图书馆和研究图书馆的合理化、高等教育机构内图书馆工作程序的研究和图书加工所需人员的确定等问题。其主要目标是发展一种模型,使整个工作程序所需的时间减少到最低限度;提出图书馆各工作组之间最经济合理分工的设想,发展标准化程序;对现有各种工作进行比较;为定量定性计划所需人员提供统计数据。

(3)对人员需要的调查。

(4)成本核算。

(5)图书馆使用调查。如关于读者利用图书馆的一些数据、读者利用报导性工具的情况、外籍客座人员使用图书馆的问题、读者利用主题目录进行检索的方式、参考咨询服务、读者教育等。

复习思考题

第一章

1. 学习和研究图书馆学有什么意义？
2. 美国的普拉莫、德国的柯其纳和我国的李景新各自认为图书馆学基本知识应包括哪些内容？
3. 简述刘国钧对图书馆学体系的观点。
4. 简述周文骏对图书馆学体系和内容的观点。
5. 中国图书馆学自学系列丛书都包括哪十二门课程？这十二门课程各自属于哪八个方面的知识？这八个方面的知识又各自属于图书馆学哪三个范畴的内容？

第二章

1. 图书馆是怎样的一种社会组织？它至少应包含哪几层含义？
2. 为什么说图书馆是一种社会组织？
3. 为什么说图书馆是一种科学、教育、文化事业？
4. 图书馆区别于其它社会组织，区别于其它科学、教育、文化事业的本质标志是什么？
5. 简述图书馆的社会职能。

第三章

1. 中国图书馆事业史的研究对象包括哪些内容？
2. 你对于我国夏代（或其以前）有可能出现具有图书作用的物质形态的推测是怎样认识的？
3. 试简单解释甲骨文、青铜器铭文和竹木简牍等概念。
4. 中国历史上对图书、图书馆都有哪些称谓？

第四章

1. 按图书馆的读者范围和技术方法的状况，图书馆事业的发展历史可分为哪几个时代？
2. 中国图书馆事业史可分为哪四个历史时期？
3. 中国古代图书馆事业的历史分为哪四个历史阶段？
4. 西汉时期用什么方法搜集图书？对馆藏图书进行了几次大整理？其中最大的一次的情况如何？
5. 简述东汉时期图书馆机构的设置、藏书处所及图书整理情况。
6. 从三国到南北朝时期，都有哪些有代表性的、大型图书馆目录？其内容如何？
7. 简述隋、唐时期国家图书馆机构的设置、收集与整理图书的状况。
8. 唐、宋时期有代表性的私人藏书家有哪些？
9. 简述宋代官家藏书的三种形式及各自状况。
10. 北宋有哪几部大型的类书？
11. 简述辽、金官家和私家藏书的情况。
12. 我国现存辽、金所刻的两部藏经是什么？
13. 简述《永乐大典》的编纂、规模及存佚情况。
14. 简述明代文渊阁的藏书活动。

15. 明、清时代著名的私人藏书家都有哪些?

16. 简述《四库全书》的编纂、规模及其历史意义。

17. 从秦到清末,我国图书馆事业都遭受到哪些比较大的厄运?

18. 你对中国古代图书馆事业的发展,有哪些总体性的认识?

第五章

1. 什么是"楔形文字"? 什么是"泥版文书"?

2. 为什么说亚述国王巴尼拔的图书馆是真正的"古代图书馆"?

3. 简述古代两河流域图书馆的特点。

4. 亚历山大图书馆是在哪年、由谁建立的? 它在搜集图书上采取了哪些措施? 该馆学者在学术上有哪些建树?

5. 简述加拍图书馆的建筑特色。

6. 为什么说拜占庭帝国图书馆好比黑夜里的一颗明珠?

7. 为什么说穆斯林图书馆是欧洲文艺复兴的"真正发源地"?

8. 试论中世纪大学图书馆的历史作用。

9. 为什么说活字印刷术导致了图书馆的一场革命?

10. 简述梵蒂冈图书馆的特色及对文艺复兴运动的贡献。

11. 结合不列颠博物馆的藏书,谈谈你对图书馆藏书建设的看法。

第六章

1. 学习和研究图书馆学的意义是什么?

2. 关于图书馆学研究对象的认识,有哪两大流派? 各自关注的研究重点是什么?

3. 研究图书馆工作技术方法的图书馆学的代表人物和主要观点是什么?

4. 研究图书馆"要素"的图书馆学的代表人物和主要观点是什么？

5. 研究"基本矛盾"和"规律"的图书馆学形成于何时？理论根据和中心思想是什么？

6. 研究图书馆本质机能的图书馆学崛起于何时？代表人物及其主要观点是什么？

7. 你认为图书馆学的研究对象是什么？并试图对图书馆学的概念作出解释。

8. 什么是理论图书馆学？它包括哪两个分支学科？各自的研究内容是什么？

9. 简述专门图书馆学的性质和特点。

10. 简述应用图书馆学的定义和内容。

11. 为什么说图书馆学是一门应用性的社会科学？

12. 简述图书馆学的特点。

第七章

1. 与图书馆学相关的学科可区分为哪三类？

2. 图书馆学的研究方法分为哪四个层次？

3. 简述观察和调查两种图书馆学研究方法的意义和内容。

4. 简述图书馆学研究的三种重要的专门方法的内容。

5. 简述四种图书馆学研究的新方法。

第八章

1. 为什么说我国两宋时期经验图书馆学已经形成？其主要代表人物都是谁？

2. 简述程俱、郑樵、孔天监的图书馆学著作及其图书馆学思想。

3. 简述邱浚、祁承㸁、孙庆增、弘历、周永年的有关图书馆学著作及其图书馆学思想。

第九章

1. 我国五四运动以前的主要图书馆学家及其主要著述有哪些？
2. 简述杜定友图书馆学主要著作及其图书馆学思想。
3. 简述刘国钧图书馆学主要著作及其图书馆学思想。
4. 本世纪30年代我国图书馆学发展状况如何？
5. 我国现代图书馆学研究的主要倾向是什么？这一主要倾向产生的原因是什么？
6. 新中国图书馆学发展有哪几个历史时期？

第十章

1. 中国新时期图书馆学基础理论研究的主要特点是什么？表现在哪四个方面？
2. 当前有关宏观图书馆学研究都涉及到哪些主要内容？
3. 当前关于图书馆观念改革的研究都涉及到哪些内容？
4. 试述你对图书馆开展有偿服务问题的认识。
5. 简述我国当代图书馆学研究发展趋势。

第十一章

1. 试评诺德的图书馆学思想。
2. 试论施莱廷格对图书馆学的贡献。
3. 简述阮冈纳赞的图书馆学思想。
4. 试比较杜威与巴特勒的图书馆学思想及各自局限性。
5. 试分析列宁和克鲁普斯卡娅的图书馆学思想。

第十二章

1. 当代国外图书馆学的研究重点是什么？
2. 简述苏联图书馆学的研究现状。

参考文献目录

一、著作

1.《图书馆学概论》 吴慰慈、邵巍编著 书目文献出版社 1985 年

2.《图书馆学引论》 梁林德等编著 吉林省图书馆学会 1987 年

3.《图书馆学导论》 黄宗忠编著 《湖北高校图书馆》杂志社 1985 年

4.《理论图书馆学教程》 南开大学图书情报学系等编 南开大学出版社 1981 年

5.《图书馆学原理》 宓浩主编 华东师范大学出版社 1988 年

6.《世界图书馆博览》 （日）德永康元编 学鼎等译 福建科技出版社 1985 年

7.《外国图书馆学名著选读》 袁咏秋、李家乔主编 北京大学出版社 1988 年

8.《西方图书馆史》 杨威理著 商务印书馆 1988 年

9.《普通图书馆学》 O. C. 丘巴梁著 徐克敏、郑莉莉、周文骏译 书目文献出版社 1983 年

10.《中国图书馆事业史》 卢荷全著 台湾文史哲出版社 1986 年

11.《美国及世界其它地区图书馆事业》 华东师大编译 书

目文献出版社 1983 年

12.《简明世界史》 北京大学历史系编写 人民出版社 1979 年

13.《图书馆の话》 （日）森耕一著 至诚堂 1982 年

14.《图书馆学》 杨昭悊编著 上海商务印书馆 1923 年

15.《图书馆组织与管理》 洪有丰著 上海商务印书馆 1926

16.《图书馆通论》 杜定友编译 上海商务印书馆 1925 年

17.《图书馆学概论》 杜定友著 上海商务印书馆 1934 年

18.《图书馆学要旨》 刘国钧著 上海中华书局 1934 年

19.《刘国钧图书馆学论文选集》 刘国钧著 书目文献出版社 1983 年

20.《比较图书馆学》 程伯群编著 上海世界书局 1935 年

21.《图书馆学论文索引》 李钟履编 商务印书馆 1958 年

二、论文

1.《比较图书馆学的研究方法》 李正耀 《图书馆学研究》1984 年第二期

2.《图书馆经济学研究的对象和任务问题》 田宏 《图书馆学研究》1984 年第一期

3.《我国图书馆学基础理论研究领域主要争论观点述介》 项弋平 《图书馆学研究》1985 年第二期

4.《关于图书馆系统研究的几个问题》 钟庞和 《图书馆学研究》1985 年第六期

5.《图书馆学与合成科学》 傅朗云 《图书馆学研究》1986 年第三期

6.《图书馆系统的综合评价——系统工程综合评价法在图书馆的应用》 王华伟 《图书馆学研究》1986 年第四期

7.《图书馆学面临的新课题》 段鸣芳、张森岩 《图书馆学研究》1986 年第六期

8.《图书馆学研究思维模式的改变》 梅龙 《图书馆学研究》1986 年第六期

9.《再谈图书馆学理论基础的层次性》 于鸣镝 《图书馆学研究》1987 年第一期

10.《试论图书馆与社会的相互关系》 郑晓华、张驰 《图书馆学研究》1987 年第一期

11.《试论比较图书馆学》 文南生 《图书馆学研究》1987 年第二期

12.《也谈图书馆的研究方向问题》 单萍嫩 《图书馆学研究》1987 年第三期

13.《试析我国图书馆学研究的发展战略》 刘宏毅 《图书馆学研究》1987 年第四期

14.《近年来我国图书馆学基础理论研究的主要进展》 黄继元、宓浩 《大学图书馆通讯》1985 年第六期

15.《关于图书馆学对象问题的新争论》 宓浩、邵巍 《图书馆杂志》1985 年第一期

16.《研究理论,振兴学术,开拓前进:中国图书馆学会基础理论讨论会记实》 刘迅、邵巍 《大学图书馆通讯》1985 年第一期

17.《开展宏观图书馆学的研究》 陈源蒸 《图书情报研究》1986 年第一期

18.《试论目录学、图书馆学、情报学的共同本质:兼谈文献信息理论的建立》 邵巍 《大学图书馆通讯》1985 年第一期

19.《波普尔"世界 1.2.3"理论在我国图书馆界引起的风波:五年来讨论情况评述》 张炎烈 《湖北高校图书馆》1988 年第二期

20.《试论图书馆学研究中的方法论问题》 乔好勤 《图书馆学通讯》1983 年第一期

21.《论比较图书馆学的特征、目的、内容和方法》 吴慰慈《大学图书馆通讯》1987 年第一期

22.《我国比较图书馆学研究综述》 舒志红 《湖北高校图书馆》1988 年第三期

23.《中国图书馆观念的变革》 夏洪川 《图书馆学刊》1988年第一期

24.《文献情报工作有偿服务之我见》 辛希孟 《图书情报研究》1986 年第一期

25.《关于图书馆"有偿服务"与"无偿服务"讨论综述》 谈大军 《图书馆学研究》1987 年第二期

26.《在反思中稳步进取》 姜志奎 《图书馆学研究》1987年第三期

27.《信息革命与图书馆》 黎盛荣、于雄 《四川图书馆学报》1985 年第一期

28.《论现代化图书馆与图书馆现代化》 王知津 《图书馆学研究》1987 年第二期

29.《巴特勒图书馆学思想的意义及局限性》 姜志奎 《图书馆理论与实践》1988 年第四期

30.《简论克鲁普斯卡娅的图书馆学思想》 郭向东、张维强《图书馆理论与实践》1988 年第六期

31.《世界各国图书馆的历史与现状》 曲晓璠 《图书馆学研究》1984 年第二期。

32.《意大利院校图书馆一瞥》 张海齐 《图书馆学研究》1984 年第二期

33.《有关世界图书馆事业发展的一些因素的研究》 邱卓英《图书馆学研究》1987 年第六期

34.《中国文字的起源》 董作宾 《大陆杂志》第 5 卷第十期

35.《纸发明以前中国文字交流工具》 李书华 《大陆杂志》

第 9 卷第六期

36.《对图书馆学研究对象的初步探索》 曾漫一 《新疆图书馆学会会刊》1980 年创刊号

37.《关于图书馆学的称谓及其他》 曹殿举 《图书馆界》1987 年第二期

38.《论图书馆学研究中存在的问题及我们的对策》 曹殿举 《青海图书馆》1987 年第二期

39.《图书馆存在着"生存危机"吗?》 曹殿举 《图书馆研究与实践》1987 年第三期

40.《世界图书馆学情报学研究动态的启示》 王西梅 《国外图书情报工作》1988 年第五期

41.《国外图书馆事业见闻与观感》 鲍振西 《黑龙江图书馆》1987 年第一期

42.《苏联图书馆学的现状》 彭裴章等 《图书情报知识》1988 年第二期

43.《图书馆学理论和图书馆员》 （日）岩猿敏生 《国外图书情报工作》1985 年第一期

44.《苏联图书馆事业的近况及今后的发展趋势综述》 江洲 《图书情报知识》1984 年第二期

45.《当代苏联的图书馆学教育和研究》 王嘉陵 《图书馆学通讯》1988 年第一期

46.《八十年代初期国内国外图书馆学基本理论研究的进展和趋势》 张树华、邵巍 《北大图书馆学情报学系论文集》1987 年

47.《美国的图书馆学和情报学研究》 （美）卡斯克拉什 《国外图书情报工作》1984 年第一期

48.《当代英美图书馆学理论研究情况概述》 姜继 《福建省图书馆学会通讯》1985 年第二期

后　记

　　本书是在原吉林省图书馆学会出版的《图书馆学引论》一书的基础上，经重新结构、扩大章节、补充内容而编撰的一部新著作。

　　本书力求避免图书馆学基础理论著作中的两种偏向：或者将图书馆学的基础理论问题与图书馆应用技术问题、事业建设问题相混淆，将图书馆学基础理论著作变成了关于整个图书馆学各种著作的压缩，导致基础理论著作与其它专业著作的重复；或者将图书馆学基础理论问题与图书馆学的相关学科、乃至新出现的许多其它新学科、新思潮、新观点相交叉，将图书馆学基础理论著作变成了关于与图书馆有点关系的任何学科知识内容的罗列，导致图书馆学理论被其它学科理论所掩盖，丧失其作为一门独立存在的学科的价值。我们认为，这两种倾向都是不足取的。

　　我们力求避免上述两种偏向，绝不意味着图书馆学基础理论可以与图书馆的实践相脱节，也不意味着图书馆学基础理论问题与其它新学科问题无关。图书馆学基础理论是图书馆实践问题的科学概括、是本学科理性思维的高层次，我们避免的是以具体的技术问题的罗列冲淡对图书馆学主体理论的认识。图书馆学基础理论产生于近现代的社会发展的背景中，当然需要各种新学科、新知识、新方法来充实自己，但这种充实，这种汲取，不是生拉硬套、机械照搬的，而是以揭示图书馆学主体理论本质为目的科学的总结。

　　本书试图从解剖图书、图书馆、图书馆学这三个方面，通过历史的现实的、纵向的和横向的研究来筑构全书的框架。我们认为，这三个范畴应是截至目前关于图书馆学基本理论问题的核心。据此，设置十二章。各章执笔人为：第一章、第三章为金恩晖；第四章为金恩晖、董明刚；第二章、第六章为梁林德、贺玲勇；第七章为辛希孟、梁林德；第五章第一至四节为田德毅、第五节为杨威理；第八章为况能富；第九章、第十章为杨沛超；第十一章为勾学海；第十二章为孟广均、勾学海。

金恩晖主编了全书，包括进行全书结构设计、修改书稿、统一全书文字的工作。曹殿举、王经邦同志对全书的编撰付出了心血，在此表示衷心的感谢。

编者
1988 年 12 月